SAP® Agenturgeschäft (LO-AB): Zentralregulierung, Bonus und Provision

Simone Bär

Bibliografische Information der Deutschen Bibliothek
Die Deutsche Bibliothek verzeichnet diese Publikation in der Deutschen Nationalbibliografie; detaillierte bibliografische Daten sind im Internet über http://dnb.ddb.de abrufbar.

Simone Bär:
SAP® Agenturgeschäft (LO-AB): Zentralregulierung, Bonus und Provision

ISBN: 978-3-945170-16-8

Lektorat: Anja Achilles

Korrektorat: Christine Weber

Coverdesign: Philip Esch, Martin Munzel

Coverfoto: iStockphoto # 37138702 © greyj

Satz & Layout: Johann-Christian Hanke

1. Aufl. 2014, Gleichen

URL: www.espresso-tutorials.com

Printed in Germany

Papier ist FSC zertifiziert (holzfrei, chlorfrei und säurefrei, sowie alterungsbeständig nach ANSI 3948 und ISO 9706).

Feedback: Wir freuen uns über Fragen und Anmerkungen jeglicher Art. Bitte senden Sie diese an: *info@espresso-tutorials.com*.

Inhaltsverzeichnis

Einleitung

Wenn ich zu einem ersten Termin bei einem neuen Kunden komme oder von anderen SAP-Beratern gefragt werde, in welchem SAP-Modul ich tätig bin, ist die erste Frage meist: »Was ist das denn genau, das Agenturgeschäft?«.

Vollkommen zu Unrecht ist die SAP-Komponente Agenturgeschäft (LO-AB) – in letzter Zeit auch unter dem Begriff »Financial Settlement« zu finden – eher unbekannt, und man stößt erfahrungsgemäß nur bei der gezielten Suche nach SAP-Funktionalitäten im Zusammenhang mit *Zentralregulierung, Inkasso, Bonus-/Provisionsabrechnung* und ähnlichen Themen darauf. Die Bezeichnung »Agenturgeschäft« ist zudem nicht besonders geeignet, den Zweck und die vielfältigen Einsatzmöglichkeiten dieser Komponente auf Anhieb zu erkennen.

Aus diesen Gründen leiste ich meist erst einmal Aufklärungsarbeit, und aus dieser Situation heraus ist die Idee für das vorliegende Buch entstanden: zu beschreiben, was das (SAP-)Agenturgeschäft konkret ist, wie es grundsätzlich funktioniert und für welch breites Spektrum an Prozessen es eingesetzt werden kann.

Im ersten Teil werde ich Ihnen einige grundlegende Funktionalitäten dieser Komponente erklären und anhand von ausgewählten Praxisbeispielen aufzeigen, wie variantenreich die einzelnen Funktionalitäten eingesetzt werden können. Dabei erhebt dieses Buch keinen Anspruch auf Vollständigkeit, da sich das SAP Agenturgeschäft, wenn man die grundlegenden Funktionen kennt und diese kreativ kombiniert, als wahrer »Tausendsassa« erweist. Ich selbst stoße bei meiner Arbeit regelmäßig auf neue Szenarien, für deren systemseitige Abbildung sich das Agenturgeschäft ebenfalls eignet.

Somit richtet sich dieses Buch in erster Linie an SAP-Anwender aus den Fachbereichen Finanzwesen und Controlling, aber auch an Mitarbeiter aus dem IT-Bereich, die verstehen möchten, welches die Kernfunktionalitäten des SAP Agenturgeschäfts sind, um beurteilen zu können, ob der Einsatz dieser Komponente eventuell für die Abbildung ihrer Geschäftsprozesse sinnvoll sein könnte. Hierbei werde ich nicht im Detail auf das Customizing (Einstellung der Prozesse im System) eingehen, da dies nicht im Fokus des Buches steht.

Abschließend noch ein Wort zur Technik: Die in diesem Buch gezeigten Abbildungen basieren auf einem SAP-System ECC 6.0 mit EHP6.

Im Text verwenden wir Kästen, um wichtige Informationen besonders hervorzuheben. Jeder Kasten ist zusätzlich mit einem Piktogramm versehen, das diesen genauer klassifiziert:

Hinweis

Hinweise bieten praktische Tipps zum Umgang mit dem jeweiligen Thema.

Beispiel

Beispiele dienen dazu, ein Thema besser zu illustrieren.

Warnung

Warnungen weisen auf mögliche Fehlerquellen oder Stolpersteine im Zusammenhang mit einem Thema hin.

Zum Abschluss des *Vorwortes* noch ein Hinweis zum Copyright: Sämtliche in diesem Buch abgedruckten Screenshots unterliegen dem Copyright der SAP SE. Alle Rechte an den Screenshots liegen bei der SAP SE. Der Einfachheit halber haben wir im Rest des Buches darauf verzichtet, darauf unter jedem Screenshot gesondert hinzuweisen.

1 Allgemeine Informationen zum SAP Agenturgeschäft

Bevor wir uns einige Funktionalitäten des Agenturgeschäfts im Detail ansehen, möchte ich zunächst ein paar allgemeine Informationen zur Herkunft dieser Anwendung und zu den technischen Voraussetzungen geben.

1.1 Geschichte des Agenturgeschäfts

Eine Grundversion des Agenturgeschäfts war bereits im Jahr 2000 im SAP-Release 4.6c verfügbar. Im Jahr 2010 gab es weltweit ca. 150 Großkunden, die das Agenturgeschäft im Einsatz hatten. Die Komponente wird auch heute noch beständig weiterentwickelt.

1.2 Technische Voraussetzungen

Überraschende Erkenntnis

Das SAP Agenturgeschäft ist eine Komponente innerhalb des SAP-Standards und wird über sogenannte *Business Functions* aktiviert. Haben Sie beispielsweise das Finanzwesen und/oder Logistikkomponenten bereits im Einsatz, so ist auch das Agenturgeschäft automatisch vorhanden, es ist nur noch nicht aktiv und daher »unsichtbar«.

Nach Aktivierung der Business Functions sehen Sie die Komponente Agenturgeschäft innerhalb der Logistikanwendungen in Ihrem SAP-Menü, siehe Abbildung 1.1. Wählen Sie hierzu im SAP Referenz IMG den Pfad SAP CUSTOMIZING EINFÜHRUNGSLEITFADEN • BUSINESS FUNCTIONS AKTIVIEREN oder die Transaktion SFW5.

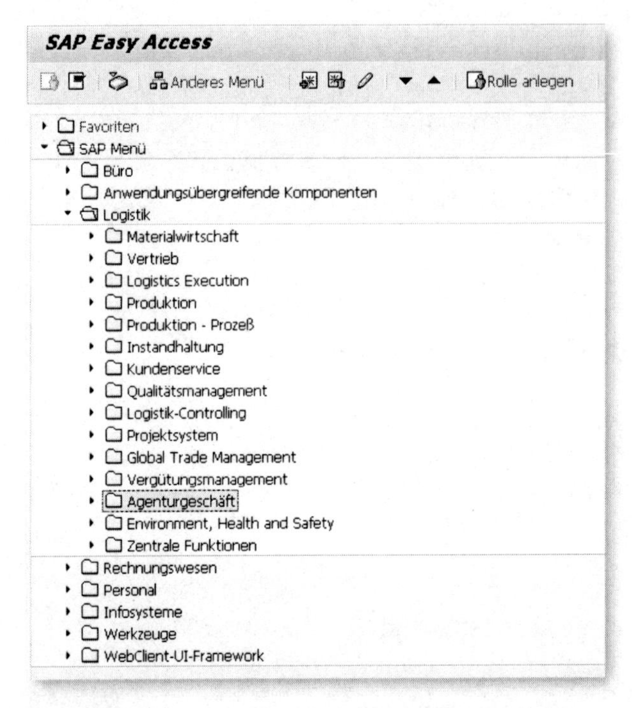

Abbildung 1.1: Das Agenturgeschäft im SAP-Menü

Weiterentwicklungen zum SAP Agenturgeschäft laufen im SAP-Releasezyklus und werden mit den Enhancement Packages ausgeliefert.

Wenn Sie diese Komponente einsetzen wollen, wird die Nutzung des Releases ECC 6.0 mit dem neuesten Enhancement Package für folgende Softwarekomponenten empfohlen:

- SAP_APPL,
- SAP_BASIS,
- EA-RETAIL,
- EA-GLTRADE (bei Nutzung von Konditionskontrakten).

1.3 Integration

Das SAP Agenturgeschäft ist eine dem Finanzwesen vorgelagerte Logistikkomponente. Es erfordert keine eigenen Organisationseinheiten, sondern bedient sich der Organisationseinheiten der Rechnungswesen- und Logistikkomponenten, also der *Buchungskreise, Einkaufs-* und *Verkaufsorganisationen*. Es greift zudem auf die Stammdaten dieser Komponenten zu, welche, sofern ein SAP-System im Einsatz ist, in der Regel bereits vorhanden sind. Konkret handelt es sich hierbei um *Materialstammsätze, Debitoren, Kreditoren* und *Sachkonten* (siehe Abbildung 1.2). Innerhalb des Agenturgeschäfts werden, vereinfacht ausgedrückt, Belege angelegt, die ihrerseits zu definierten Zeitpunkten Belege im Rechnungswesen erzeugen. Je nach Prozess können diese Agenturgeschäftsbelege entweder direkt Buchungen in der Finanzbuchhaltung auslösen, oder sie fließen in Folgebelege innerhalb des Agenturgeschäfts ein, die ihrerseits wieder Buchungen in der Finanzbuchhaltung auslösen. Konkrete Prozessbeispiele hierzu werde ich im Kapitel 4 ausführlich beschreiben. Wem die Logistikkomponenten in SAP bekannt sind, der wird im Agenturgeschäft vieles wiedererkennen, so z. B. die *Konditionstechnik* und *Kontenfindung*, aber auch die Funktionen der *Text- und Nachrichtenfindung*.

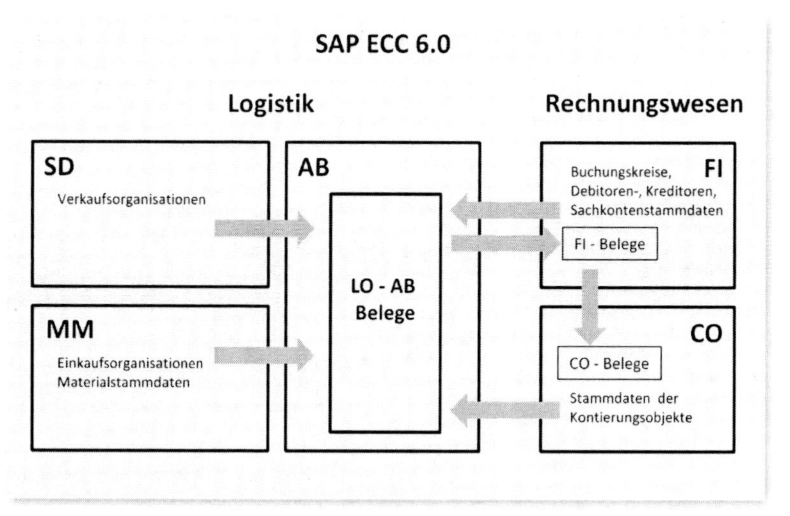

Abbildung 1.2: Vereinfachte Darstellung – Integration

2 Funktionalitäten

Das Agenturgeschäft kommt zum Einsatz, wenn Sie Prozesse im Bereich Zentralregulierung/Fakturierung abbilden möchten, aber beispielsweise auch für die Berechnung und Abrechnung von Boni und Provisionen oder als Rechnungsschreibungstool. Auf den ersten Blick stehen hinter diesen Anwendungen sehr unterschiedliche Anforderungen. Die eingesetzten SAP-Funktionalitäten zur Abbildung der Prozesse sind allerdings weitgehend dieselben, nur werden sie unterschiedlich kombiniert. Bevor ich Ihnen im Kapitel 4 anhand einiger Praxisbeispiele die jeweils eingesetzten Komponenten des Agenturgeschäfts vorstelle, erläutere ich in diesem Kapitel dessen grundlegende Einzelfunktionen, quasi die Bausteine des Agenturgeschäfts.

2.1 Belegtypen und Buchungssystematik

Ich gehe hier nur auf die gängigsten Belegtypen des Agenturgeschäfts ein. Weitere Belegtypen sind im SAP-Standard vorhanden und können ebenso zum Einsatz kommen, sofern ein konkreter Geschäftsprozess dies erfordert.

2.1.1 Die Regulierungsanforderung

Mithilfe der *Regulierungsanforderung* werden Belege für einen *Rechnungssteller (Kreditor, Lieferant)* und einen *Rechnungsempfänger (Debitor, Kunde)* ohne Bezug zu vorgelagerten Einkaufsvorgängen erfasst. Für die Erfassung des Belegs müssen keine Vorgängerbelege im System vorhanden sein. Abbildung 2.1 zeigt ein Szenario, das nur Regulierungsanforderungen beinhaltet. Diese lösen Folgebelege in der Finanzbuchhaltung aus.

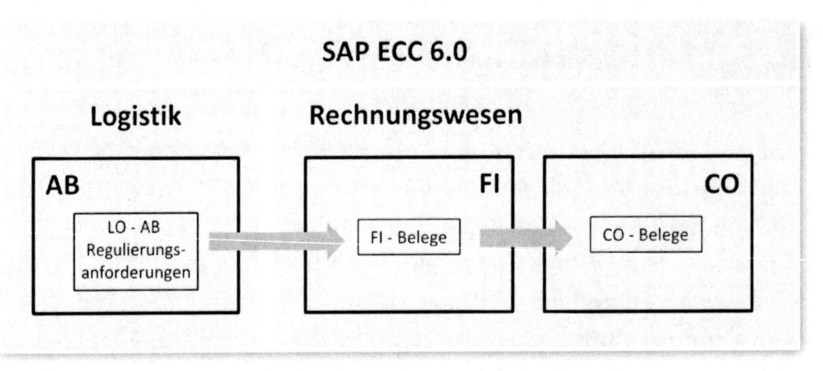

Abbildung 2.1: Belegfluss mit Regulierungsanforderung

Je nach Prozess und zugehörigem *Customizing* (= Einstellungen im SAP-System, Konfiguration der einzelnen Prozesse), können Regulierungsanforderungen unter Angabe folgender Partner erfasst werden:

- Rechnungssteller und Rechnungsempfänger,
- Rechnungssteller,
- Rechnungsempfänger,
- ohne Rechnungssteller oder Rechnungsempfänger.

Im nachfolgenden Beispiel (siehe Abbildung 2.2) handelt es sich um eine Regulierungsanforderung mit Rechnungssteller und Rechnungsempfänger. Diese Art der Erfassung wird z. B. häufig bei Zentralregulierungsprozessen – vereinfacht ausgedrückt, wickelt ein Zentralregulierer Geschäfte zwischen Dritten ab – angewendet. Zur Anlage einer Regulierungsanforderung wählen Sie im Menü den Pfad LOGISTIK • AGENTURGESCHÄFT • REGULIERUNG • REGULIERUNGSANFORDERUNG • ANLEGEN oder Transaktion WZR1.

❶ Die REGULIERUNGSART steuert z. B., welche Partner im Beleg zu erfassen sind, welche Status ein Beleg vor seiner Überleitung in die Finanzbuchhaltung durchlaufen kann oder muss, und wie die Buchung in der Finanzbuchhaltung erfolgt. Wenn Sie eine Regulierungsanforderung erfassen wollen, müssen Sie zuerst eine Regulierungsart auswählen.

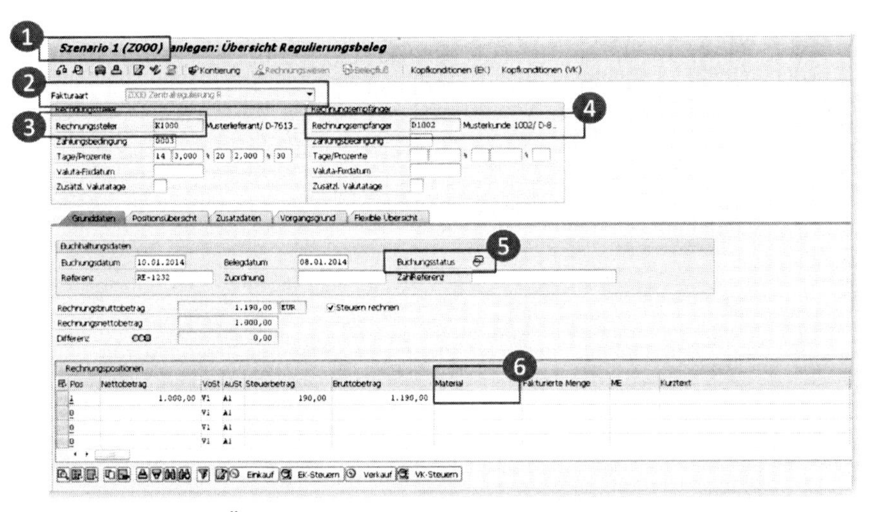

Abbildung 2.2: Übersichtsbild Regulierungsbeleg

❷ Die FAKTURAART steuert unter anderem die Preisfindung, die Kontenfindung, ob es sich um eine Rechnung oder Gutschrift handelt und in welchem Nummernkreis der Beleg angelegt wird.

❸ Beim RECHNUNGSSTELLER handelt es sich um einen Kreditor, der in der Komponente Finanzwesen angelegt ist.

❹ Beim RECHNUNGSEMPFÄNGER handelt es sich um einen Debitor, der in der Komponente Finanzwesen angelegt ist.

❺ Der BUCHUNGSSTATUS zeigt an, ob ein Beleg bereits in die Finanzbuchhaltung übergeleitet wurde, oder ob er storniert bzw. auf »erledigt« gesetzt wurde.

❻ Eine MATERIAL-bezogene Erfassung der Rechnungspositionen ist möglich.

Die Regulierungsanforderungen enthalten Kopf- und Positionsdaten. Die Kopfdaten sind für den gesamten Beleg gültig, die Positionsdaten beziehen sich nur auf die jeweilige Position des Belegs. Nachfolgend werfen wir einen Blick auf die wichtigsten Kopf- und Positionsdetails.

Kopfdetails

Auf dem Reiter BUCHHALTUNG, siehe Abbildung 2.3, finden Sie weitere Eingabeoptionen beziehungsweise die Möglichkeit, automatisch abgeleitete Daten zu überschreiben, z. B. den REGULIERUNGSGRUND oder den zu verwendenden WÄHRUNGSKURS:

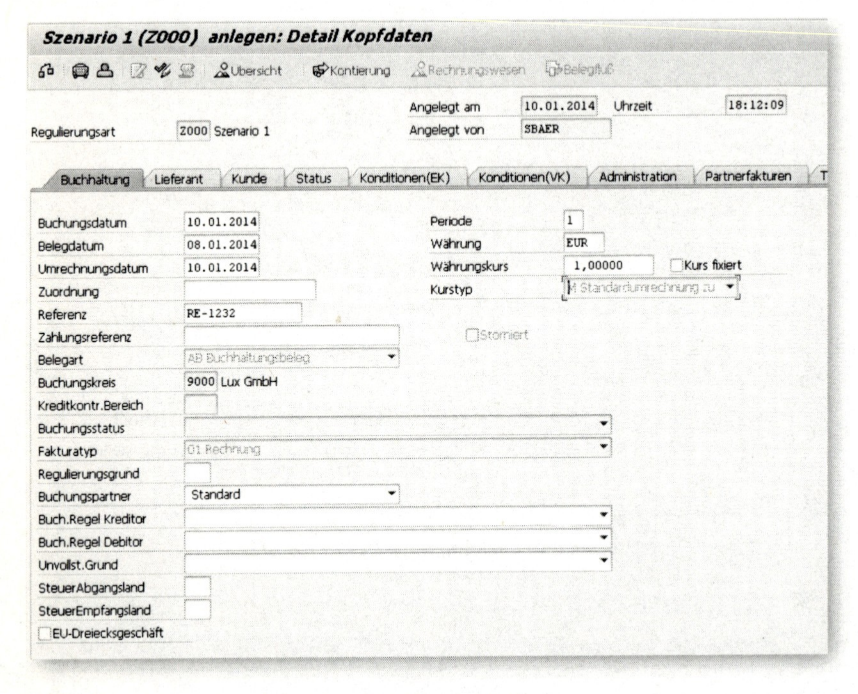

Abbildung 2.3: Kopfdetail Buchhaltungsdaten

Auf dem Reiter LIEFERANT, siehe Abbildung 2.4, können Sie beispielsweise einen ZAHLWEG oder einen ABWEICHENDEN KREDITOR erfassen:

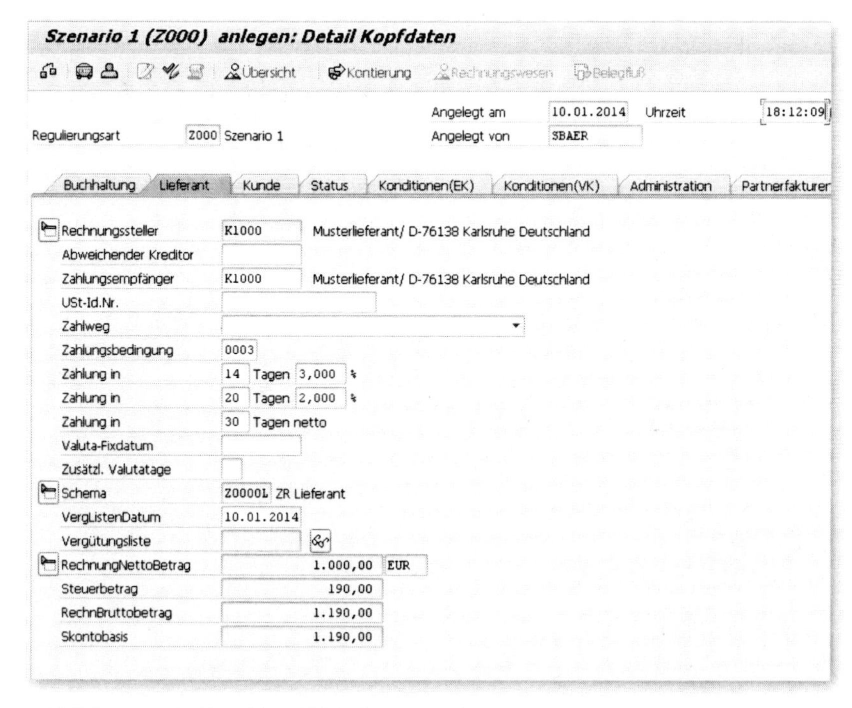

Abbildung 2.4: Kopfdetail Lieferantendaten

Auch auf dem Reiter KUNDE, siehe Abbildung 2.5, können Sie einen ZAHLWEG und ZAHLUNGSBEDINGUNGEN erfassen:

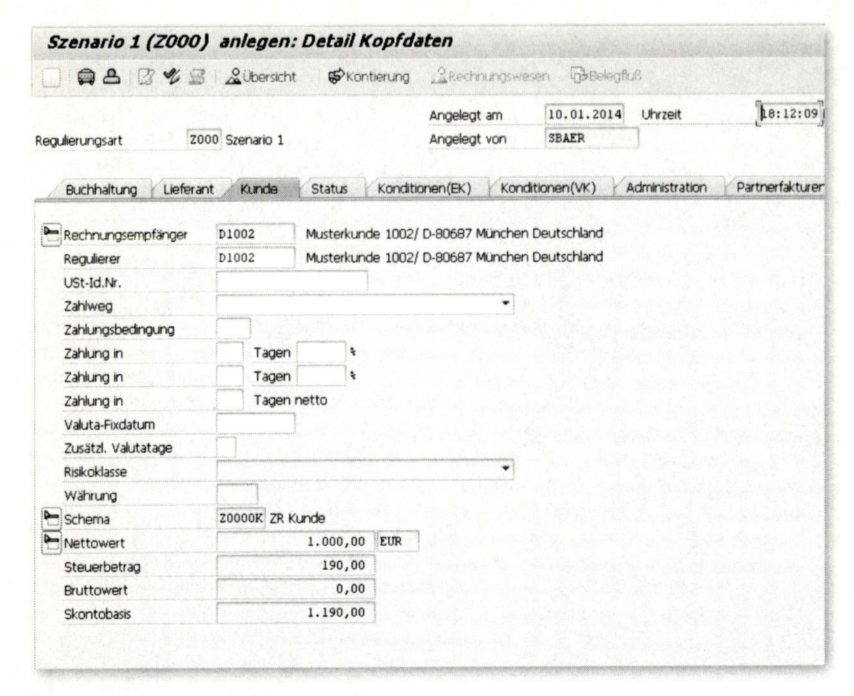

Abbildung 2.5: Kopfdetail Kundendaten

Auf dem Reiter STATUS, siehe Abbildung 2.6, sehen Sie, welchen APPLIKATIONSSTATUS ein Beleg der betreffenden Fakturaart durchlaufen kann, und in welchem er sich aktuell befindet. Der Status steuert, ob ein Folgebeleg zur Regulierungsanforderung erzeugt werden kann, z. B. ein Beleg in der Finanzbuchhaltung oder ein Folgebeleg innerhalb des Agenturgeschäfts. Hier können Sie auch manuell einen Status zuweisen. Auf die Applikationsstatus werde ich noch im Abschnitt Statusverwaltung näher eingehen.

Auf dem Reiter ADMINISTRATION sehen Sie, ob es sich um einen Stornobeleg handelt und welcher Ursprungsbeleg storniert wurde. Außerdem kann hier bei der Verwendung von *Konditionskontrakten* (siehe Kapitel 5.2) in den entsprechenden Vertrag verzweigt werden (siehe Abbildung 2.7).

Szenario 1 (Z000) anlegen: Belegstatus
Übersicht
Kontierung
Rechnungswesen
Belegfluß
Angelegt am
10.01.2014
Uhrzeit
18:12:09
Regulierungsart
Z000
Szenario 1
Angelegt von
SBAER
Buchhaltung
Lieferant
Kunde
Status
Konditionen(EK)
Konditionen(VK)
Administration
Partnerfakturen
Texte
Statusverwaltung
Applikationsstatus
manuell freigegeben
erfasst
Kontierungsanalyse
Protokoll
Vollständigkeitsanalyse
Protokoll
Buchungsstatus
Gesetzter Status
Z000 erfasst
Status zuordnen
Profitsimulation

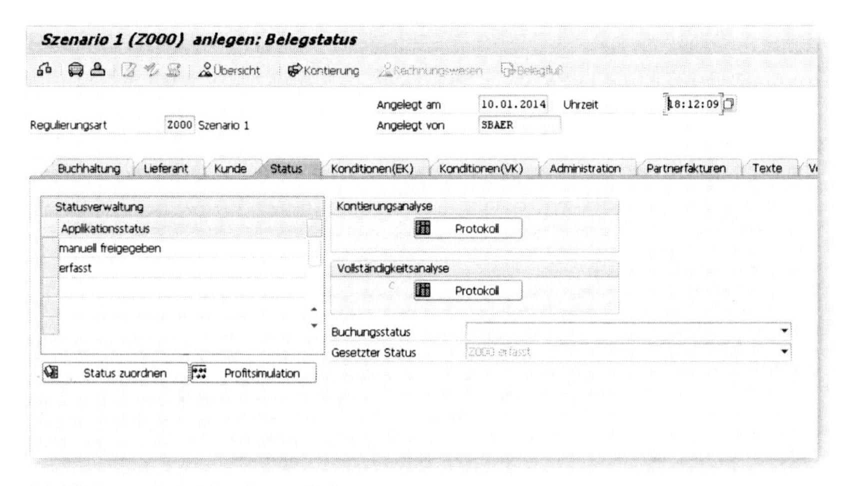

Abbildung 2.6: Kopfdetail Statusverwaltung

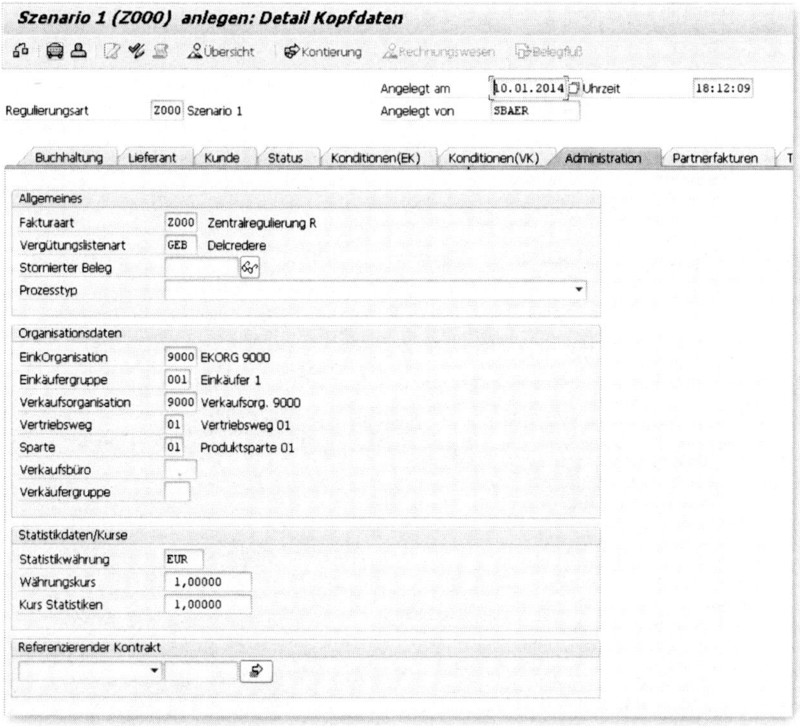

Szenario 1 (Z000) anlegen: Detail Kopfdaten
Übersicht
Kontierung
Rechnungswesen
Belegfluß
Angelegt am
10.01.2014
Uhrzeit
18:12:09
Regulierungsart
Z000
Szenario 1
Angelegt von
SBAER
Buchhaltung
Lieferant
Kunde
Status
Konditionen(EK)
Konditionen(VK)
Administration
Partnerfakturen
Allgemeines
Fakturaart
Z000
Zentralregulierung R
Vergütungslistenart
GEB
Delcredere
Stornierter Beleg
Prozesstyp
Organisationsdaten
EinkOrganisation
9000
EKORG 9000
Einkäufergruppe
001
Einkäufer 1
Verkaufsorganisation
9000
Verkaufsorg. 9000
Vertriebsweg
01
Vertriebsweg 01
Sparte
01
Produktsparte 01
Verkaufsbüro
Verkäufergruppe
Statistikdaten/Kurse
Statistikwährung
EUR
Währungskurs
1,00000
Kurs Statistiken
1,00000
Referenzierender Kontrakt

Abbildung 2.7: Kopfdetail Administrationsdaten

Wurde der angezeigte Beleg storniert, finden Sie auf dem Reiter STORNOBELEG Detailinformationen zum Stornobeleg (siehe Abbildung 2.8).

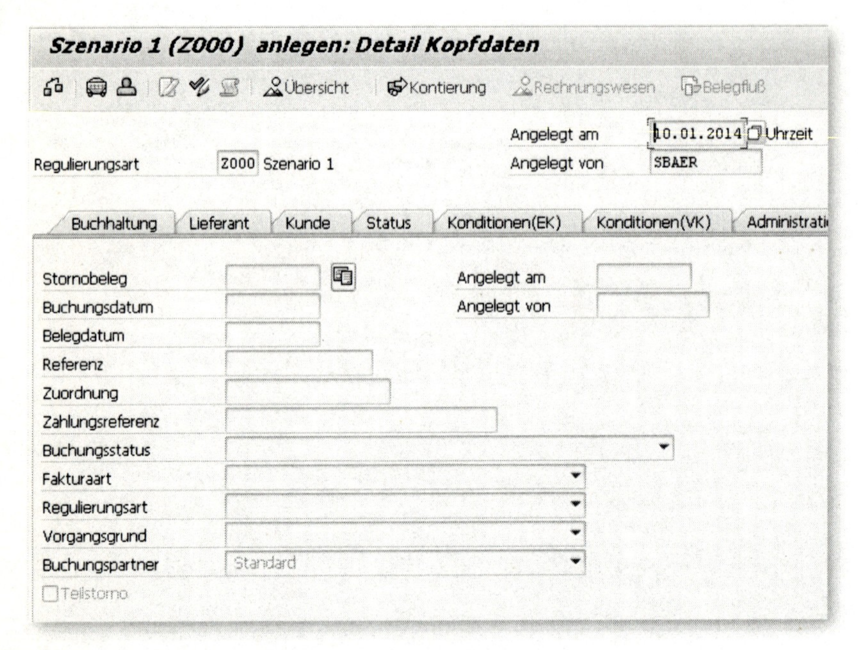

Abbildung 2.8: Kopfdetail Stornoinformationen

Auf dem Reiter ZUSATZDATEN können kundeneigene Zusatzfelder *modifikationsfrei*, d. h. ohne Änderungen am SAP-Standard, eingebunden werden (siehe Abbildung 2.9). Diese Zusatzdaten können rein informativen, aber auch steuernden Charakter – z. B. auf die Preis- und Kontenfindung oder die Ausgabe von Nachrichten – haben.

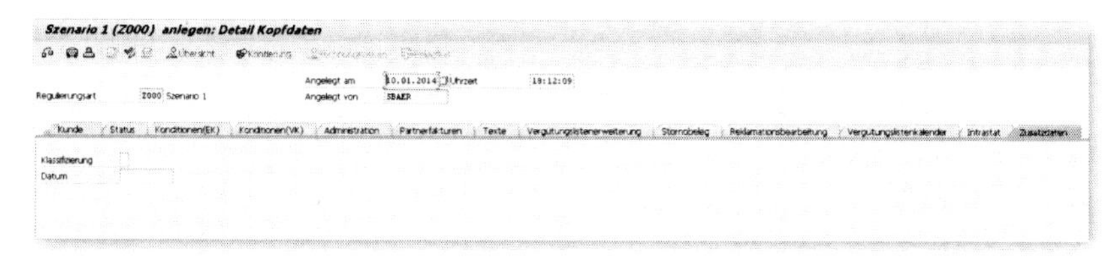

Abbildung 2.9: Kopfdetail Zusatzdaten

Nach dem Sichern der Regulierungsanforderung sehen Sie auf dem Reiter VERGÜTUNGSLISTENERWEITERUNG die Folgebelege vom Typ »Vergütungsliste« aufgelistet, in welche die Regulierungsanforderung einfließen wird (siehe Abbildung 2.10). Auf die erweiterten Vergütungslisten werde ich in Abschnitt 2.1.2 noch genauer eingehen.

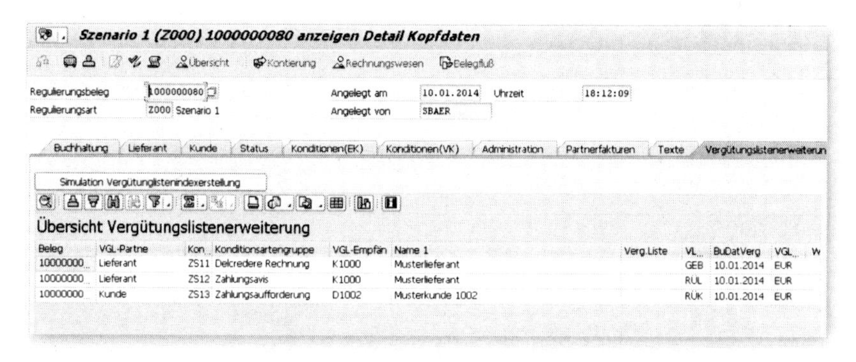

Abbildung 2.10: Kopfdetail Vergütungslistenerweiterung

Positionsdetails

Der Reiter KONDITIONEN(EK) beinhaltet die Einkaufskonditionen, also z. B. auch Abzüge, die dem Rechnungssteller/Lieferanten in Rechnung gestellt werden, in Abbildung 2.11 etwa eine *Delkrederegebühr*. Das Kalkulationsschema, das aufseiten des Rechnungsstellers zur Anwendung kommt, kann dabei von dem des Rechnungsempfängers abweichen:

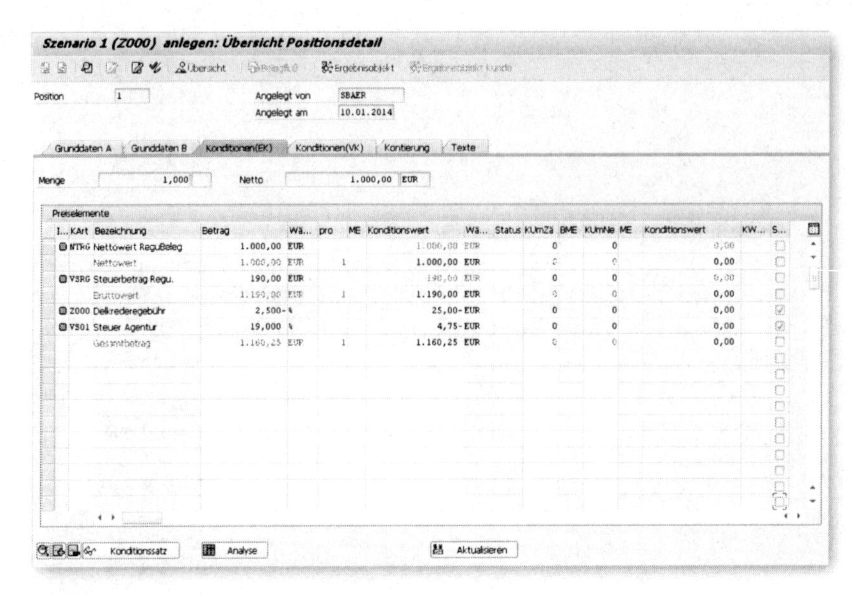

Abbildung 2.11: Positionsdetail Einkaufskonditionen

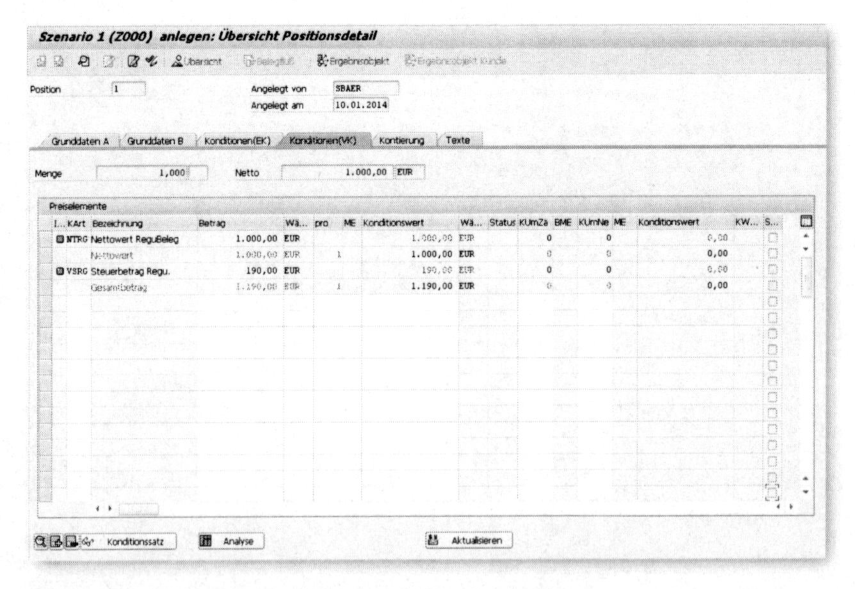

Abbildung 2.12: Positionsdetail Verkaufskonditionen

Auf dem Reiter KONDITIONEN(VK) sehen Sie die Verkaufskonditionen, etwa Abzüge, die wiederum dem Rechnungsempfänger/Kunden in Rechnung gestellt werden. In Abbildung 2.12 kommen keine Abzüge zum Tragen. Das Kalkulationsschema, das aufseiten des Rechnungsempfängers zur Anwendung kommt, kann dabei von dem des Rechnungsstellers abweichen.

Auf dem Reiter KONTIERUNG kann der Erfasser Kontierungsobjekte wie z. B. KOSTENSTELLE oder ERGEBNISOBJEKT für die controllingrelevanten Positionen eingeben, falls diese nicht aufgrund hinterlegter Regeln in den Rechnungswesen-Komponenten automatisch abgeleitet werden. Können die Kontierungsobjekte automatisch abgeleitet werden, muss hier nichts erfasst werden, wie in Abbildung 2.13 dargestellt.

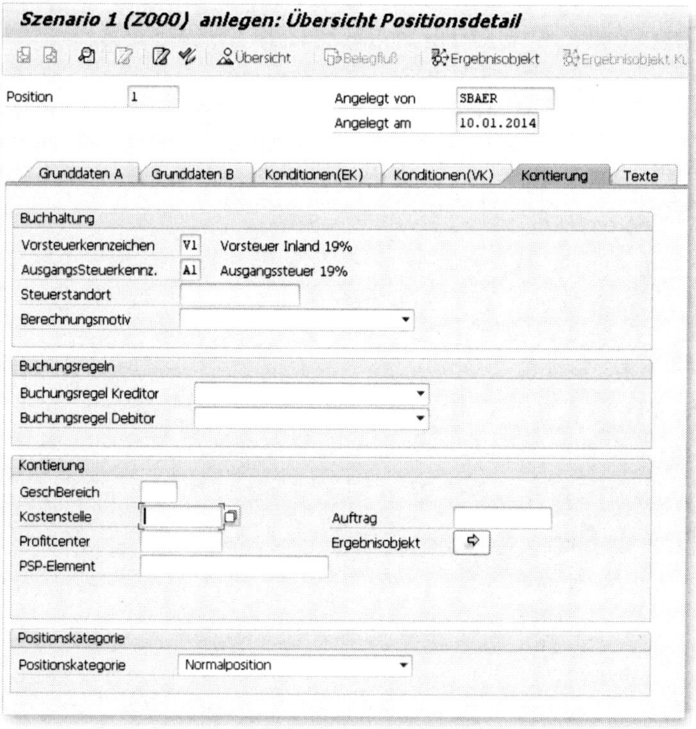

Abbildung 2.13: Positionsdetail Kontierung

Statusverwaltung

Im Customizing können Sie sogenannte STATUSGRUPPEN definieren, denen Sie die möglichen APPLIKATIONSSTATUS, die eine Regulierungsanforderung erreichen kann, zuordnen. Je Status ist festlegbar, ob eine Überleitung des Belegs in die Finanzbuchhaltung möglich sein soll oder nicht (siehe Abbildung 2.14 bis Abbildung 2.16).

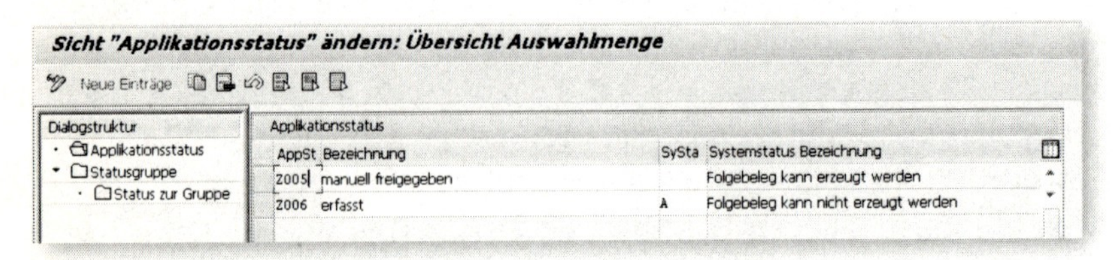

Abbildung 2.14: Customizing der Applikationsstatus

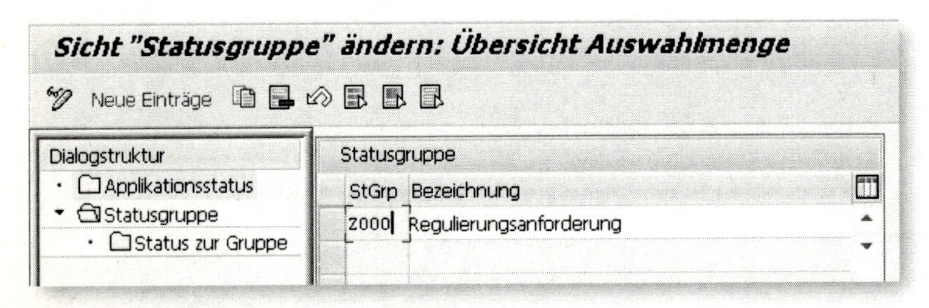

Abbildung 2.15: Customizing Statusgruppe

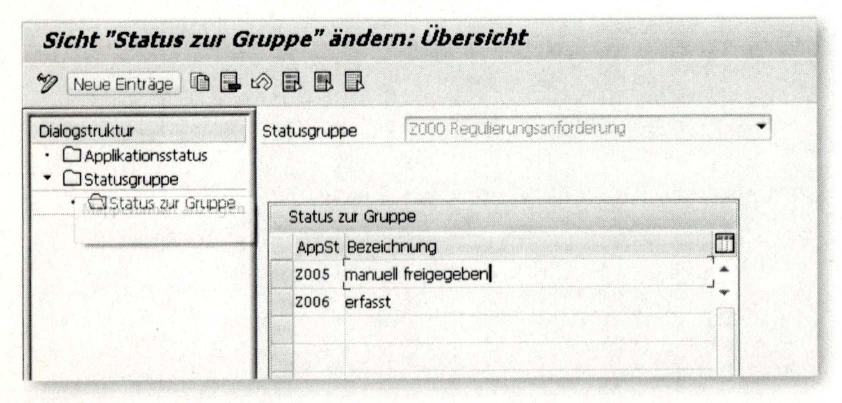

Abbildung 2.16: Zuordnung der Applikationsstatus zur Statusgruppe

Damit eine STATUSGRUPPE für den gewünschten Prozess gültig wird, müssen Sie sie noch im Customizing der Regulierungsart/Fakturaart des Prozesses hinterlegen.

Wenn Sie versuchen, eine Regulierungsanforderung überzuleiten, die noch keinen Status erreicht hat, der eine Überleitung an die Finanzbuchhaltung erlaubt, erhalten Sie die folgende Systemmeldung:

⚠ Beleg 1000000080 mit Belegstatus "erfasst" ist für Folgebelege gesperrt

Nutzen der Statusverwaltung

Mithilfe der Statusverwaltung können Sie in Verbindung mit entsprechenden Berechtigungsausprägungen ein Vier-Augen-Prinzip (oder auch n-Augen--Prinzip) abbilden oder bei maschineller Anlage von Regulierungsanforderungen verhindern, dass Belege ungeprüft in die Finanzbuchhaltung einfließen und unter Umständen wieder storniert werden müssen.

Den Applikationsstatus der Regulierungsanforderungen können Sie entweder im Änderungsmodus einer einzelnen Regulierungsanforderung – was in der Praxis eher selten vorkommt – oder mittels einer Massenänderung wechseln. Hierzu lassen Sie sich die relevanten Belege, wie in Abbildung 2.17 dargestellt, anzeigen. Wählen Sie hierzu den Menüpfad LOGISTIK • AGENTURGESCHÄFT • UMFELD • LISTAUSGABE AGENTURBELEGE oder Transaktion WLI2.

Listausgabe Agenturbelege

Auswählen · Sichern · Beleg · Rechnungswesen

RegulierBeleg	FArt	Bezeichnung	BuchDat.	BuKr.	Währg	NettoBetrag	Steuerbetrag	Bttobetrag	RechnSte	Name 1	ZW	Rechn.Empf	Name 1	Referenz	Angelegt am	Angelegt
1000000080	Z000	Zentralregulierung R	10.01.2014	9000	EUR	1.000,00	190,00	1.190,00	K1000	Musterlieferant		D1002	Musterkunde 1002	RE-1232	10.01.2014	SBAER
1000000093	Z000	Zentralregulierung R	24.01.2014	9000	EUR	1.000,00	190,00	1.190,00	K1000			D1000	Musterkunde 1000	RE-1232	24.01.2014	SBAER
1000000094	Z000	Zentralregulierung R	24.01.2014	9000	EUR	2.941,18	558,82	3.500,00	K1000			D1001	Musterkunde 1001	RE-1238	24.01.2014	SBAER
1000000095	Z000	Zentralregulierung R	24.01.2014	9000	EUR	2.000,00	380,00	2.380,00	K1000			D1002	Musterkunde 1002	RE-1259	24.01.2014	SBAER
					EUR	• **6.941,18**	• **1.318,82**	• **8.260,00**		Musterlieferant						
					EUR	•• **6.941,18**	•• **1.318,82**	•• **8.260,00**								

Abbildung 2.17: Beispiel-Anzeige aller Belege mit Status »erfasst«

Selektieren Sie die freizugebenden Belege und betätigen Sie den Button ✓. Sie werden aufgefordert, den gewünschten Applikationsstatus einzugeben (siehe Abbildung 2.18).

Abbildung 2.18: Beispiel-Eingabe des neuen Applikationsstatus

Nach Eingabe des neuen Status erhalten Sie, wie im Beispiel in Abbildung 2.19, ein Nachrichtenprotokoll über die erfolgten Änderungen.

Listausgabe Agenturbelege

Auswählen Sichern Dokumentation Beleg

Nachrichtenprotokoll

Beleg	Nachrichtenklasse	N	Na...	Nachrichtentext
1000000080	WS	S	093	Beleg 1000000080 gesichert (Buchhaltungsbeleg erstellt)
1000000080	WS	S	815	Beleg 1000000080 mit Referenz RE-1232 bearbeitet
1000000093	WS	S	093	Beleg 1000000093 gesichert (Buchhaltungsbeleg erstellt)
1000000093	WS	S	815	Beleg 1000000093 mit Referenz RE-1232 bearbeitet
1000000094	WS	S	093	Beleg 1000000094 gesichert (Buchhaltungsbeleg erstellt)
1000000094	WS	S	815	Beleg 1000000094 mit Referenz RE-1238 bearbeitet
1000000095	WS	S	093	Beleg 1000000095 gesichert (Buchhaltungsbeleg erstellt)
1000000095	WS	S	815	Beleg 1000000095 mit Referenz RE-1259 bearbeitet

Abbildung 2.19: Nachrichtenprotokoll nach Statusänderung

In unserem Beispiel wurde der Status der selektierten Belege auf »Z005 manuell freigegeben« gesetzt. Da dieser eine Buchung in der Finanzbuchhaltung erlaubt, wurden die Belege sofort in die Buchhaltung übergeleitet. Wenn Sie es wünschen, kann die Überleitung an die Finanzbuchhaltung von der Statusänderung entkoppelt werden. Dies bedeutet, dass die Belege zwar einen Status erhalten, der eine Überleitung erlaubt, diese selbst aber in einem separaten Schritt angestoßen werden muss. Dies ist in der Praxis z. B. dann erforderlich, wenn die freigebende Person keine Berechtigung zum Buchen von Belegen in der Finanzbuchhaltung hat, die Überleitung (und somit Buchung) in die Finanzbuchhaltung daher durch eine andere Person oder automatisiert erfolgen muss. Details zur Überleitung in die Finanzbuchhaltung erhalten Sie im Abschnitt 2.3.

Texte

Wenn Sie neben einem Kurztext noch weitere Texte oder Hinweise in einem Regulierungsbeleg erfassen möchten, können Sie diese entweder auf Belegkopfebene (siehe Abbildung 2.20) oder auf Belegpositionsebene (siehe Abbildung 2.21) eingeben (Transaktion WZR1/WZR2).

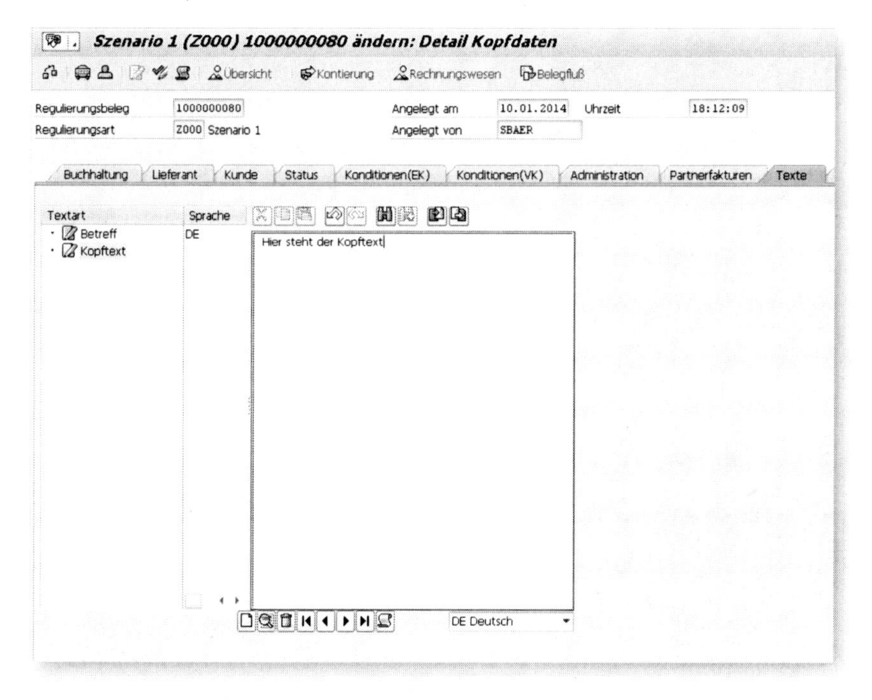

Abbildung 2.20: Erfassung Kopftexte

Welche Textarten auf Kopf- oder Positionsebene zur Verfügung stehen, können Sie selbst im Customizing definieren. Es ist auch eine

Ausgabe der Texte zur Erläuterung der Positionen auf *Korrespondenzen* – in Anschreiben, E-Mails etc. – möglich.

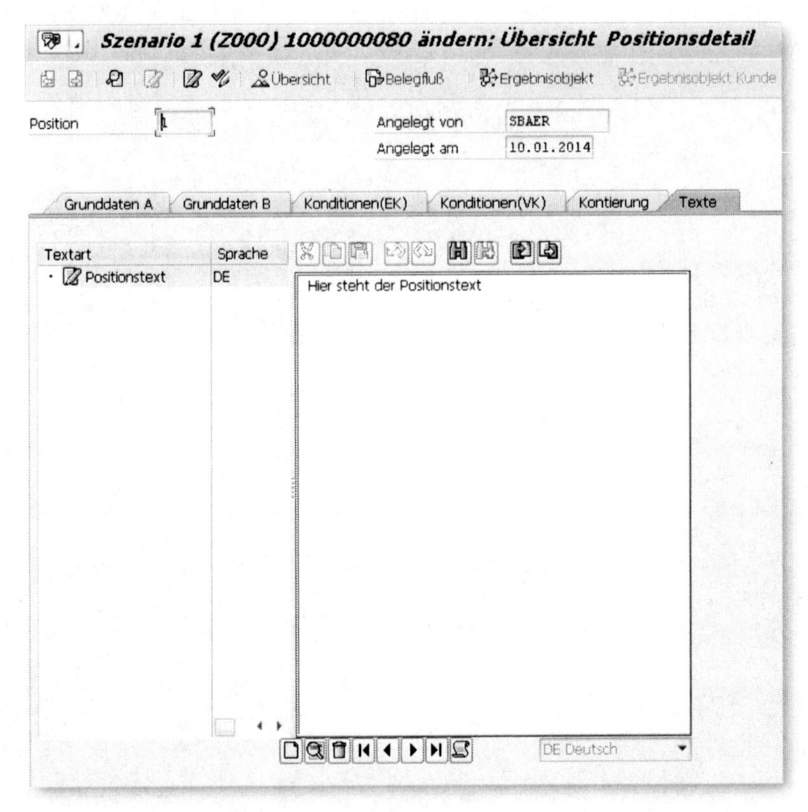

Abbildung 2.21: Erfassung Positionstexte

Listerfassung

Je nach Szenario kann es von Vorteil sein, Belege nicht einzeln, sondern mithilfe der sogenannten *Listerfassung* einzugeben. Wenn Sie z. B. **mehrere Rechnungen eines Lieferanten an unterschiedliche Kunden** erfassen möchten, ist das sehr übersichtlich in der Listerfassung möglich, statt mehrere Einzelbelege zu erfassen. In Abbildung 2.22 sehen Sie ein Beispiel hierzu:

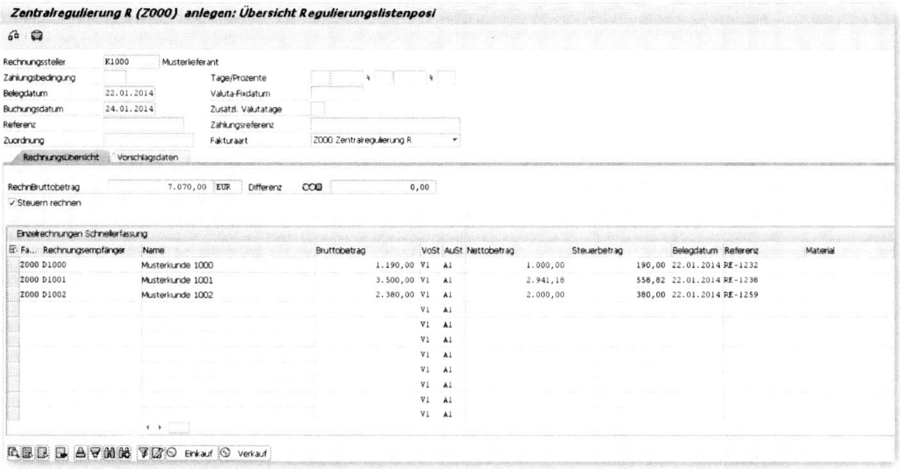

Zentralregulierung R (Z000) anlegen: Übersicht Regulierungslistenposi

Rechnungssteller K1000 Musterlieferant
Zahlungsbedingung
Tage/Prozente
Belegdatum 22.01.2014
Valuta-Fixdatum
Buchungsdatum 24.01.2014
Zusätzl. Valutatage
Referenz
Zahlungsreferenz
Zuordnung
Fakturaart Z000 Zentralregulierung R

Rechnungsübersicht | Vorschlagsdaten

RechnBruttobetrag 7.070,00 EUR Differenz 0,00
✓ Steuern rechnen

Einzelrechnungen Schnellerfassung

Fa...	Rechnungsempfänger	Name	Bruttobetrag	VoSt	AuSt	Nettobetrag	Steuerbetrag	Belegdatum	Referenz	Material
Z000	D1000	Musterkunde 1000	1.190,00	V1	A1	1.000,00	190,00	22.01.2014	RE-1232	
Z000	D1001	Musterkunde 1001	3.500,00	V1	A1	2.941,18	558,82	22.01.2014	RE-1238	
Z000	D1002	Musterkunde 1002	2.380,00	V1	A1	2.000,00	380,00	22.01.2014	RE-1259	
				V1	A1					
				V1	A1					
				V1	A1					
				V1	A1					
				V1	A1					
				V1	A1					
				V1	A1					
				V1	A1					

Einkauf | Verkauf

Abbildung 2.22: Listerfassung Lieferant

Die Listerfassung erfolgt im Menü unter LOGISTIK • AGENTURGESCHÄFT • REGULIERUNG • REGULIERUNGSANFORDERUNG • ANLEGEN bzw. Transaktion WZR1. Klicken Sie hier auf den Button Listenerfassung.

Um Eingabefehler zu vermeiden, können Sie eine Prüfsumme über alle Einzelbeträge erfassen. Eine Differenz zwischen Prüfsumme und Summe der Einzelbeträge wird Ihnen vom System angezeigt. Beim Sichern werden so viele Einzelbelege wie Einträge in der Listerfassung erzeugt, im obigen Beispiel also drei Einzelbelege. Das Erfassungslayout können Sie individuell anpassen, je nachdem, welche Informationen normalerweise zu erfassen sind. So können Sie beispielsweise die Spalte zur Eingabe einer Materialnummer ausblenden, wenn Sie regelmäßig ohne Materialangabe arbeiten.

Abbildung 2.23 zeigt, dass sich die Listerfassung auch für **mehrere Belege unterschiedlicher Lieferanten für einen Kunden** eignet. Betätigen Sie hierfür in der Transaktion WZR1 den Button Listerfassung Kunde.

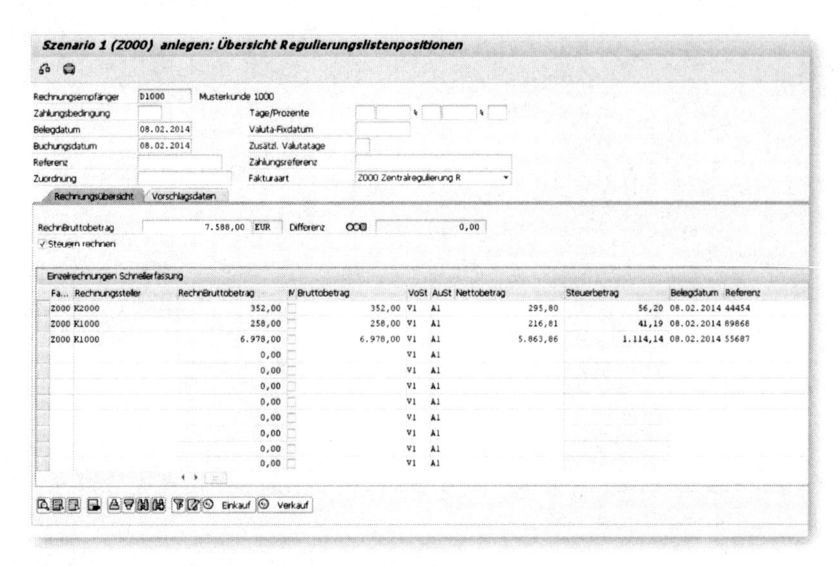

Szenario 1 (Z000) anlegen: Übersicht Regulierungslistenpositionen

Rechnungsempfänger D1000 Musterkunde 1000
Zahlungsbedingung
Tage/Prozente
Belegdatum 08.02.2014
Valuta-Fixdatum
Buchungsdatum 08.02.2014
Zusätzl. Valutatage
Referenz
Zahlungsreferenz
Zuordnung
Fakturaart Z000 Zentralregulierung R

Rechnungsübersicht | Vorschlagsdaten

RechnBruttobetrag 7.588,00 EUR Differenz 0,00
Steuern rechnen

Einzelrechnungen Schnellerfassung

Fa...	Rechnungssteller	RechnBruttobetrag	M	Bruttobetrag	VoSt	AuSt	Nettobetrag	Steuerbetrag	Belegdatum	Referenz
Z000	K2000	352,00		352,00	V1	A1	295,80	56,20	08.02.2014	44454
Z000	K1000	258,00		258,00	V1	A1	216,81	41,19	08.02.2014	89868
Z000	K1000	6.978,00		6.978,00	V1	A1	5.863,86	1.114,14	08.02.2014	55687
		0,00			V1	A1				
		0,00			V1	A1				
		0,00			V1	A1				
		0,00			V1	A1				
		0,00			V1	A1				
		0,00			V1	A1				
		0,00			V1	A1				
		0,00			V1	A1				

Einkauf Verkauf

Abbildung 2.23: Listerfassung Kunde

Überdies können Sie, wie in Abbildung 2.24 dargestellt, auch **viele Belege unterschiedlicher Lieferanten für unterschiedliche Kunden** erfassen. Betätigen Sie hierfür in der Transaktion WZR1 den Button Listerfassung Beidseitig.

Szenario 1 (Z000) anlegen: Übersicht Regulierungslistenpositionen

Belegdatum 08.02.2014
Buchungsdatum 10.02.2014
Referenz
Zahlungsreferenz
Zuordnung
Fakturaart Z000 Zentralregulierung R

Rechnungsübersicht | Vorschlagsdaten

RechnBruttobetrag 9.257,13 EUR Differenz 0,00
Steuern rechnen

Einzelrechnungen Schnellerfassung

Fa..	Rechnungssteller	Rechnungsempfänger	M.	Bruttobetrag	VoSt	AuSt	Nettobetrag	Steuerbetrag	Belegdatum	Referenz
Z000	K2000	D1001		3.256,25	V1	A1	2.736,35	519,90	01.02.2014	454443
Z002	K2000	D1002		25,12	V1	A1	21,11	4,01	05.02.1014	886876
Z000	K1000	D1001		1.225,00	V1	A1	1.029,41	195,59	03.02.2014	74589
Z000	K1000	D1002		3.568,00	V1	A1	2.998,32	569,68	04.02.2014	45454
Z000	K1000	D1000		1.233,00	V1	A1	1.036,14	196,86	05.02.2014	41425
					V1	A1				
					V1	A1				
					V1	A1				
					V1	A1				
					V1	A1				
					V1	A1				

Einkauf Verkauf

Abbildung 2.24: Listerfassung beidseitig

2.1.2 Die erweiterte Vergütungsliste

Mithilfe der *erweiterten Vergütungsliste* werden, ganz verallgemeinernd ausgedrückt, Informationen aus (in der Regel mehreren) Regulierungsanforderungen zu vorher definierten Zeitpunkten gesammelt und weiterverarbeitet. Bei dieser Weiterverarbeitung kann es sich beispielsweise um folgende Funktionen handeln:

- gesammelte Abrechnung von Abzügen und deren Buchung im Finanzwesen, z. B. für einbehaltene Provisionen oder Gebühren auf eingereichte Rechnungen gegenüber dem Rechnungssteller,
- gesammelte Abrechnung von Vergütungen und deren Buchung im Finanzwesen, z. B. für Provisionen oder Boni aus Umsätzen gegenüber einem Berechtigten, etwa einem Kunden, einem Vertriebsmitarbeiter oder einem Verbundunternehmen,
- Ermittlung und gesammelte Buchung im Finanzwesen von unterjährigen Rückstellungen, z. B. monatsweise Rückstellungen für Bonuszahlungen zum Jahresende und deren automatische Auflösung (periodisch rollierend oder zum Jahresende),

In der Regel werden hierbei Buchungen in der Finanzbuchhaltung angestoßen, wie in Abbildung 2.25 dargestellt.

Erweiterte VERGÜTUNGSLISTEN können aber auch »nur« Beleginformationen aus vorgelagerten Belegen sammeln, ohne eine Buchung im Finanzwesen auszulösen. Beachten Sie hierzu bitte Abbildung 2.26. In der Praxis wird diese Art von Vergütungslisten regelmäßig verwendet zur Erstellung von

- Belegauswertungen,
- Buchungsnachweisen (z. B. bei automatisch erzeugten Rückstellungsbuchungen),

- Zahlungsavisen über zu einem bestimmten Zeitpunkt fällige Rechnungen für die Rechnungssteller,
- Zahlungsaufforderungen über zu einem bestimmten Zeitpunkt fällige Rechnungen für die Rechnungsempfänger.

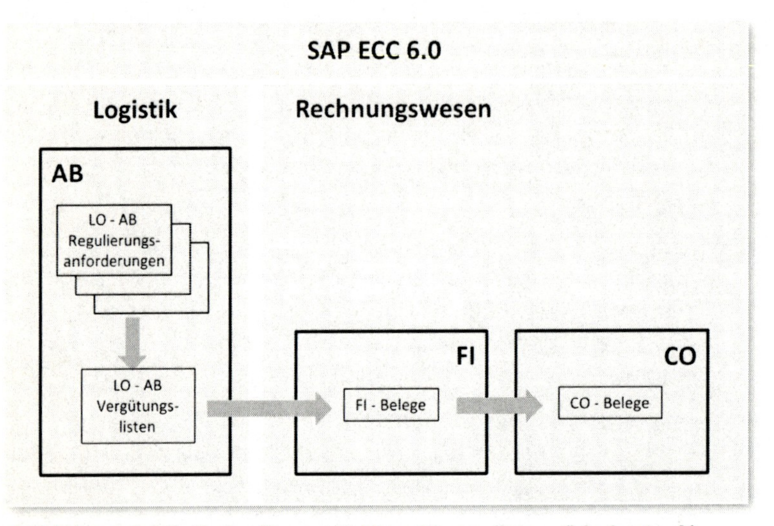

Abbildung 2.25: Belegfluss mit Vergütungslisten (Variante A)

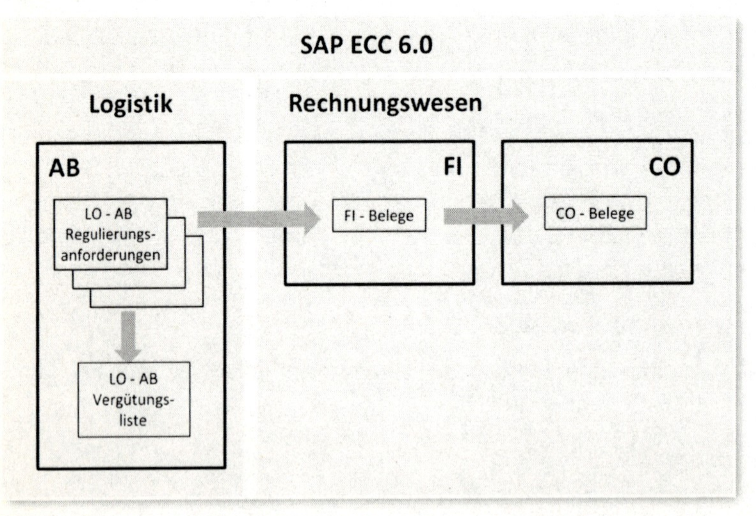

Abbildung 2.26: Belegfluss mit Vergütungslisten (Variante B)

In komplexeren Szenarien, wie in Abbildung 2.27 beispielhaft skizziert, fließen Regulierungsanforderungen sowohl in buchende als auch in rein informatorische Vergütungslisten ein:

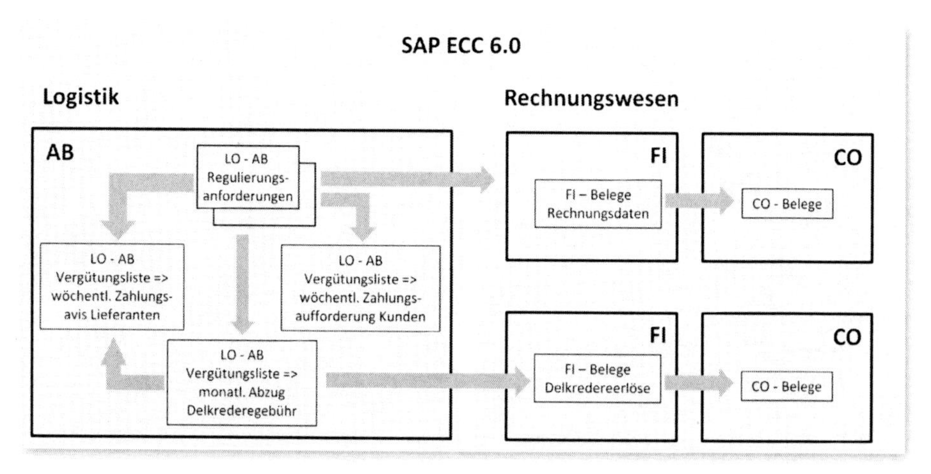

Abbildung 2.27: Belegfluss in komplexerem Szenario

In diesem Szenario werden eingereichte Rechnungen wöchentlich reguliert. Der Lieferant erhält jede Woche ein Zahlungsavis über die fälligen Rechnungen. Monatlich werden die Delkrederegebühren mittels Vergütungsliste abgerechnet und in der Finanzbuchhaltung gebucht. Der Abzug der Delkrederegebühr wird bei Fälligkeit ebenfalls auf dem Zahlungsavis ausgewiesen. In der Regel wird außerdem mit der Erzeugung der erweiterten Vergütungsliste ein *Output* – das kann ein Papierausdruck, eine E-Mail, ein Fax oder ein anderes elektronisches Ausgangsformat sein – erzeugt. Im nachfolgenden Beispiel (siehe Abbildung 2.28) wurden von einem Lieferanten drei Rechnungen eingereicht, über die eine gesammelte Abrechnung der Delkrederegebühren zum Monatsende erfolgen soll:

Listausgabe Agenturbelege

Auswählen | Sichern | Beleg | Stornieren | Beleg | Rechnungswesen

Regulierungsbeleg	FArt	Bezeichnung	RechnS	Name 1	BuchDat.	BuKr.	Währg	NettoBetrag	Steuerbetrag	Bttobetrag	Rechn.Em	Name 1	RFSt	Text	Z	Referenz
1000000104	Z000	Zentralregulierung R	K1000	Musterlieferant	28.02.2014	9000	EUR	2.358,00	0,00	2.358,00	D1002	Musterkunde 1002	C	Buchungsbeleg ist erzeugt		897897
1000000105	Z000	Zentralregulierung R		Musterlieferant	28.02.2014	9000	EUR	589,00	111,91	700,91	D1001	Musterkunde 1001	C	Buchungsbeleg ist erzeugt		326598
1000000106	Z000	Zentralregulierung R		Musterlieferant	28.02.2014	9000	EUR	7.859,00	1.493,21	9.352,21	D1001	Musterkunde 1001	C	Buchungsbeleg ist erzeugt		123456
			K1000				**EUR**	**10.806,00**	**1.605,12**	**12.411,12**						
							EUR	**10.806,00**	**1.605,12**	**12.411,12**						

Abbildung 2.28: Beispiel Vergütungslistenbasis

In der Finanzbuchhaltung sind vor der Abrechnung die Gebühren noch nicht gebucht, es besteht eine Verbindlichkeit gegenüber dem Lieferanten in Höhe von 12.411,12 EUR (siehe Abbildung 2.29):

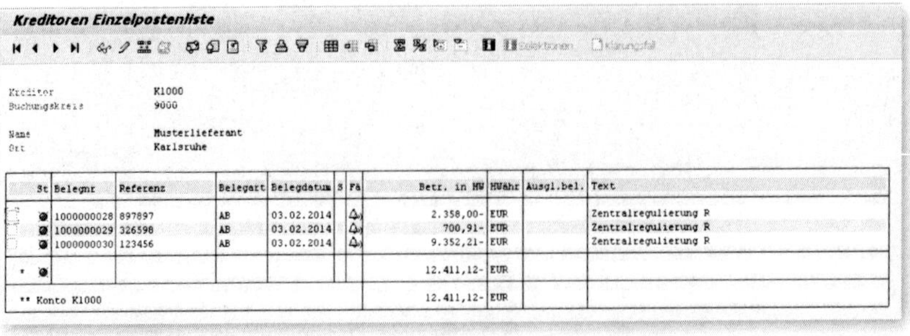

Kreditoren Einzelpostenliste

Kreditor K1000
Buchungskreis 9000

Name Musterlieferant
Ort Karlsruhe

St	Belegnr	Referenz	Belegart	Belegdatum	S	Fä	Betr. in HW	HWähr	Ausgl.bel.	Text
	1000000028	897897	AB	03.02.2014			2.358,00-	EUR		Zentralregulierung R
	1000000029	326598	AB	03.02.2014			700,91-	EUR		Zentralregulierung R
	1000000030	123456	AB	03.02.2014			9.352,21-	EUR		Zentralregulierung R
*							12.411,12-	EUR		
** Konto K1000							12.411,12-	EUR		

Abbildung 2.29: Offene Posten – Anzeige Kreditor vor Gebührenabrechnung

Die Gebührenabrechnung ermittelt nun die in den Einzelbelegen berechneten Gebührenbeträge, führt – falls Sie dies so im Customizing eingestellt haben – eine neue Preisfindung durch und bucht den Gebührenbetrag in der Finanzbuchhaltung (siehe Abbildung 2.30). Die Erzeugung der Vergütungslisten erfolgt über den Menüpfad LOGISTIK • AGENTURGESCHÄFT • ERWEITERTE VERGÜTUNGSLISTE • ALLGEMEIN oder Transaktion WLF_RRLE_CREATE.

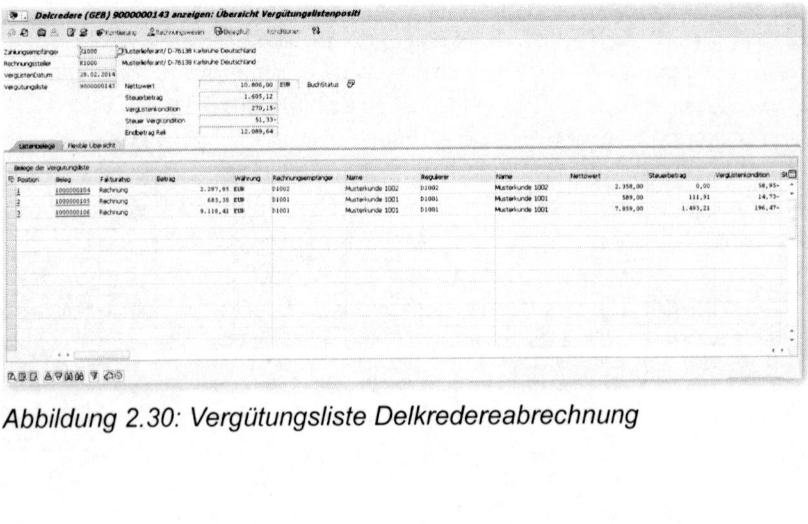

Delcredere (GEB) 9000000143 anzeigen: Übersicht Vergütungslistenpositi

Zahlungsempfänger K1000 Musterlieferant/ D-76138 Karlsruhe Deutschland
Rechnungssteller K1000 Musterlieferant/ D-76138 Karlsruhe Deutschland
VergListenDatum 28.02.2014
Vergütungsliste 9000000143

Nettowert 10.806,00 EUR BuchStatus
Steuerbetrag 1.605,12
VergListenkondition 270,15-
Steuer Vergkondition 51,33-
Endbetrag Rel 12.089,64

Belege der Vergütungsliste

Position	Beleg	Fakturatyp	Betrag	Währung	Rechnungsempfänger	Name	Regulierer	Name	Nettowert	Steuerbetrag	VergListenkondition
1	1000000104	Rechnung	2.287,05	EUR	D1002	Musterkunde 1002	D1002	Musterkunde 1002	2.358,00	0,00	58,95-
2	1000000105	Rechnung	683,38	EUR	D1001	Musterkunde 1001	D1001	Musterkunde 1001	589,00	111,91	14,73-
3	1000000106	Rechnung	9.118,41	EUR	D1001	Musterkunde 1001	D1001	Musterkunde 1001	7.859,00	1.493,21	196,47-

Abbildung 2.30: Vergütungsliste Delkredereabrechnung

Im Beispiel sehen Sie nun eine Vergütungsliste mit Buchungsdatum = Monatsende, die die Delkrederegebühren in Höhe von 321,48 EUR aus drei Regulierungsanforderungen gesammelt und gebucht hat. Die Ursprungsbelege sind als Belegpositionen in die Vergütungsliste übernommen worden. Per Doppelklick auf eine Belegnummer können Sie auch wieder in die Anzeige des Ursprungsbelegs verzweigen. Aufgrund der Einstellungen im Customizing wurde automatisch eine Überleitung in die Finanzbuchhaltung angestoßen, sodass Sie auf dem Kreditorenkonto, siehe Abbildung 2.31, nun auch die Buchung für die Gebührenabrechnung sehen können:

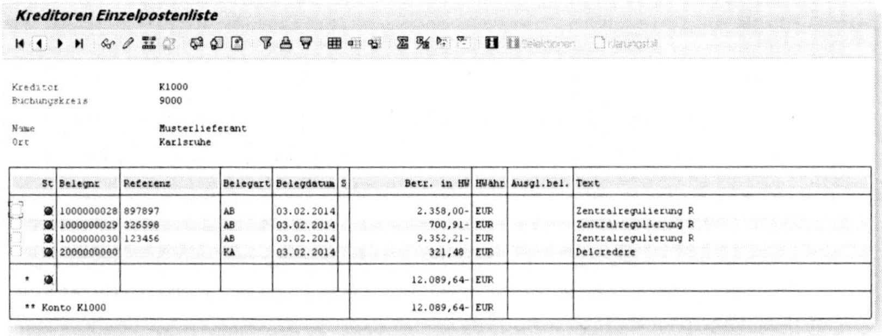

Kreditoren Einzelpostenliste

Kreditor K1000
Buchungskreis 9000

Name Musterlieferant
Ort Karlsruhe

St	Belegnr	Referenz	Belegart	Belegdatum	S	Betr. in HW	HWähr	Ausgl.bel.	Text
	1000000028	897897	AB	03.02.2014		2.358,00-	EUR		Zentralregulierung R
	1000000029	326598	AB	03.02.2014		700,91-	EUR		Zentralregulierung R
	1000000030	123456	AB	03.02.2014		9.352,21-	EUR		Zentralregulierung R
	2000000000		KA	03.02.2014		321,48	EUR		Delcredere
*						12.089,64-	EUR		
** Konto K1000						12.089,64-	EUR		

Abbildung 2.31: Offene Posten, Anzeige Kreditor nach Gebührenabrechnung

Im Beispiel werden die Verbindlichkeiten gegenüber dem Lieferanten um den Gebührenbetrag reduziert, der Zahllauf führt dementsprechend zu einer Überweisung in Höhe von 12.089,64 EUR.

Besonders hervorzuheben ist, dass ein Ursprungsbeleg – in der Regel eine Regulierungsanforderung – in beliebig viele erweiterte Vergütungslisten einfließen kann, wobei je Vergütungslistenart der Empfänger und das Datum der Vergütungsliste unterschiedlich sein können, obwohl alle auf denselben Ursprungsbelegen basieren.

Vergütungslistenempfänger

Vergütungslisten können für unterschiedliche Empfänger erzeugt werden; es muss sich nicht um den Rechnungssteller oder Rechnungsempfänger aus den zugrunde liegenden Regulierungsanforderungen handeln. Beispielsweise kann der Empfänger eines Bonus ein Vertriebsmitarbeiter sein, oder Begünstigter einer Rückversicherungsprämie für die Übernahme des Delkredererisikos eines Zentralregulierers ist ein Versicherungsunternehmen.

Mithilfe von *BAdI-Implementierungen* sind kundenindividuelle Ermittlungsregeln hinterlegbar, sodass z. B. der jeweilige Vergütungslistenempfänger auch aus Geschäftspartnerstammdaten, Konditionskontrakten oder kundenindividuellen Tabellen ermittelt werden kann.

Vergütungslistendatum

Das Vergütungslistendatum steuert, zu welchem Zeitpunkt zu einem Ursprungsbeleg eine Vergütungsliste erzeugt wird; etwa, dass alle Ursprungsbelege zum Jahresende in eine gesammelte Bonusabrechnung je Bonusberechtigtem einfließen. Auch hier kann mittels BAdI-Implementierungen auf Informationen in den Geschäftspartnerstammdaten, Konditionskontrakten oder kundenindividuellen Tabellen zugegriffen werden, um das Vergütungslistendatum nach individuellen Regeln zu ermitteln.

Ein Ursprungsbeleg – n Folgebelege

In einem Zentralregulierungsszenario werden für die eingereichten Rechnungen der Lieferanten Regulierungsanforderungen angelegt. Diese fließen in nachfolgende Vergütungslisten (VGL) ein (siehe Tabelle 2.1):

VGL	Zeitpunkt	Empfänger	ausgelöste Ereignisse
Rechnungsübersicht	wöchentlich	Rechnungssteller	Output (Übersicht der eingereichten Rechnungen)
Abzug Delkrederegebühren	monatlich	Rechnungssteller	Output (Abrechnung) und Buchung der Forderung im Finanzwesen
Zahlungsavis	wöchentlich	Rechnungssteller	Output (Zahlungsavis)
Zahlungsaufforderung	wöchentlich	Rechnungsempfänger	Output (Zahlungsaufforderung)
Abrechnung Rückversicherungsprämie	monatlich	Versicherungsunternehmen	Output (Abrechnung) und Buchung der Verbindlichkeit im Finanzwesen

Tabelle 2.1: Beispiel Vergütungslisten

2.1.3 Die Lieferantenabrechnung

Die *Lieferantenabrechnung* dient dazu, beliebig viele Regulierungsanforderungen in einer Summe in die Finanzbuchhaltung überzuleiten, sodass auf dem Kreditorenkonto des Lieferanten nur ein offener Posten über alle übergeleiteten Belege entsteht und nicht ein offener Posten je Regulierungsanforderung. Beachten Sie hierzu bitte die schematische Darstellung in Abbildung 2.32:

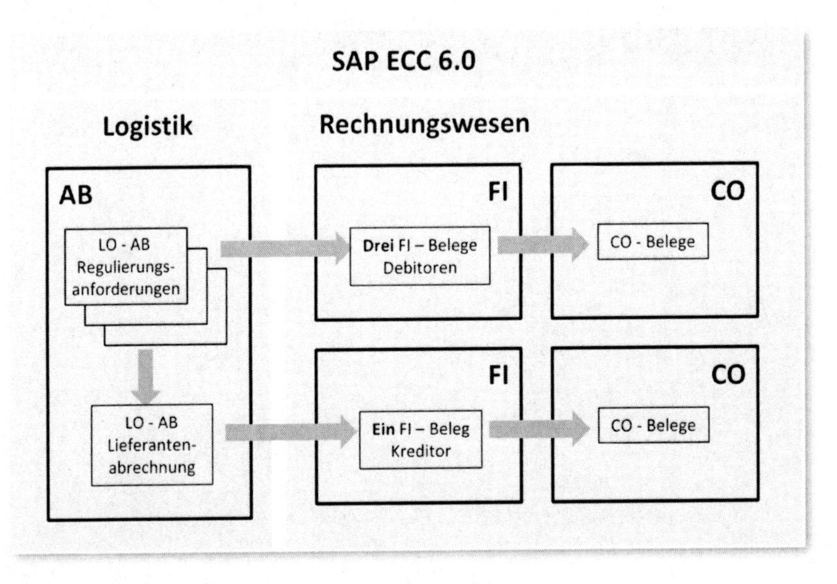

Abbildung 2.32: Belegfluss mit Lieferantenabrechnung

Lassen Sie mich dies mit einem einfachen Beispiel, siehe Abbildung 2.33, veranschaulichen:

Listausgabe Agenturbelege

Auswählen | Sichern | Beleg | Rechnungswesen

RegulierBeleg	FArt	RechnSte	Name 1	Rechn.Empf	Name 1	BuchDat.	BuKr.	Währg	NettoBetrag	Steuer	Bttobetrag	RFSt	Text	Zuordn	Referenz
1000000118	Z004	K1000	Musterlieferant	D1001	Musterkunde 1001	06.02.2014	9000	EUR	1.680,67	319,33	2.000,00	K	Buchung über Regulierungsliste		8891
1000000119	Z004	K1000		D1002	Musterkunde 1002	06.02.2014	9000	EUR	840,34	159,66	1.000,00	K	Buchung über Regulierungsliste		5682
1000000120	Z004	K1000		D1000	Musterkunde 1000	06.02.2014	9000	EUR	2.521,01	478,99	3.000,00	K	Buchung über Regulierungsliste		5889
			Musterlieferant					**EUR**	• **5.042,02**	• **957,98**	• **6.000,00**				
								EUR	•• **5.042,02**	•• **957,98**	•• **6.000,00**				

Abbildung 2.33: Beispiel Basis-Lieferantenabrechnung

Der Lieferant hat drei Rechnungen gegenüber drei verschiedenen Kunden eingereicht. Statt alle Rechnungen einzeln auf dem Kreditorenkonto des Lieferanten zu buchen, wird mittels Lieferantenabrechnung (siehe Abbildung 2.34) in Summe über den Gesamtbetrag abgerechnet. Die Erzeugung der Lieferantenabrechnungen erfolgt über den Menüpfad LOGISTIK • AGENTURGESCHÄFT • LIEFERANTENABRECHNUNG • ERSTELLEN bzw. Transaktion WLF1L.

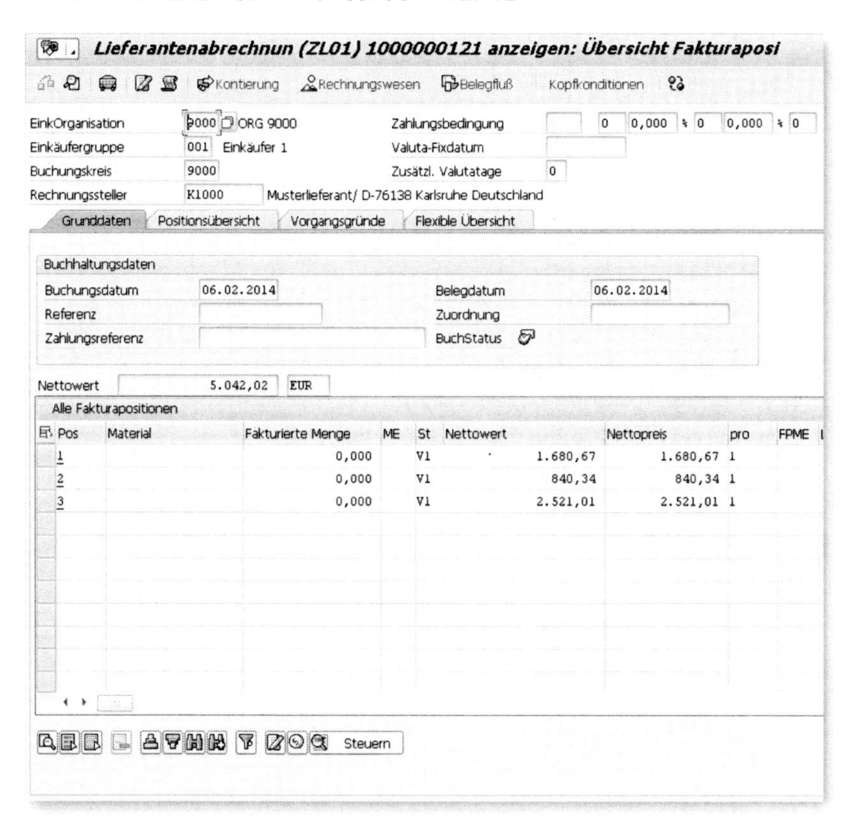

Abbildung 2.34: Lieferantenabrechnung

Die Abrechnung hat folgenden Finanzbuchhaltungsbeleg automatisch erzeugt (siehe Abbildung 2.35).

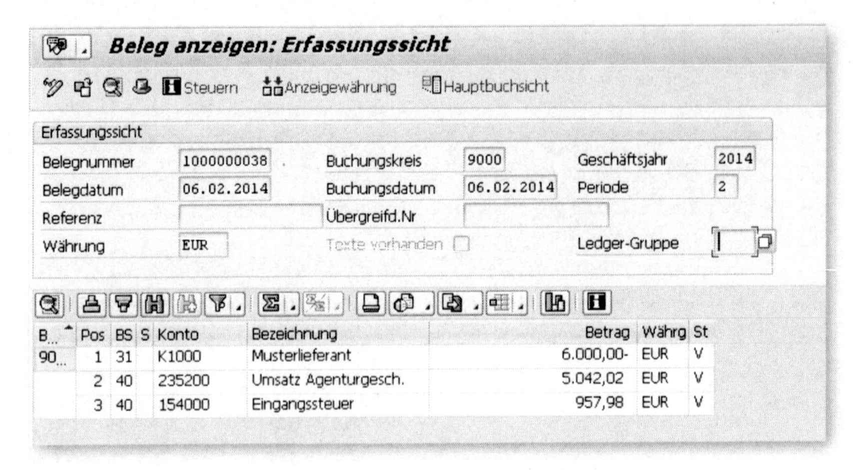

B...	Pos	BS	S	Konto	Bezeichnung	Betrag	Währg	St
90...	1	31		K1000	Musterlieferant	6.000,00-	EUR	V
	2	40		235200	Umsatz Agenturgesch.	5.042,02	EUR	V
	3	40		154000	Eingangssteuer	957,98	EUR	V

Abbildung 2.35: FI-Beleg zur Lieferantenabrechnung

Kundenseitig können die Rechnungen entweder einzeln, mittels Regulierungsanforderungen, oder ebenfalls gesammelt je Kunde über sogenannte Kundenabrechnungen (siehe Abschnitt 2.1.4) in die Finanzbuchhaltung übergeleitet werden. Die Lieferantenabrechnung kommt meist in komplexeren Szenarien zur Anwendung, die ich Ihnen schematisch in Abbildung 2.36 veranschaulichen möchte.

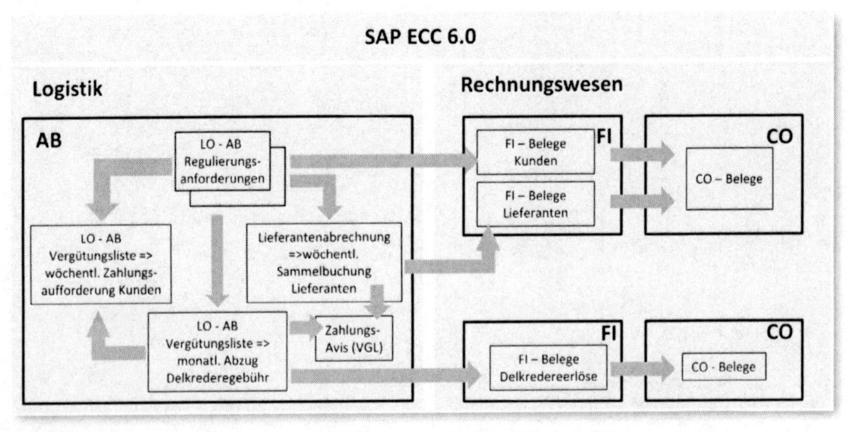

Abbildung 2.36: Beispiel-Szenario mit Lieferantenabrechnung (Belegfluss)

Im obigen Beispiel-Szenario reicht ein Lieferant im Abrechnungszeitraum »n« Einzelrechnungen an verschiedene Rechnungsempfänger ein. Mithilfe einer VERGÜTUNGSLISTE werden die sich hieraus ergebenden Delkrederegebühren abgerechnet und als Forderung auf dem Kreditorenkonto des Lieferanten gebucht. Der Lieferant erhält eine Gebührenabrechnung, z. B. in Papierform oder per E-Mail. Die Verbindlichkeiten aus den eingereichten Rechnungen werden mithilfe der LIEFERANTENABRECHNUNG gesammelt am Ende des Abrechnungszeitraums in einer Summe auf dem Kreditorenkonto gebucht. Dem Lieferant geht ein Zahlungsavis zu, das sowohl die von ihm eingereichten Rechnungen als auch die Abrechnung der Delkrederegebühren ausweist. Die tatsächliche Regulierung erfolgt dann über den Zahllauf – ein etwas komplexeres Szenario, das ich Ihnen im Kapitel 4.1 detailliert vorstellen werde.

2.1.4 Die Kundenabrechnung

Die *Kundenabrechnung* dient dazu, beliebig viele Regulierungsanforderungen (Rechnungen verschiedener Lieferanten für diesen Kunden) in einer Summe in die Finanzbuchhaltung überzuleiten, sodass auf dem Debitorenkonto des Kunden nur ein offener Posten über alle übergeleiteten Belege anstatt ein offener Posten je Regulierungsanforderung entsteht (siehe Abbildung 2.37).

Auch hier soll Ihnen der Ablauf anhand eines einfachen Beispiels verdeutlicht werden. In Abbildung 2.38 sehen Sie, dass Rechnungen verschiedener Lieferanten gegenüber einem Kunden eingereicht wurden.

Statt alle Rechnungen nun einzeln auf dem Debitorenkonto des Kunden zu buchen, werden sie mittels Kundenabrechnung in Summe abgerechnet (siehe Abbildung 2.39).

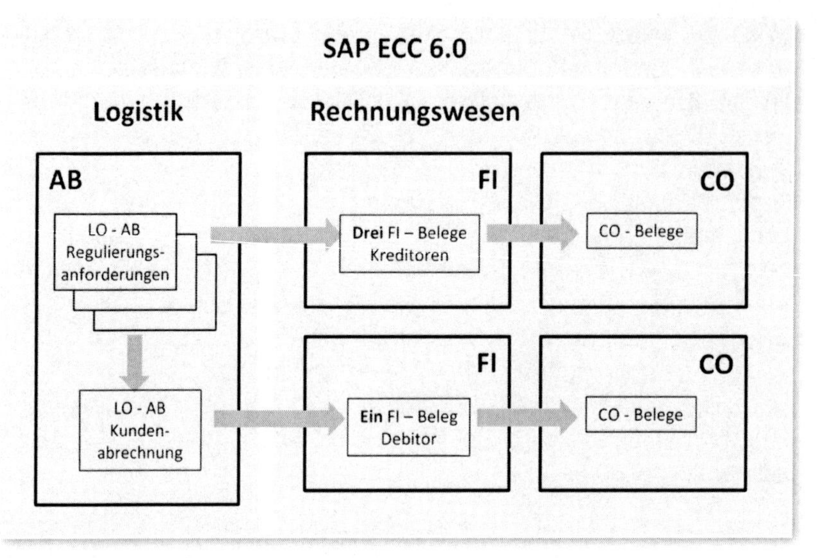

Abbildung 2.37: Belegfluss mit Kundenabrechnung

Listausgabe Agenturbelege

Auswählen | Sichern | Beleg | Rechnungswesen

ReguliereBeleg	FArt	RechnSte	Name 1	Rechn.E...	Name 1	BuchDat.	BuKr.	Währg	Σ NettoBetrag	Σ Steuerbetrag	Σ Bttobetrag	RFSt	Text
1000000125	Z004	K2000	Fred Mustermann	D1001	Musterkunde 1001	06.02.2014	9000	EUR	8.975,00	1.705,25	10.680,25	K	Buchung über Regulierungsliste
1000000126	Z004	K2000	Fred Mustermann		Musterkunde 1001	06.02.2014	9000	EUR	500,00	95,00	595,00	K	Buchung über Regulierungsliste
1000000124	Z004	K1000	Musterlieferant		Musterkunde 1001	06.02.2014	9000	EUR	598,00	113,62	711,62	K	Buchung über Regulierungsliste
				D1001				**EUR**	• **10.073,00**	• **1.913,87**	• **11.986,87**		
								EUR	•• **10.073,00**	•• **1.913,87**	•• **11.986,87**		

Abbildung 2.38: Beispiel Basis-Kundenabrechnung

Die Abrechnung hat hieraus folgenden Finanzbuchhaltungsbeleg automatisch erzeugt (siehe Abbildung 2.40). Die Erzeugung der Kundenabrechnungen erfolgt über den Menüpfad LOGISTIK • AGENTURGESCHÄFT • KUNDENABRECHNUNGEN • ERSTELLEN bzw. Transaktion WLF1K.

Lieferantenseitig können die Rechnungen je nach Bedarf einzeln per Regulierungsanforderungen oder ebenfalls gesammelt je Lieferant über die bereits vorgestellten Lieferantenabrechnungen (vgl. Abschnitt 2.1.3) in die Finanzbuchhaltung übergeleitet werden.

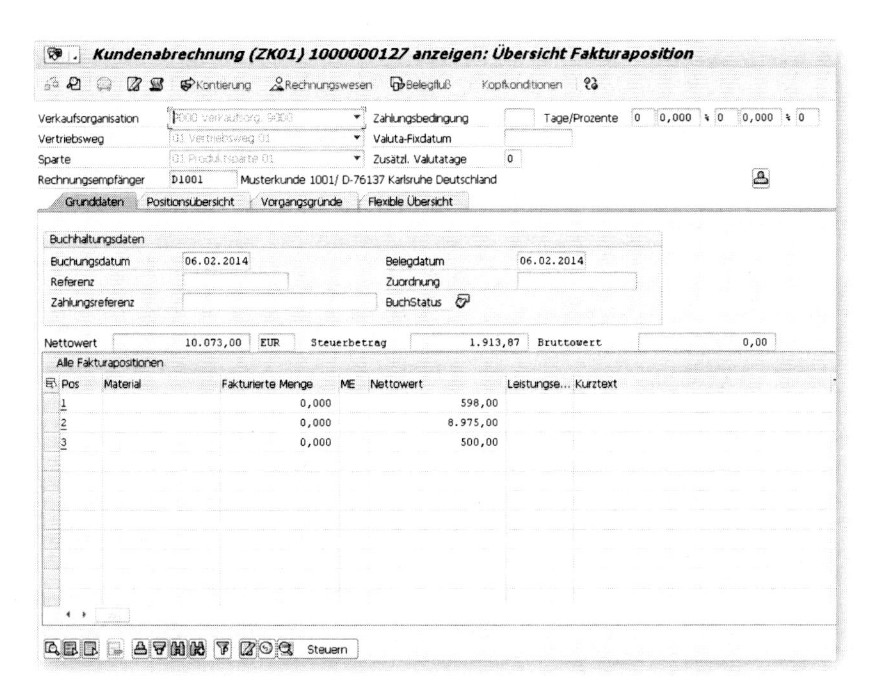

Abbildung 2.39: Kundenabrechnung

Beleg anzeigen: Erfassungssicht

Steuern | Anzeigewährung | Hauptbuchsicht

Erfassungssicht

Belegnummer	1000000044	Buchungskreis	9000	Geschäftsjahr	2014
Belegdatum	06.02.2014	Buchungsdatum	06.02.2014	Periode	2
Referenz		Übergreifd.Nr			
Währung	EUR	Texte vorhanden		Ledger-Gruppe	

B...	Pos	BS	S	Konto	Bezeichnung	Betrag	Währg	St
90...	1	01		D1001	Musterkunde 1001	11.986,87	EUR	A
	2	50		175000	Ausgangssteuer	1.913,87-	EUR	A
	3	50		235200	Umsatz Agenturgesch.	10.073,00-	EUR	A

Abbildung 2.40: FI-Beleg zur Kundenabrechnung

2.2 Preisfindung

Bereits bei der Erfassung der Regulierungsanforderungen erfolgt die *Preisfindung*, z. B. werden Provisionen oder Gebühren, die aufgrund einer dem Beleg zugrunde liegenden Rechnung anfallen, berechnet/kalkuliert. Aus technischer Sicht werden die Regeln zur Berechnung in einem *Kalkulationsschema* hinterlegt (siehe Abbildung 2.41). Über Bedingungen und Formeln können Sie die Berechnung zusätzlich beeinflussen.

Das Kalkulationsschema wird im Customizing den relevanten Fakturaarten zugeordnet. In der Regulierungsanforderung ist die Preisfindung auf Kopf- und Positionsebene zu sehen.

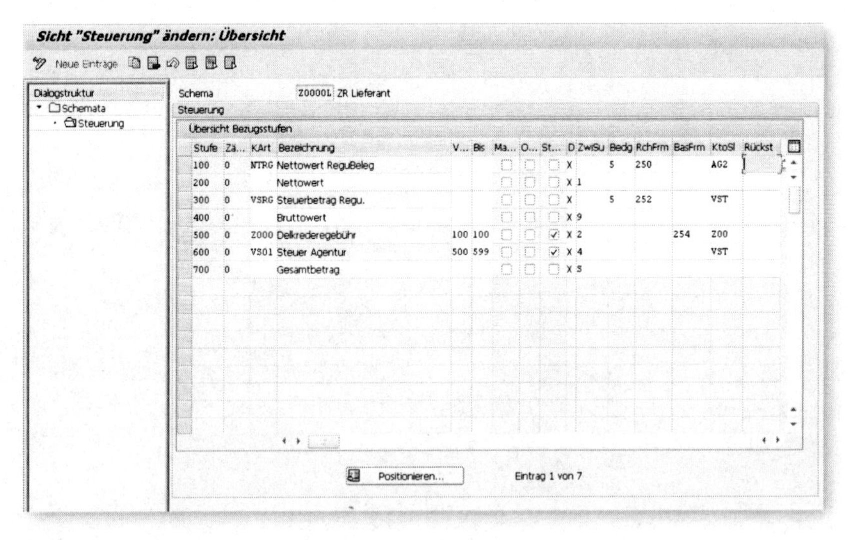

Abbildung 2.41: Customizing, Kalkulationsschema

Im Regulierungsbeleg (Transaktion WZR3), siehe Abbildung 2.42, erkennen Sie das Kalkulationsschema wieder.

Die Preisfindung kann einkaufs- und verkaufsseitig unterschiedlich sein, da z. B. die DELKREDEREGEBÜHR dem Lieferanten in Rechnung gestellt wird, der Kunde hiervon aber nichts mitbekommt. Wenn Sie in Abbildung 2.42 den Button Analyse betätigen, können Sie recherchieren, wie das System den angezeigten Prozentsatz für den Abzug – im Beispiel 2,5 % – ermittelt, siehe Abbildung 2.43.

Abbildung 2.42: Preisfindung einkaufsseitig auf Positionsebene

Analyse Preisfindung

Schema	Beschreibung
Z0000L	ZR Lieferant
NTRG	Nettowert RegußBeleg
	Nettowert
VSRG	Steuerbetrag Regu.
	Bruttowert
Z000	Delkrederegebühr
010(Z003)	Rechnungssteller
2,500- %	K1000
020(Z003)	Einkaufsorganisation
VS01	Steuer Agentur
010(0015)	Steuern: Material
190,00	1
	Gesamtbetrag

Übersicht

Konditionsart	Meldung	Beschreibung
NTRG	207	Kondition wurde gefunden (Ohne Konditionssatz)
Nettowert	200	Zwischensumme
VSRG	207	Kondition wurde gefunden (Ohne Konditionssatz)
Bruttowert	200	Zwischensumme
Z000	208	Konditionssatz wurde gefunden
VS01	208	Konditionssatz wurde gefunden
Gesamtbetrag	200	Zwischensumme

Abbildung 2.43: Analyse der Preisfindung

Hier sehen Sie unter anderem, dass für den konkreten »Rechnungssteller« für die Delkrederegebühr ein Konditionssatz i. H. v. 2,5 %

gezogen wird. Es existiert allerdings darunter eine weitere *Pflegeebene* »Einkaufsorganisation«. Wäre im System kein spezieller Konditionssatz auf Ebene des »Rechnungsstellers« hinterlegt, würde während der Preisfindung automatisch geprüft, ob ein Satz auf der Ebene »Einkaufsorganisation« hinterlegt ist, z. B. 3 %, und dieser würde entsprechend verwendet.

Pflegeebenen für Konditionen

Sie können Konditionen auf verschiedenen Pflegeebenen hinterlegen und diese hierarchisch gliedern sowie beliebig viele Pflegeebenen für eine Kondition festlegen. Die Reihenfolge, in der das System diese lesen soll, nennt man *Zugriffsfolge*. In der Regel werden in den Zugriffsfolgen die Pflegeebenen so angeordnet, dass im Beleg eine besondere Kondition vorrangig vor der allgemeingültigen herangezogen wird.

Spezielle versus allgemeingültige Kondition

Für eine Einkaufsorganisation gilt ein allgemeingültiger Delkrederesatz in Höhe von 2,5 %. Auf bestimmte Warengruppen, z. B. Dienstleistungen, erfolgt allerdings kein Delkredereabzug. In diesem Fall wird auf der Pflegeebene »Warengruppe« ein Delkrederesatz in Höhe von 0 % für Dienstleistungen hinterlegt, auf Pflegeebene »Einkaufsorganisation« in Höhe von 2,5 %. In der Zugriffsfolge werden die Pflegeebenen so angeordnet, dass im Rahmen der Preisfindung zuerst geprüft wird, ob die Warengruppe »Dienstleistung« in der Belegposition vorhanden ist – dies würde zu keinem Abzug von Delkrederegebühren führen – oder, ob es sich um eine andere Warengruppe handelt, sodass der allgemeingültige Gebührensatz in Höhe von 2,5 % zur Anwendung kommt.

Solange ein Agenturgeschäftsbeleg noch nicht an die Finanzbuchhaltung übergeleitet wurde, können Sie eine neue Preisfindung durchführen, bei der die Konditionssätze neu gelesen werden. Die konkreten Konditionssätze pflegen Sie zeitabhängig, wobei Sie neben Prozentsätzen auch fixe Beträge und Staffeln hinterlegen können (siehe Abbildung 2.44).

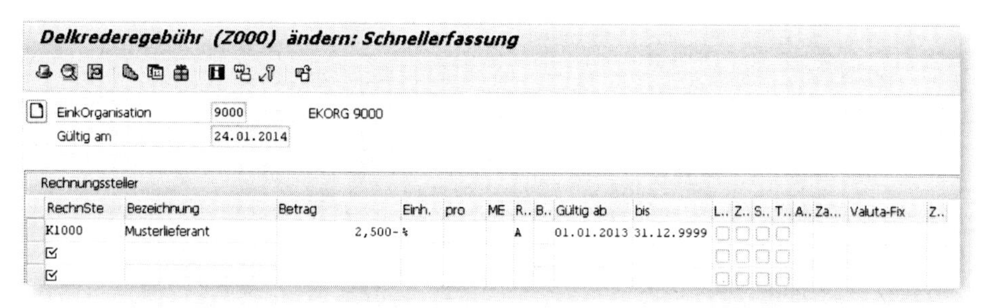

Abbildung 2.44: Konditionspflege

Neue Preisfindung im Folgebeleg durchführen

Die Vertriebsmitarbeiter Ihrer Firma sollen auf abgeschlossene Kundenaufträge monatlich eine Provision erhalten. Diese ist nach Gesamtauftragsvolumen gestaffelt. Je Kunde wird eine Regulierungsanforderung zur Ermittlung der Provision erzeugt, deren Abrechnung und Buchung erfolgt aber gesammelt über eine Vergütungsliste. Da für die Gesamtsumme der Aufträge aller Kunden eine höhere Provisionsstaffelstufe erreicht werden kann als bei einer Einzelbetrachtung jedes Kunden, findet in der Vergütungsliste eine neue Preisfindung statt. So kann z. B. in der Vergütungsliste, aufgrund der Erreichung einer höheren Staffelstufe, eine Provision i. H. v. 3 % gerechnet werden, obwohl in allen zugrunde liegenden Einzelbelegen jeweils nur 2 % gerechnet wurden.

In den Folgebelegen, den Vergütungslisten und Kundenabrechnungen ist wiederum jeweils ein Kalkulationsschema für die Preisfindung zugeordnet, das von dem der Vorgängerbelege abweichen kann. Ob bei der Erzeugung der Folgebelege eine neue Preisfindung durchgeführt werden soll, können Sie im Customizing festlegen.

2.3 Überleitung in die Buchhaltung

Die oben beschriebenen Belegtypen »Regulierungsanforderung«, »Vergütungsliste«, »Lieferantenabrechnung« und »Kundenabrechnung« können zu Buchungen in der Finanzbuchhaltung führen. Wie ich bereits in den vorangegangenen Kapiteln dargestellt habe, erfolgt die Überleitung der Belege entweder automatisch oder manuell, d. h., sie muss explizit angestoßen werden. Was dabei jeweils zu beachten ist, wird in den folgenden Abschnitten näher erläutert.

2.3.1 Belege einzeln manuell überleiten

Wenn Sie einen einzelnen Agenturgeschäftsbeleg in die Finanzbuchhaltung überleiten möchten, können Sie dies im Änderungsmodus des jeweiligen Belegs tun. Ich zeige Ihnen diese Funktionalität am Beispiel einer Regulierungsanforderung. Nach deren Erfassen und Sichern wird folgende Nachricht ausgegeben:

Beleg 1000000097 gesichert (Buchhaltungsbeleg nicht erstellt)

Wie Sie anhand dieser Meldung erkennen, wurde der Beleg noch nicht in die Finanzbuchhaltung übergeleitet. Zum Überleiten dieses einzelnen Belegs wechseln Sie in den Änderungsmodus des REGULIERUNGSBELEGS, Menüpfad LOGISTIK • AGENTURGESCHÄFT • REGULIERUNG • REGULIERUNGSANFORDERUNG • ÄNDERN oder Transaktion WZR2, wie in Abbildung 2.45 dargestellt.

Sobald Sie den Button Buchhaltung betätigen, wird dieser einzelne Beleg in die Finanzbuchhaltung übergeleitet, und Sie erhalten eine entsprechende Nachricht:

Beleg 1000000097 gesichert (Buchhaltungsbeleg erstellt)

Klicken Sie anschließend auf den Button Rechnungswesen, so verzweigen Sie in den zugehörigen Buchhaltungsbeleg (siehe Abbildung 2.46).

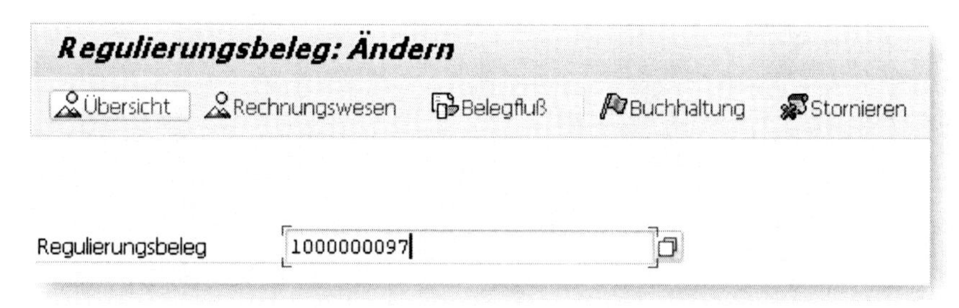

Abbildung 2.45: Regulierungsbeleg ändern

Beleg anzeigen: Erfassungssicht

Steuern Anzeigewährung Hauptbuchsicht

Erfassungssicht

Belegnummer	1000000021	Buchungskreis	9000	Geschäftsjahr	2014
Belegdatum	24.01.2014	Buchungsdatum	24.01.2014	Periode	1
Referenz		Übergreifd.Nr			
Währung	EUR	Texte vorhanden		Ledger-Gruppe	

Bu...	Pos	BS	S	Konto	Bezeichnung	Betrag	Währg	St
90...	2	31		K1000	Musterlieferant	380,80-	EUR	**
90...	1	01		D1001	Musterkunde 1001	380,80	EUR	**
90...	5	50		235250	Ums.Agenturges.Geg.	320,00-	EUR	A
90...	3	40		235200	Umsatz Agenturgesch.	320,00	EUR	V
90...	6	50		175000	Ausgangssteuer	60,80-	EUR	A
90...	4	40		154000	Eingangssteuer	60,80	EUR	V

Abbildung 2.46: Buchhaltungsbeleg

Die Art der Buchung eines Agenturgeschäftsbelegs in der Finanzbuchhaltung können Sie durch entsprechendes Customizing beeinflussen/steuern, in dem Sie etwa hinterlegen, dass Positionen mit *Sonderhauptbuchkennzeichen* oder nicht über ein *Umsatzverrechnungskonto* gebucht werden sollen. Abbildung 2.47 zeigt die Folgebelege zum Regulierungsbeleg, die Sie mit Betätigen des Buttons Belegfluß angezeigt bekommen:

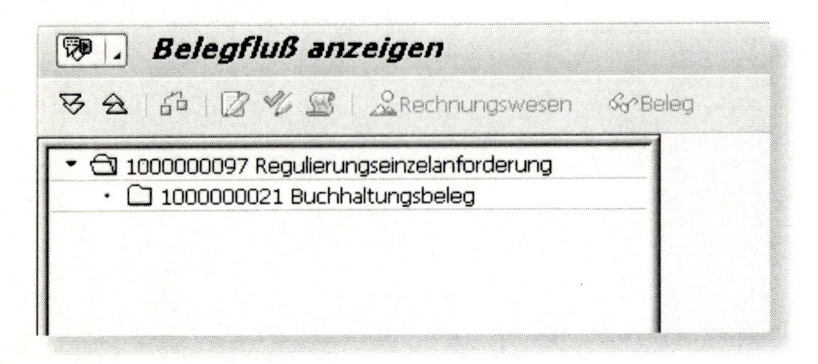

Abbildung 2.47: Belegfluss anzeigen

Durch Doppelklicken auf eine Belegnummer können Sie in den dazugehörigen Beleg verzweigen.

2.3.2 Belege gesammelt manuell überleiten

In der Praxis werden Regulierungsbelege eher selten einzeln übergeleitet. Stattdessen ist eine manuelle Überleitung mehrerer Belege gleichzeitig sinnvoll und auch möglich. Hierzu rufen Sie eine Listausgabe der gewünschten Belege – z. B. alle zu einem bestimmten Buchungsdatum oder Prozess – auf (siehe Abbildung 2.48). Wählen Sie hierzu den Menüpfad LOGISTIK • AGENTURGESCHÄFT • UMFELD • LISTAUSGABE AGENTURBELEGE oder Transaktion WLI2.

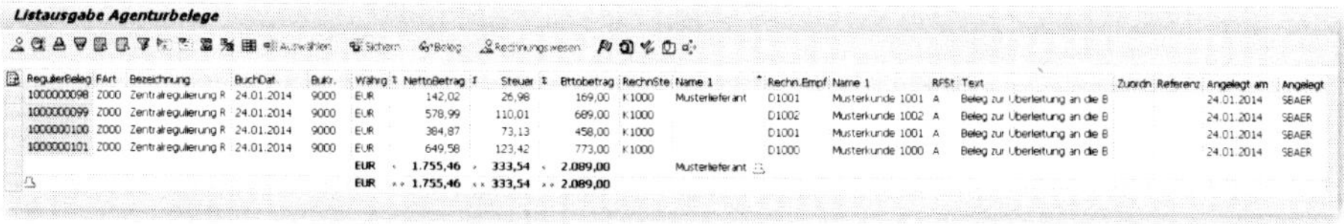

Listausgabe Agenturbelege

Auswählen Sichern Beleg Rechnungswesen

RegulierBeleg	FArt	Bezeichnung	BuchDat	Bukr.	Währg	NettoBetrag	Steuer	Bttobetrag	RechnSte	Name 1	Rechn.Empf	Name 1	RFSt	Text	Zuordn	Referenz	Angelegt am	Angelegt
1000000098	Z000	Zentralregulierung R	24.01.2014	9000	EUR	142,02	26,98	169,00	K1000	Musterlieferant	D1001	Musterkunde 1001	A	Beleg zur Überleitung an die B			24.01.2014	SBAER
1000000099	Z000	Zentralregulierung R	24.01.2014	9000	EUR	578,99	110,01	689,00	K1000		D1002	Musterkunde 1002	A	Beleg zur Überleitung an die B			24.01.2014	SBAER
1000000100	Z000	Zentralregulierung R	24.01.2014	9000	EUR	384,87	73,13	458,00	K1000		D1001	Musterkunde 1001	A	Beleg zur Überleitung an die B			24.01.2014	SBAER
1000000101	Z000	Zentralregulierung R	24.01.2014	9000	EUR	649,58	123,42	773,00	K1000		D1000	Musterkunde 1000	A	Beleg zur Überleitung an die B			24.01.2014	SBAER
					EUR	**· 1.755,46**	**· 333,54**	**· 2.089,00**		Musterlieferant								
					EUR	**·· 1.755,46**	**·· 333,54**	**·· 2.089,00**										

Abbildung 2.48: Listausgabe Agenturbelege

Nachdem Sie die gewünschten Belege markiert und den Button betätigt haben, werden diese in die Finanzbuchhaltung übergeleitet und ein NACHRICHTENPROTOKOLL wird analog zu Abbildung 2.49 ausgegeben.

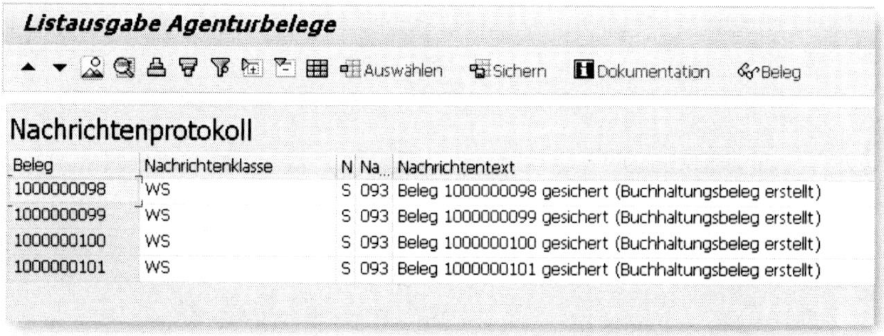

Listausgabe Agenturbelege

Auswählen Sichern Dokumentation Beleg

Nachrichtenprotokoll

Beleg	Nachrichtenklasse	N	Na...	Nachrichtentext
1000000098	WS	S	093	Beleg 1000000098 gesichert (Buchhaltungsbeleg erstellt)
1000000099	WS	S	093	Beleg 1000000099 gesichert (Buchhaltungsbeleg erstellt)
1000000100	WS	S	093	Beleg 1000000100 gesichert (Buchhaltungsbeleg erstellt)
1000000101	WS	S	093	Beleg 1000000101 gesichert (Buchhaltungsbeleg erstellt)

Abbildung 2.49: Nachrichtenprotokoll, Belegüberleitung

2.3.3 Belege automatisiert überleiten (Massenverarbeitung)

SAP bietet neben der manuellen Überleitung auch automatisierte Übergabewege für Agenturgeschäftsbelege, die aufgrund ihres Status übergeleitet werden können, z. B. durch einen periodisch eingeplanten Job. Natürlich können Sie das Programm zur Massenüberleitung auch manuell aufrufen und starten (siehe Abbildung 2.50). Hierzu wählen Sie den Menüpfad LOGISTIK • AGENTURGESCHÄFT • UMFELD • AGENTURBELEGE FREIGEBEN oder Transaktion WAB_RELEASE. Es bietet sehr viele Selektionsoptionen, sodass Sie genau einschränken können, welche Belege Sie überleiten möchten.

Wenn Sie das Programm ausführen, erhalten Sie auch hier ein Protokoll zum Verarbeitungsstatus (siehe Abbildung 2.51).

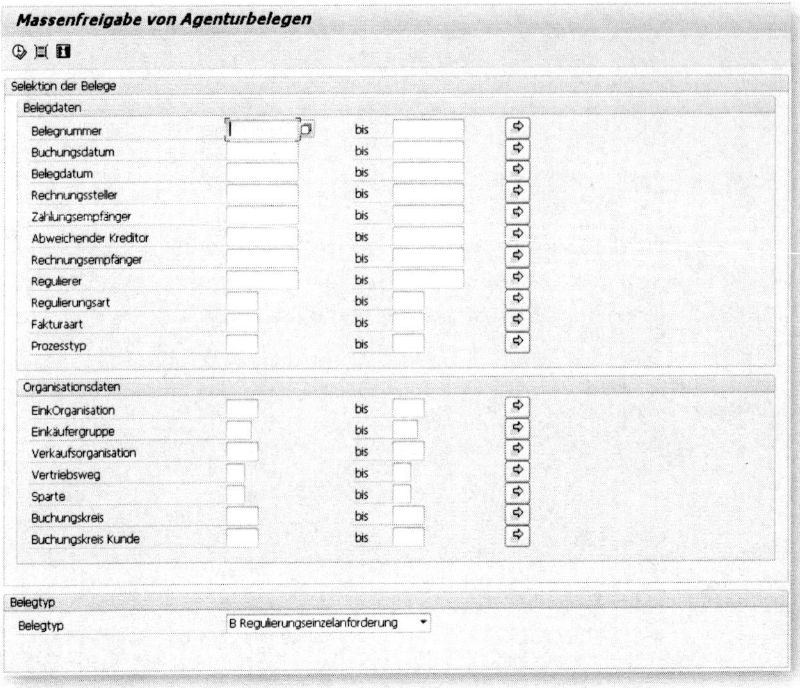

Massenfreigabe von Agenturbelegen

Selektion der Belege

Belegdaten

Belegnummer	bis	
Buchungsdatum	bis	
Belegdatum	bis	
Rechnungssteller	bis	
Zahlungsempfänger	bis	
Abweichender Kreditor	bis	
Rechnungsempfänger	bis	
Regulierer	bis	
Regulierungsart	bis	
Fakturaart	bis	
Prozesstyp	bis	

Organisationsdaten

EinkOrganisation	bis	
Einkäufergruppe	bis	
Verkaufsorganisation	bis	
Vertriebsweg	bis	
Sparte	bis	
Buchungskreis	bis	
Buchungskreis Kunde	bis	

Belegtyp

Belegtyp B Regulierungseinzelanforderung

Abbildung 2.50: Programm zur Massenüberleitung von Agenturgeschäftsbelegen

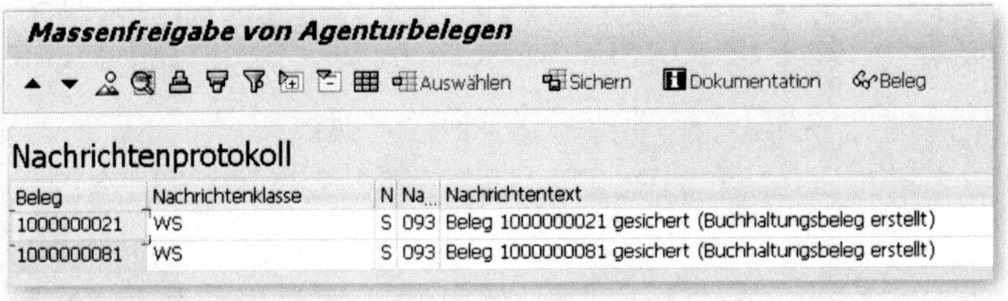

Massenfreigabe von Agenturbelegen

Auswählen Sichern Dokumentation Beleg

Nachrichtenprotokoll

Beleg	Nachrichtenklasse	N	Na...	Nachrichtentext
1000000021	WS	S	093	Beleg 1000000021 gesichert (Buchhaltungsbeleg erstellt)
1000000081	WS	S	093	Beleg 1000000081 gesichert (Buchhaltungsbeleg erstellt)

Abbildung 2.51: Nachrichtenprotokoll, Massenfreigabe

2.4 Kontenfindung

Beim Überleiten eines Agenturgeschäftsbelegs an die Finanzbuchhaltung werden automatisch die zu bebuchenden Sachkonten ermittelt.

Aus technischer Sicht geschieht dies über die sogenannte *Kontenfindung*, in der Sie festlegen, bei welchen Prozessen und unter welchen Bedingungen auf welche Sachkonten gebucht werden soll. Dabei bedient sich das Agenturgeschäft der Kontenfindungsmechanismen aus den Komponenten SD (Sales and Distribution) oder MM (Material Management) – je nachdem, welche Variante Sie bevorzugen. Die Kontenfindung ist sehr flexibel zu gestalten. So kann z. B. in Abhängigkeit bestimmter Merkmalsausprägungen im Regulierungsbeleg auf unterschiedliche Konten zugegriffen werden.

2.5 Nachrichten

Agenturgeschäftsbelege können *Nachrichten* auslösen. Dabei kann es sich um einen *Output*, z. B. ein Formular, Fax, E-Mail oder IDoc handeln. Nachrichten können aber auch Sonderfunktionen auslösen, z. B. die automatische Erzeugung eines Folgebelegs. Technisch wird hierzu im Customizing ein sogenanntes *Nachrichtenschema* angelegt, das beliebig viele einzelne Nachrichtenarten enthalten kann, sodass ein Beleg auch mehrere Nachrichten auslösen kann (Abbildung 2.52).

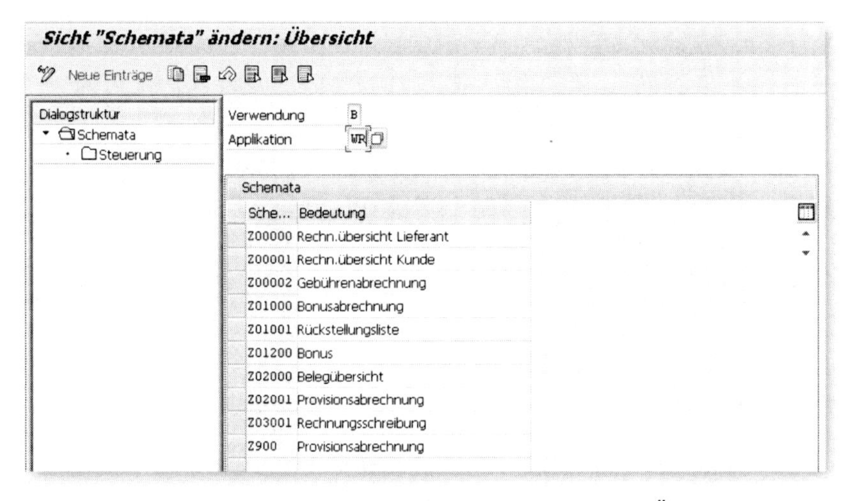

Abbildung 2.52: Customizing, Nachrichtenschemata – Übersicht

Im folgenden Beispiel, siehe Abbildung 2.53, ist dem Nachrichtenschema nur eine Nachrichtenart zugeordnet.

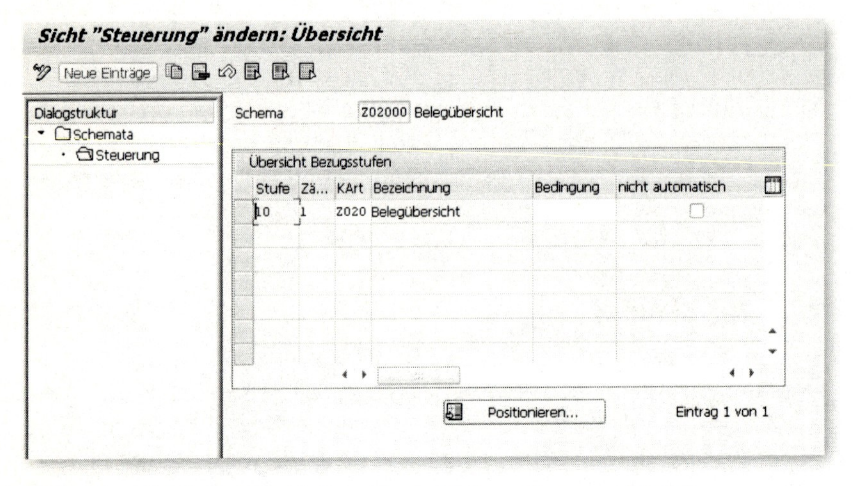

Abbildung 2.53: Customizing, Nachrichtenschema – Detail

Sie können die Ausgabe der Nachricht auch von der Erfüllung einer Bedingung abhängig machen. In der Definition der Nachrichtenart legen Sie fest, um welche Nachricht es sich konkret handelt, z. B. ein Formular oder eine Sonderfunktion. Die Nachrichtenschemata werden den Fakturaarten zugeordnet, sodass jeder Prozess über individuelle Nachrichten verfügen kann.

Zur Verarbeitung der Nachricht, z. B. deren Ausgabe auf einem Drucker, folgen Sie dem Menüpfad LOGISTIK • AGENTURGESCHÄFT • UMFELD • NACHRICHTENAUSGABE AGENTURBELEGE oder wählen Transaktion WLN14. Selektieren Sie, wie in Abbildung 2.54 beispielhaft dargestellt, die zu verarbeitenden Nachrichten:

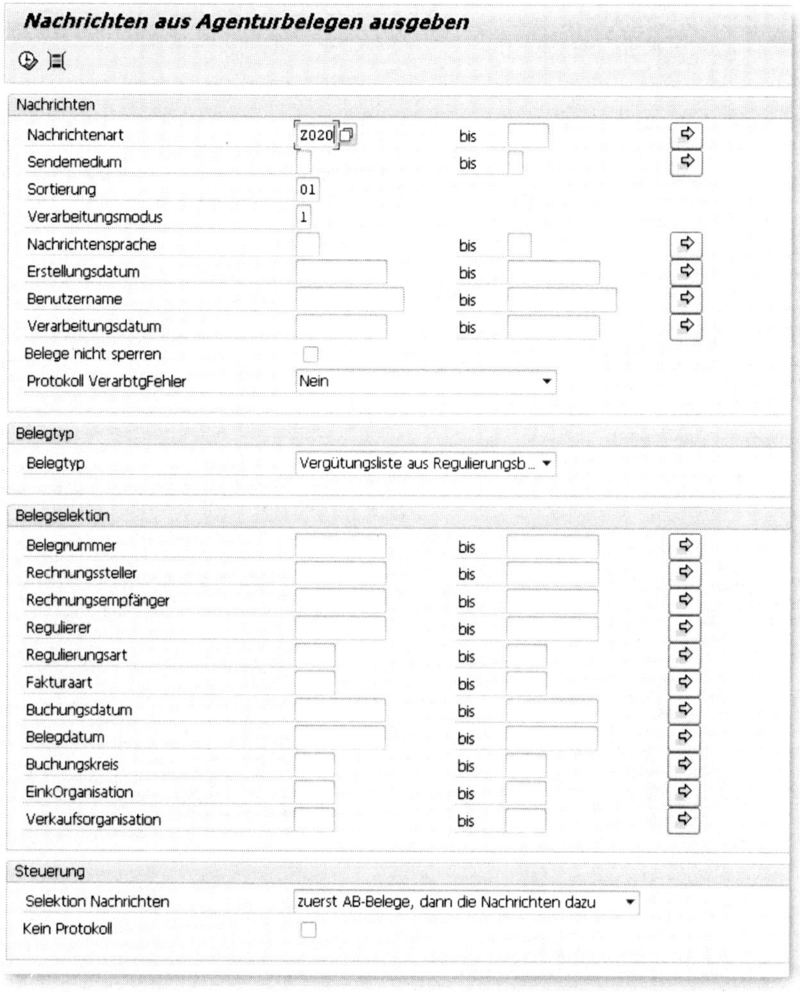

Nachrichten aus Agenturbelegen ausgeben

Nachrichten

Nachrichtenart	Z020	bis	
Sendemedium		bis	
Sortierung	01		
Verarbeitungsmodus	1		
Nachrichtensprache		bis	
Erstellungsdatum		bis	
Benutzername		bis	
Verarbeitungsdatum		bis	
Belege nicht sperren			
Protokoll VerarbtgFehler	Nein		

Belegtyp

Belegtyp	Vergütungsliste aus Regulierungsb...

Belegselektion

Belegnummer		bis	
Rechnungssteller		bis	
Rechnungsempfänger		bis	
Regulierer		bis	
Regulierungsart		bis	
Fakturaart		bis	
Buchungsdatum		bis	
Belegdatum		bis	
Buchungskreis		bis	
EinkOrganisation		bis	
Verkaufsorganisation		bis	

Steuerung

Selektion Nachrichten	zuerst AB-Belege, dann die Nachrichten dazu
Kein Protokoll	

Abbildung 2.54: Selektion Nachrichtenverarbeitung

Bei Ausführung dieses Reports erhalten Sie eine Übersicht der noch nicht verarbeiteten Nachrichten, siehe Abbildung 2.55.

Nachrichten aus Agenturbelegen ausgeben

Nachrichten aus Agenturbelegen ausgeben

Pos	RBel.	Verg.Liste	FArt	Bezeichnung	RArt	Bez.	BuchDat.	BuDatVergList	EkOr	EKG	VkOrg	VWeg	BuKr.	SP
		9000000016	BAW	Belegauswertung			17.04.2013	17.04.2013	0001	001			0001	
		9000000017	BAW	Belegauswertung			17.04.2013	17.04.2013	0001	001			0001	
		9000000176	BAW	Belegauswertung			21.02.2014	21.02.2014	9000	001			9000	
		9000000179	BAW	Belegauswertung			21.02.2014	21.02.2014			9000	01	9000	01

Abbildung 2.55: Zur Verarbeitung bereitstehende Nachrichten

Wenn Sie die Nachrichten markieren und den Button VERARBEITEN betätigen, wird die Verarbeitung gestartet: Im Beispiel werden Formulare für die selektierten Belege auf einem Drucker ausgegeben. Es wird die Nachricht

☑ Alle selektierten Nachrichten wurden erfolgreich verarbeitet

ausgegeben, in der die erfolgreich verarbeiteten Nachrichten grün unterlegt sind, siehe Abbildung 2.56:

Nachrichten aus Agenturbelegen ausgeben

Nachrichten aus Agenturbelegen ausgeben

P...	RBel.	Verg.Liste	FArt	Bezeichnung	R...	Be...	BuchDat.	BuDatVergList	EkOr	EKG	VkOrg	VWeg	BuKr.	SP
		9000000016	BAW	Belegauswertung			17.04.2013	17.04.2013	0001	001			0001	
		9000000017	BAW	Belegauswertung			17.04.2013	17.04.2013	0001	001			0001	
		9000000176	BAW	Belegauswertung			21.02.2014	21.02.2014	9000	001			9000	
		9000000179	BAW	Belegauswertung			21.02.2014	21.02.2014			9000	01	9000	01

Abbildung 2.56: Erfolgreich verarbeitete Nachrichten

Bitte beachten!

Da die Ausgestaltung der Anschreiben, Abrechnungen und sonstiger Formulare in jedem Unternehmen sehr individuell ist, werde ich in diesem Buch keine Beispielformulare für Rechnungen, Avise, Zahlungsaufforderungen etc. zeigen.

3 Standard Reporting

Wie Sie es bereits aus anderen Modulen kennen, werden im SAP-Standard auch für das Agenturgeschäft einige vordefinierte Berichte ausgeliefert. In der Praxis wird das Reporting aber häufig durch BW/BI- oder ergänzende externe Tools individuell abgebildet. Einen konkreten Report, die *Listausgabe Agenturbelege*, werde ich Ihnen dennoch in diesem Kapitel vorstellen, da hier alle wesentlichen Beleginformationen in einer zentralen Auswertung zusammengefasst werden und diese Ihnen verschiedene Möglichkeiten der Interaktion innerhalb der Agenturgeschäftsprozesse bietet.

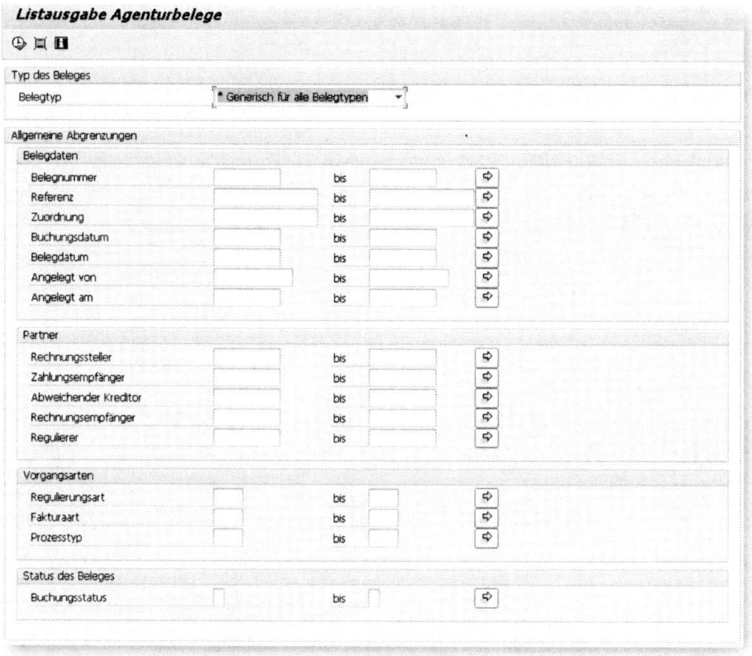

Listausgabe Agenturbelege
Typ des Beleges
Belegtyp * Generisch für alle Belegtypen
Allgemeine Abgrenzungen
Belegdaten
Belegnummer bis
Referenz bis
Zuordnung bis
Buchungsdatum bis
Belegdatum bis
Angelegt von bis
Angelegt am bis
Partner
Rechnungssteller bis
Zahlungsempfänger bis
Abweichender Kreditor bis
Rechnungsempfänger bis
Regulierer bis
Vorgangsarten
Regulierungsart bis
Fakturaart bis
Prozesstyp bis
Status des Beleges
Buchungsstatus bis

Abbildung 3.1: Allgemeine Selektionen, Listausgabe

Die *Listausgabe Agenturbelege* erreichen Sie über den Menüpfad LOGISTIK • AGENTURGESCHÄFT • UMFELD • LISTAUSGABE AGENTURBELEGE oder Transaktion WLI2. Wie Sie in Abbildung 3.1 sehen, gibt es eine Vielzahl von Selektionsmöglichkeiten, um die Anzahl der in der Listausgabe angezeigten Belege einzugrenzen.

Wenn Sie darüber hinaus Einschränkungen machen oder gezielt über weitere Belegausprägungen selektieren wollen, können Sie sich über den Button ergänzende Selektionsparameter einblenden lassen. Sehen Sie hierzu das Beispiel in Abbildung 3.2.

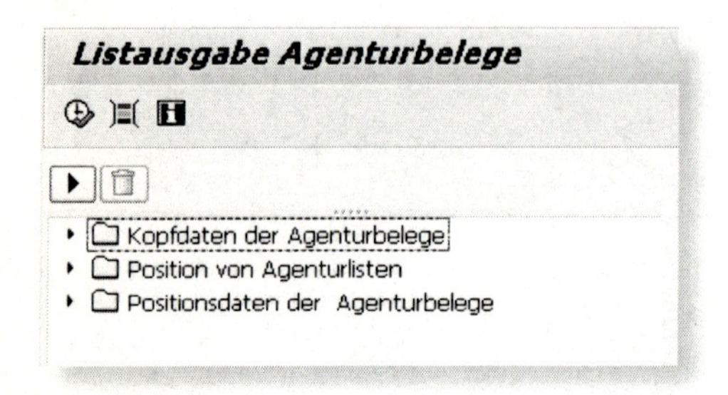

Abbildung 3.2: Weitere Selektionsparameter

Hier können Sie wählen, ob Sie über Kopf- oder Positionsdaten weiter eingrenzen möchten. Im Beispiel in Abbildung 3.3 wurden der ERFASSUNGSTYP und die ABRECHNUNGSART per Doppelklick als weitere Selektionsparameter ausgewählt.

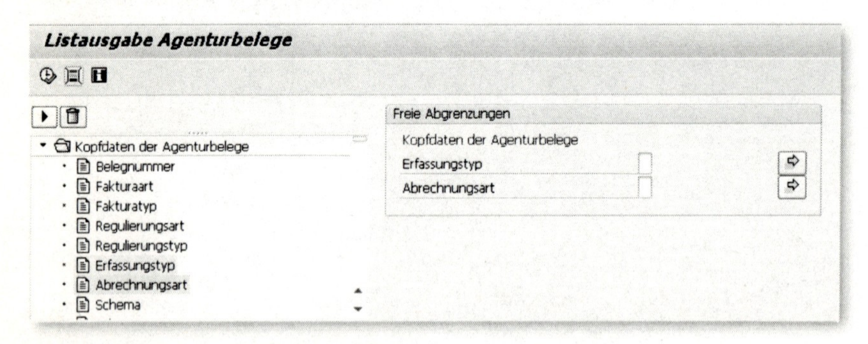

Abbildung 3.3: Weitere Kopfdaten für die Selektion

Des Weiteren können Sie die anzuzeigenden Belege über die Eingabe der Organisationsdaten, siehe Abbildung 3.4, einschränken:

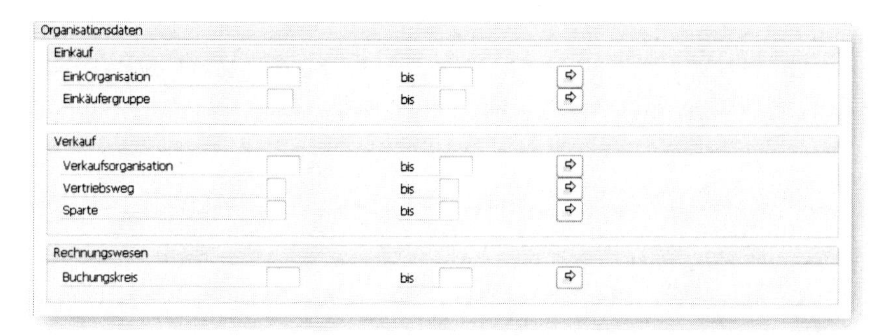

Abbildung 3.4: Selektion, Organisationsdaten

Und schließlich können Sie die maximale Trefferzahl vorgeben sowie bestimmen, ob die Belegdaten auf Kopf- und/oder Positionsdaten ausgegeben werden sollen. In Abbildung 3.5 erkennen Sie außerdem weitere Auswahlmöglichkeiten für den LISTAUSGABEMODUS, die VORZEICHENDARSTELLUNG und das LAYOUT:

Steuerung des Programmlaufs
Maximale Trefferzahl
Ausgabe
Kopfdaten
Kombi. Kopf + Position (alle)
Kombi. Kopf + Position (Sel.)
Kopf- und Posdaten (alle)
Kopf- und Posdaten (selektiv)
Konditionsliste Lieferant
Konditionsliste Kunde
Belegfluss
Listausgabemodus Standard (keine Interaktion)
Vorzeichen anpassen X Für Gutschriften
Layout

Abbildung 3.5: Ausgabeoptionen

Der Listausgabemodus bietet Ihnen zwei Optionen:

1. STANDARD (KEINE INTERAKTION): Wenn Sie diese Ausgabeart wählen, erhalten Sie eine Liste aller gewählten Belege und können

diese aus der Liste heraus stornieren oder ändern. Ein Beispiel finden Sie ab Abbildung 3.6.

2. MIT INTERAKTION: Über diese Ausgabeart können Sie den Applikationsstatus der selektierten Belege ändern und/oder die Belege einzeln oder gesammelt an die Finanzbuchhaltung überleiten. Ein Beispiel finden Sie ab Abbildung 3.11.

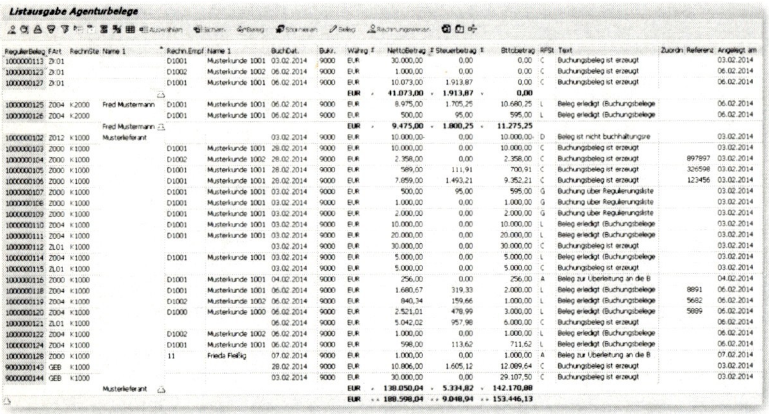

Listausgabe Agenturbelege

RegulierBeleg	FArt	RechnSte	Name 1	Rechn.Empf	Name 1	BuchDat.	Bukr.	Währg	NettoBetrag	Steuerbetrag	Bttobetrag	RFSt	Text	Zuordn	Referenz	Angelegt am
1000000113	ZK01			D1001	Musterkunde 1001	03.02.2014	9000	EUR	30.000,00	0,00	0,00	C	Buchungsbeleg ist erzeugt			03.02.2014
1000000123	ZK01			D1002	Musterkunde 1002	06.02.2014	9000	EUR	1.000,00	0,00	0,00	C	Buchungsbeleg ist erzeugt			06.02.2014
1000000127	ZK01			D1001	Musterkunde 1001	06.02.2014	9000	EUR	10.073,00	1.913,87	0,00	C	Buchungsbeleg ist erzeugt			06.02.2014
								EUR	**41.073,00**	**1.913,87**	**0,00**					
1000000125	Z004	K2000	Fred Mustermann	D1001	Musterkunde 1001	06.02.2014	9000	EUR	8.975,00	1.705,25	10.680,25	L	Beleg erledigt (Buchungsbelege			06.02.2014
1000000126	Z004	K2000		D1001	Musterkunde 1001	06.02.2014	9000	EUR	500,00	95,00	595,00	L	Beleg erledigt (Buchungsbelege			06.02.2014
			Fred Mustermann					**EUR**	**9.475,00**	**1.800,25**	**11.275,25**					
1000000102	Z012	K1000	Musterlieferant			03.02.2014	9000	EUR	10.000,00-	0,00	10.000,00-	D	Beleg ist nicht buchhaltungsre			03.02.2014
1000000103	Z000	K1000		D1001	Musterkunde 1001	28.02.2014	9000	EUR	10.000,00	0,00	10.000,00	C	Buchungsbeleg ist erzeugt			03.02.2014
1000000104	Z000	K1000		D1002	Musterkunde 1002	28.02.2014	9000	EUR	2.358,00	0,00	2.358,00	C	Buchungsbeleg ist erzeugt		897897	03.02.2014
1000000105	Z000	K1000		D1001	Musterkunde 1001	28.02.2014	9000	EUR	589,00	111,91	700,91	C	Buchungsbeleg ist erzeugt		326598	03.02.2014
1000000106	Z000	K1000		D1001	Musterkunde 1001	28.02.2014	9000	EUR	7.859,00	1.493,21	9.352,21	C	Buchungsbeleg ist erzeugt		123456	03.02.2014
1000000107	Z000	K1000		D1001	Musterkunde 1001	03.02.2014	9000	EUR	500,00	95,00	595,00	G	Buchung über Regulierungsliste			03.02.2014
1000000108	Z000	K1000		D1001	Musterkunde 1001	03.02.2014	9000	EUR	1.000,00	0,00	1.000,00	G	Buchung über Regulierungsliste			03.02.2014
1000000109	Z000	K1000		D1001	Musterkunde 1001	03.02.2014	9000	EUR	2.000,00	0,00	2.000,00	G	Buchung über Regulierungsliste			03.02.2014
1000000110	Z004	K1000		D1001	Musterkunde 1001	03.02.2014	9000	EUR	10.000,00	0,00	10.000,00	L	Beleg erledigt (Buchungsbelege			03.02.2014
1000000111	Z004	K1000		D1001	Musterkunde 1001	03.02.2014	9000	EUR	20.000,00	0,00	20.000,00	L	Beleg erledigt (Buchungsbelege			03.02.2014
1000000112	ZL01	K1000				03.02.2014	9000	EUR	30.000,00	0,00	30.000,00	C	Buchungsbeleg ist erzeugt			03.02.2014
1000000114	Z004	K1000		D1001	Musterkunde 1001	03.02.2014	9000	EUR	5.000,00	0,00	5.000,00	L	Beleg erledigt (Buchungsbelege			03.02.2014
1000000115	ZL01	K1000				03.02.2014	9000	EUR	5.000,00	0,00	5.000,00	C	Buchungsbeleg ist erzeugt			03.02.2014
1000000116	Z000	K1000		D1001	Musterkunde 1001	04.02.2014	9000	EUR	256,00	0,00	256,00	A	Beleg zur Überleitung an die B			04.02.2014
1000000118	Z004	K1000		D1001	Musterkunde 1001	06.02.2014	9000	EUR	1.680,67	319,33	2.000,00	L	Beleg erledigt (Buchungsbelege		8891	06.02.2014
1000000119	Z004	K1000		D1002	Musterkunde 1002	06.02.2014	9000	EUR	840,34	159,66	1.000,00	L	Beleg erledigt (Buchungsbelege		5682	06.02.2014
1000000120	Z004	K1000		D1000	Musterkunde 1000	06.02.2014	9000	EUR	2.521,01	478,99	3.000,00	L	Beleg erledigt (Buchungsbelege		5889	06.02.2014
1000000121	ZL01	K1000				06.02.2014	9000	EUR	5.042,02	957,98	6.000,00	C	Buchungsbeleg ist erzeugt			06.02.2014
1000000122	Z004	K1000		D1002	Musterkunde 1002	06.02.2014	9000	EUR	1.000,00	0,00	1.000,00	L	Beleg erledigt (Buchungsbelege			06.02.2014
1000000124	Z004	K1000		D1001	Musterkunde 1001	06.02.2014	9000	EUR	598,00	113,62	711,62	L	Beleg erledigt (Buchungsbelege			06.02.2014
1000000128	Z000	K1000		11	Frieda Fleißig	07.02.2014	9000	EUR	1.000,00	0,00	1.000,00	A	Beleg zur Überleitung an die B			07.02.2014
9000000143	GEB	K1000				28.02.2014	9000	EUR	10.806,00	1.605,12	12.089,64	C	Buchungsbeleg ist erzeugt			03.02.2014
9000000144	GEB	K1000				03.02.2014	9000	EUR	30.000,00	0,00	29.107,50	C	Buchungsbeleg ist erzeugt			03.02.2014
			Musterlieferant					**EUR**	**138.050,04**	**5.334,82**	**142.170,88**					
								EUR	**188.598,04**	**9.048,94**	**153.446,13**					

Abbildung 3.6: Listausgabe ohne Interaktion

Um einen einzelnen Beleg zu stornieren, selektieren Sie diesen, wie in Abbildung 3.7 dargestellt, und klicken auf den Button Stornieren.

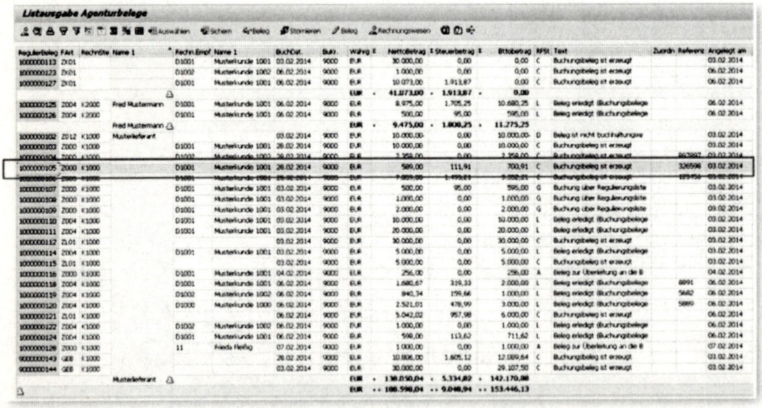

Listausgabe Agenturbelege

RegulierBeleg	FArt	RechnSte	Name 1	Rechn.Empf	Name 1	BuchDat.	Bukr.	Währg	NettoBetrag	Steuerbetrag	Bttobetrag	RFSt	Text	Zuordn	Referenz	Angelegt am
1000000113	ZK01			D1001	Musterkunde 1001	03.02.2014	9000	EUR	30.000,00	0,00	0,00	C	Buchungsbeleg ist erzeugt			03.02.2014
1000000123	ZK01			D1002	Musterkunde 1002	06.02.2014	9000	EUR	1.000,00	0,00	0,00	C	Buchungsbeleg ist erzeugt			06.02.2014
1000000127	ZK01			D1001	Musterkunde 1001	06.02.2014	9000	EUR	10.073,00	1.913,87	0,00	C	Buchungsbeleg ist erzeugt			06.02.2014
								EUR	**41.073,00**	**1.913,87**	**0,00**					
1000000125	Z004	K2000	Fred Mustermann	D1001	Musterkunde 1001	06.02.2014	9000	EUR	8.975,00	1.705,25	10.680,25	L	Beleg erledigt (Buchungsbelege			06.02.2014
1000000126	Z004	K2000		D1001	Musterkunde 1001	06.02.2014	9000	EUR	500,00	95,00	595,00	L	Beleg erledigt (Buchungsbelege			06.02.2014
			Fred Mustermann					**EUR**	**9.475,00**	**1.800,25**	**11.275,25**					
1000000102	Z012	K1000	Musterlieferant			03.02.2014	9000	EUR	10.000,00-	0,00	10.000,00-	D	Beleg ist nicht buchhaltungsre			03.02.2014
1000000103	Z000	K1000		D1001	Musterkunde 1001	28.02.2014	9000	EUR	10.000,00	0,00	10.000,00	C	Buchungsbeleg ist erzeugt			03.02.2014
1000000104	Z000	K1000		D1002	Musterkunde 1002	28.02.2014	9000	EUR	2.358,00	0,00	2.358,00	C	Buchungsbeleg ist erzeugt		897897	03.02.2014
1000000105	Z000	K1000		D1001	Musterkunde 1001	28.02.2014	9000	EUR	589,00	111,91	700,91	C	Buchungsbeleg ist erzeugt		326598	03.02.2014
1000000106	Z000	K1000		D1001	Musterkunde 1001	28.02.2014	9000	EUR	7.859,00	1.493,21	9.352,21	C	Buchungsbeleg ist erzeugt		123456	03.02.2014
1000000107	Z000	K1000		D1001	Musterkunde 1001	03.02.2014	9000	EUR	500,00	95,00	595,00	G	Buchung über Regulierungsliste			03.02.2014
1000000108	Z000	K1000		D1001	Musterkunde 1001	03.02.2014	9000	EUR	1.000,00	0,00	1.000,00	G	Buchung über Regulierungsliste			03.02.2014
1000000109	Z000	K1000		D1001	Musterkunde 1001	03.02.2014	9000	EUR	2.000,00	0,00	2.000,00	G	Buchung über Regulierungsliste			03.02.2014
1000000110	Z004	K1000		D1001	Musterkunde 1001	03.02.2014	9000	EUR	10.000,00	0,00	10.000,00	L	Beleg erledigt (Buchungsbelege			03.02.2014
1000000111	Z004	K1000		D1001	Musterkunde 1001	03.02.2014	9000	EUR	20.000,00	0,00	20.000,00	L	Beleg erledigt (Buchungsbelege			03.02.2014
1000000112	ZL01	K1000				03.02.2014	9000	EUR	30.000,00	0,00	30.000,00	C	Buchungsbeleg ist erzeugt			03.02.2014
1000000114	Z004	K1000		D1001	Musterkunde 1001	03.02.2014	9000	EUR	5.000,00	0,00	5.000,00	L	Beleg erledigt (Buchungsbelege			03.02.2014
1000000115	ZL01	K1000				03.02.2014	9000	EUR	5.000,00	0,00	5.000,00	C	Buchungsbeleg ist erzeugt			03.02.2014
1000000116	Z000	K1000		D1001	Musterkunde 1001	04.02.2014	9000	EUR	256,00	0,00	256,00	A	Beleg zur Überleitung an die B			04.02.2014
1000000118	Z004	K1000		D1001	Musterkunde 1001	06.02.2014	9000	EUR	1.680,67	319,33	2.000,00	L	Beleg erledigt (Buchungsbelege		8891	06.02.2014
1000000119	Z004	K1000		D1002	Musterkunde 1002	06.02.2014	9000	EUR	840,34	159,66	1.000,00	L	Beleg erledigt (Buchungsbelege		5682	06.02.2014
1000000120	Z004	K1000		D1000	Musterkunde 1000	06.02.2014	9000	EUR	2.521,01	478,99	3.000,00	L	Beleg erledigt (Buchungsbelege		5889	06.02.2014
1000000121	ZL01	K1000				06.02.2014	9000	EUR	5.042,02	957,98	6.000,00	C	Buchungsbeleg ist erzeugt			06.02.2014
1000000122	Z004	K1000		D1002	Musterkunde 1002	06.02.2014	9000	EUR	1.000,00	0,00	1.000,00	L	Beleg erledigt (Buchungsbelege			06.02.2014
1000000124	Z004	K1000		D1001	Musterkunde 1001	06.02.2014	9000	EUR	598,00	113,62	711,62	L	Beleg erledigt (Buchungsbelege			06.02.2014
1000000128	Z000	K1000		11	Frieda Fleißig	07.02.2014	9000	EUR	1.000,00	0,00	1.000,00	A	Beleg zur Überleitung an die B			07.02.2014
9000000143	GEB	K1000				28.02.2014	9000	EUR	10.806,00	1.605,12	12.089,64	C	Buchungsbeleg ist erzeugt			03.02.2014
9000000144	GEB	K1000				03.02.2014	9000	EUR	30.000,00	0,00	29.107,50	C	Buchungsbeleg ist erzeugt			03.02.2014
			Musterlieferant					**EUR**	**138.050,04**	**5.334,82**	**142.170,88**					
								EUR	**188.598,04**	**9.048,94**	**153.446,13**					

Abbildung 3.7: Einzelbeleg für Storno selektieren

Sie werden automatisch in die Standardfunktion zum Stornieren des Belegs weitergeleitet (siehe Abbildung 3.8).

Abbildung 3.8: Regulierungsbeleg stornieren

Um einen einzelnen Beleg im Detail anzuzeigen oder zu ändern, selektieren Sie ihn, wie in Abbildung 3.9 dargestellt, per Doppelklick und betätigen den Button Beleg (Beleg anzeigen) oder Beleg (Beleg ändern):

Listausgabe Agenturbelege

RegulierBeleg	FArt	RechnSte	Name 1	Rechn.Empf	Name 1	BuchDat.	BuKr.	Währg	NettoBetrag	Steuerbetrag	Bttobetrag	RFSt	Text	Zuordn	Referenz	Angelegt am
1000000125	Z004	K2000	Fred Mustermann	D1001	Musterkunde 1001	06.02.2014	9000	EUR	8.975,00	1.705,25	10.680,25	L	Beleg erledigt (Buchungsbelege			06.02.2014
1000000126	Z004	K2000		D1001	Musterkunde 1001	06.02.2014	9000	EUR	500,00	95,00	595,00	L	Beleg erledigt (Buchungsbelege			06.02.2014
1000000129	Z004	K2000		D1000	Musterkunde 1000	11.02.2014	9000	EUR	10.000,00	1.900,00	11.900,00	A	Beleg zur Überleitung an die B			11.02.2014
			Fred Mustermann					EUR	19.475,00	3.700,25	23.175,25					
1000000102	Z012	K1000	Musterlieferant			03.02.2014	9000	EUR	10.000,00-	0,00	10.000,00-	D	Beleg ist nicht buchhaltungsre			03.02.2014

Abbildung 3.9: Einzelbeleg für Anzeige/Änderung selektieren

Sie werden automatisch in die Standardfunktion zum Anzeigen/Ändern des Belegs weitergeleitet (siehe Abbildung 3.10), um gegebenenfalls eine Änderung am Beleg vorzunehmen.

Haben Sie beim Aufruf der Listausgabe die Ausgabeoption MIT INTERAKTION gewählt, eröffnen sich weitere Bearbeitungsmöglichkeiten. Im Beispiel in Abbildung 3.11 habe ich Belege selektiert, die den Applikationsstatus »erfasst« haben und daher noch nicht in die Finanzbuchhaltung übergeleitet werden können (Buchungsstatus »A«).

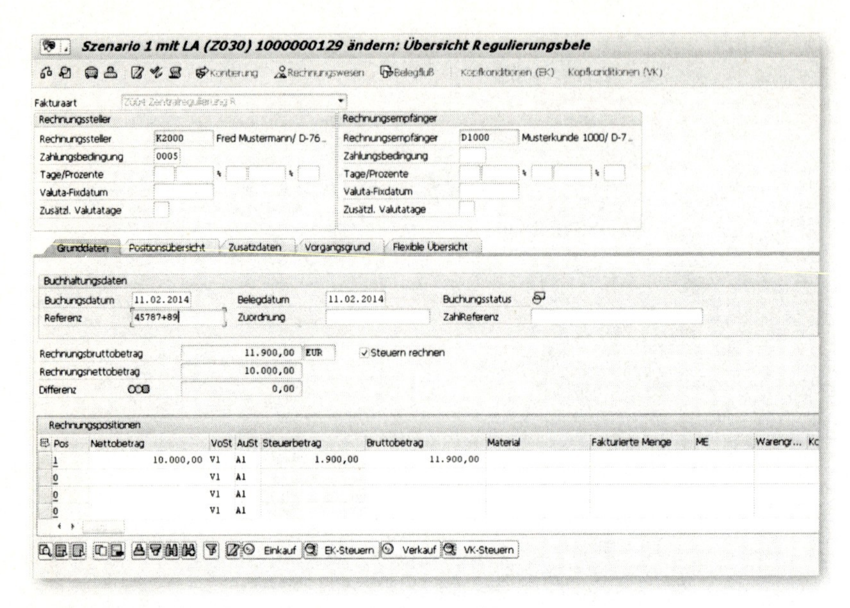

Abbildung 3.10: Regulierungsbeleg ändern

Listausgabe Agenturbelege

RegulierBeleg	FArt	RechnSte	Name 1	Rechn.Empf	Name 1	BuchDat.	Bukr.	Währg	NettoBetrag	Steuerbetrag	Bttobetrag	RFSt	Text
1000000129	Z004	K2000	Fred Mustermann	D1000	Musterkunde 1000	11.02.2014	9000	EUR	10.000,00	1.900,00	11.900,00	A	Beleg zur Überleitung an die B
1000000133	Z000	K2000		D1000	Musterkunde 1000	11.02.2014	9000	EUR	3.689,00	700,91	4.389,91	A	Beleg zur Überleitung an die B
			Fred Mustermann					EUR	**13.689,00**	**2.600,91**	**16.289,91**		
1000000116	Z000	K1000	Musterlieferant	D1001	Musterkunde 1001	04.02.2014	9000	EUR	256,00	0,00	256,00	A	Beleg zur Überleitung an die B
1000000131	Z000	K1000		D1000	Musterkunde 1000	11.02.2014	9000	EUR	5.689,00	1.080,91	6.769,91	A	Beleg zur Überleitung an die B
1000000132	Z000	K1000		D1002	Musterkunde 1002	11.02.2014	9000	EUR	568,00	107,92	675,92	A	Beleg zur Überleitung an die B
			Musterlieferant					EUR	**6.513,00**	**1.188,83**	**7.701,83**		
								EUR	**20.202,00**	**3.789,74**	**23.991,74**		

Abbildung 3.11: Listausgabe mit Interaktion

Sobald Sie alle überzuleitenden Belege selektiert haben (siehe Abbildung 3.12), können Sie über den Button den Applikationsstatus aller selektierten Belege in einem Schritt auf Z005 für »manuell freigegeben« setzen (siehe Abbildung 3.13).

Listausgabe Agenturbelege

RegulierBeleg	FArt	RechnSte	Name 1	Rechn.Empf	Name 1	BuchDat.	Bukr.	Währg	NettoBetrag	Steuerbetrag	Bttobetrag	RFSt	Text
1000000129	Z004	K2000	Fred Mustermann	D1000	Musterkunde 1000	11.02.2014	9000	EUR	10.000,00	1.900,00	11.900,00	A	Beleg zur Überleitung an die B
1000000133	Z000	K2000		D1000	Musterkunde 1000	11.02.2014	9000	EUR	3.689,00	700,91	4.389,91	A	Beleg zur Überleitung an die B
			Fred Mustermann					EUR	**13.689,00**	**2.600,91**	**16.289,91**		
1000000116	Z000	K1000	Musterlieferant	D1001	Musterkunde 1001	04.02.2014	9000	EUR	256,00	0,00	256,00	A	Beleg zur Überleitung an die B
1000000131	Z000	K1000		D1000	Musterkunde 1000	11.02.2014	9000	EUR	5.689,00	1.080,91	6.769,91	A	Beleg zur Überleitung an die B
1000000132	Z000	K1000		D1002	Musterkunde 1002	11.02.2014	9000	EUR	568,00	107,92	675,92	A	Beleg zur Überleitung an die B
			Musterlieferant					EUR	**6.513,00**	**1.188,83**	**7.701,83**		
								EUR	**20.202,00**	**3.789,74**	**23.991,74**		

Abbildung 3.12: Belege für Statusänderung selektieren

Wählen Sie den neuen Applikatio...

ApplStatus Z005

Abbildung 3.13: Applikationsstatus ändern

Dieser Applikationsstatus erlaubt zwar prinzipiell eine Überleitung der Belege in die Finanzbuchhaltung. Da aber im Customizing für die im Beispiel verwendeten Fakturaarten eine Buchungssperre gesetzt ist, haben die Belege weiterhin den Buchungsstatus »A = Beleg zur Überleitung an die Buchhaltung gesperrt« (siehe Abbildung 3.14).

Listausgabe Agenturbelege

RegulierBeleg	FArt	RechnSte	Name 1	Rechn.Empf	Name 1	BuchDat.	BuKr.	Währg	NettoBetrag	Steuerbetrag	Bttobetrag	RFSt	Text
1000000129	Z004	K2000	Fred Mustermann	D1000	Musterkunde 1000	11.02.2014	9000	EUR	10.000,00	1.900,00	11.900,00	A	Beleg zur Überleitung an die B
1000000133	Z000	K2000		D1000	Musterkunde 1000	11.02.2014	9000	EUR	3.689,00	700,91	4.389,91	A	Beleg zur Überleitung an die B
			Fred Mustermann					**EUR**	**13.689,00**	**2.600,91**	**16.289,91**		
1000000116	Z000	K1000	Musterlieferant	D1001	Musterkunde 1001	04.02.2014	9000	EUR	256,00	0,00	256,00	A	Beleg zur Überleitung an die B
1000000131	Z000	K1000		D1000	Musterkunde 1000	11.02.2014	9000	EUR	5.689,00	1.080,91	6.769,91	A	Beleg zur Überleitung an die B
1000000132	Z000	K1000		D1002	Musterkunde 1002	11.02.2014	9000	EUR	568,00	107,92	675,92	A	Beleg zur Überleitung an die B
			Musterlieferant					**EUR**	**6.513,00**	**1.188,83**	**7.701,83**		
								EUR	**20.202,00**	**3.789,74**	**23.991,74**		

Abbildung 3.14: Buchungsstatus »A«

Selektiert man nun diese Belege und betätigt den Button , so werden die Belege gesammelt in die Finanzbuchhaltung übergeleitet. Abbildung 3.15 zeigt die Listausgabe nun mit dem Buchungsstatus »C« (Buchungsbeleg erzeugt) oder »K« (Buchung über Regulierungsliste, wenn die Buchung im Finanzwesen mittels Lieferantenabrechnung erfolgt).

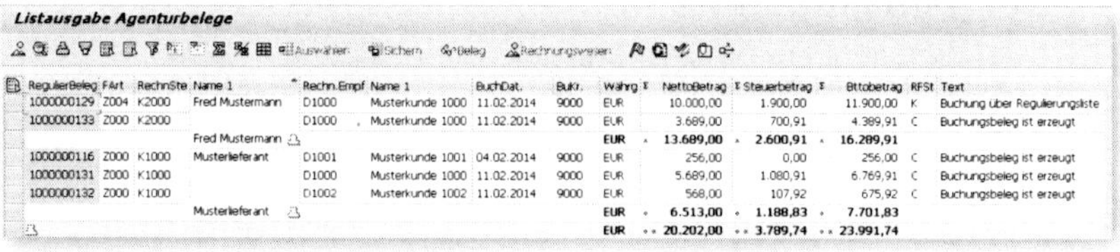

Listausgabe Agenturbelege

RegulierBeleg	FArt	RechnSte	Name 1	Rechn.Empf	Name 1	BuchDat.	BuKr.	Währg	NettoBetrag	Steuerbetrag	Bttobetrag	RFSt	Text
1000000129	Z004	K2000	Fred Mustermann	D1000	Musterkunde 1000	11.02.2014	9000	EUR	10.000,00	1.900,00	11.900,00	K	Buchung über Regulierungsliste
1000000133	Z000	K2000		D1000	Musterkunde 1000	11.02.2014	9000	EUR	3.689,00	700,91	4.389,91	C	Buchungsbeleg ist erzeugt
			Fred Mustermann					**EUR**	**13.689,00**	**2.600,91**	**16.289,91**		
1000000116	Z000	K1000	Musterlieferant	D1001	Musterkunde 1001	04.02.2014	9000	EUR	256,00	0,00	256,00	C	Buchungsbeleg ist erzeugt
1000000131	Z000	K1000		D1000	Musterkunde 1000	11.02.2014	9000	EUR	5.689,00	1.080,91	6.769,91	C	Buchungsbeleg ist erzeugt
1000000132	Z000	K1000		D1002	Musterkunde 1002	11.02.2014	9000	EUR	568,00	107,92	675,92	C	Buchungsbeleg ist erzeugt
			Musterlieferant					**EUR**	**6.513,00**	**1.188,83**	**7.701,83**		
								EUR	**20.202,00**	**3.789,74**	**23.991,74**		

Abbildung 3.15: Buchungsstatus nach Überleitung

Sehen wir uns nochmals die Selektionsoptionen zur LISTAUSGABE AGENTURBELEGE an: Sehr wichtig ist hier vor allem die Auswahlmöglichkeit bezüglich der Vorzeichendarstellung (siehe Abbildung 3.16).

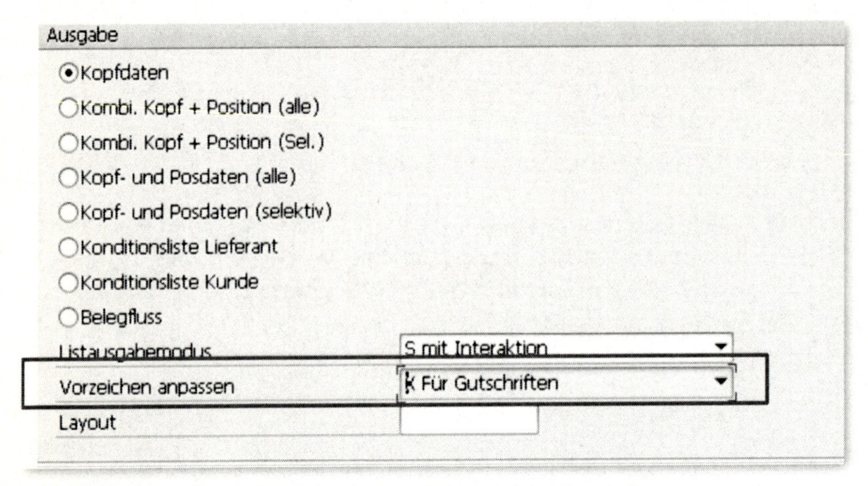

Abbildung 3.16: Selektionsoption Vorzeichendarstellung

Hier können Sie wählen zwischen

1. FÜR GUTSCHRIFTEN: Gutschriften werden mit einem negativen Vorzeichen dargestellt, eine Summierung über Rechnungen und Gutschriften ergibt den korrekten Saldo.

2. FÜR RECHNUNGEN: Rechnungen werden mit einem negativen Vorzeichen dargestellt, eine Summierung über Rechnungen und Gutschriften ergibt den korrekten Saldo.

3. NEIN: Die Vorzeichen werden nicht angepasst, Rechnungen und Gutschriften mit demselben Vorzeichen dargestellt. Eine Summenbildung ist in diesem Fall nicht sinnvoll.

Ich empfehle meinen Kunden in der Regel, entweder FÜR GUTSCHRIFTEN oder FÜR RECHNUNGEN auszuwählen, um eine Anzeige wie in Abbildung 3.17 zu erhalten. Diese Einstellung sollten Sie sich als *Selektionsvariante* sichern, da diese Auswahlmöglichkeit gern übersehen wird und standardmäßig keine Vorzeichenanpassung stattfindet.

Listausgabe Agenturbelege

Auswählen Sichern Beleg Rechnungswesen

RegulierBeleg	FArt	RechnSte	Name 1	Rechn.Empf	Name 1	BuchDat.	BuKr.	Währg	NettoBetrag	Steuerbetrag	Bttobetrag	RFSt	Text
1000000129	Z004	K2000	Fred Mustermann	D1000	Musterkunde 1000	11.02.2014	9000	EUR	10.000,00	1.900,00	11.900,00	K	Buchung uber Regulierungsliste
1000000133	Z000	K2000		D1000	Musterkunde 1000	11.02.2014	9000	EUR	3.689,00	700,91	4.389,91	C	Buchungsbeleg ist erzeugt
1000000134	Z002	K2000		D1000	Musterkunde 1000	11.02.2014	9000	EUR	3.598,00-	683,62-	4.281,62-	C	Buchungsbeleg ist erzeugt
			Fred Mustermann					EUR	• 10.091,00	• 1.917,29	• 12.008,29		
1000000116	Z000	K1000	Musterlieferant	D1001	Musterkunde 1001	04.02.2014	9000	EUR	256,00	0,00	256,00	C	Buchungsbeleg ist erzeugt
1000000131	Z000	K1000		D1000	Musterkunde 1000	11.02.2014	9000	EUR	5.689,00	1.080,91	6.769,91	C	Buchungsbeleg ist erzeugt
1000000132	Z000	K1000		D1002	Musterkunde 1002	11.02.2014	9000	EUR	568,00	107,92	675,92	C	Buchungsbeleg ist erzeugt
			Musterlieferant					EUR	• 6.513,00	• 1.188,83	• 7.701,83		
								EUR	•• 16.604,00	•• 3.106,12	•• 19.710,12		

Abbildung 3.17: Listausgabe mit Vorzeichenanpassung

Neben den oben vorgestellten Funktionen können selbstverständlich auch in der Listausgabe eigene Layouts mit Summierungen, Filtern, Sortierungen und beliebiger Spaltenreihenfolge verwaltet werden. Da es sich hierbei um SAP-Standardfunktionalitäten handelt, die an vielen Stellen in SAP zur Verfügung stehen, setze ich diese als bekannt voraus und gehe hier nicht im Detail darauf ein.

Werfen wir nun noch einen kurzen Blick auf die Listausgabe mit Ausgabe aller Positionsdaten, Abbildung 3.18 und Abbildung 3.19. Hier finden Sie nun für jeden Regulierungsbeleg Detailinformationen zu den enthaltenen Belegpositionen.

Ausgabe

- ○ Kopfdaten
- ○ Kombi. Kopf + Position (alle)
- ○ Kombi. Kopf + Position (Sel.)
- ● Kopf- und Posdaten (alle)
- ○ Kopf- und Posdaten (selektiv)
- ○ Konditionsliste Lieferant
- ○ Konditionsliste Kunde
- ○ Belegfluss

Abbildung 3.18: Selektionsoption Kopf- und Positionsdaten

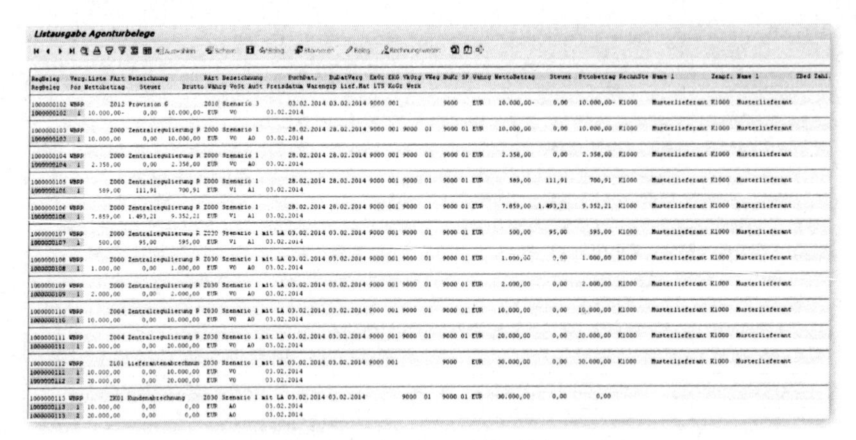

```
Listausgabe Agenturbelege

RegBeleg   Verg.Liste FArt Bezeichnung          RArt Bezeichnung           BuchDat.   BuDatVerg  EkOr EKG VkOrg VWeg BuKr SP Währg NettoBetrag  Steuer   Bttobetrag RechnSte Name 1            Zempf. Name 1            ZBed Zahl.
RegBeleg   Pos Nettobetrag  Steuer     Brutto Währg VoSt AuSt Preisdatum Warengrp Lief.Mat LTS KoGr Werk

1000000102 WBRP       2012 Provision G          2010 Szenario 3            03.02.2014 03.02.2014 9000 001            9000    EUR   10.000,00-       0,00 10.000,00- K1000    Musterlieferant K1000 Musterlieferant
1000000102   1 10.000,00-     0,00 10.000,00- EUR   V0        03.02.2014

1000000103 WBRP       Z000 Zentralregulierung R Z000 Szenario 1            28.02.2014 28.02.2014 9000 001 9000  01   9000 01 EUR   10.000,00        0,00 10.000,00  K1000    Musterlieferant K1000 Musterlieferant
1000000103   1 10.000,00      0,00 10.000,00  EUR   V0   A0   03.02.2014

1000000104 WBRP       Z000 Zentralregulierung R Z000 Szenario 1            28.02.2014 28.02.2014 9000 001 9000  01   9000 01 EUR    2.358,00        0,00  2.358,00  K1000    Musterlieferant K1000 Musterlieferant
1000000104   1  2.358,00      0,00  2.358,00  EUR   V0   A0   03.02.2014

1000000105 WBRP       Z000 Zentralregulierung R Z000 Szenario 1            28.02.2014 28.02.2014 9000 001 9000  01   9000 01 EUR      589,00      111,91    700,91  K1000    Musterlieferant K1000 Musterlieferant
1000000105   1    589,00    111,91    700,91  EUR   V1   A1   03.02.2014

1000000106 WBRP       Z000 Zentralregulierung R Z000 Szenario 1            28.02.2014 28.02.2014 9000 001 9000  01   9000 01 EUR    7.859,00    1.493,21  9.352,21  K1000    Musterlieferant K1000 Musterlieferant
1000000106   1  7.859,00  1.493,21  9.352,21  EUR   V1   A1   03.02.2014

1000000107 WBRP       Z000 Zentralregulierung R Z030 Szenario 1 mit LA 03.02.2014 03.02.2014 9000 001 9000  01   9000 01 EUR      500,00       95,00    595,00  K1000    Musterlieferant K1000 Musterlieferant
1000000107   1    500,00     95,00    595,00  EUR   V1   A1   03.02.2014

1000000108 WBRP       Z000 Zentralregulierung R Z030 Szenario 1 mit LA 03.02.2014 03.02.2014 9000 001 9000  01   9000 01 EUR    1.000,00        0,00  1.000,00  K1000    Musterlieferant K1000 Musterlieferant
1000000108   1  1.000,00      0,00  1.000,00  EUR   V0   A0   03.02.2014

1000000109 WBRP       Z000 Zentralregulierung R Z030 Szenario 1 mit LA 03.02.2014 03.02.2014 9000 001 9000  01   9000 01 EUR    2.000,00        0,00  2.000,00  K1000    Musterlieferant K1000 Musterlieferant
1000000109   1  2.000,00      0,00  2.000,00  EUR   V0   A0   03.02.2014

1000000110 WBRP       Z004 Zentralregulierung R Z030 Szenario 1 mit LA 03.02.2014 03.02.2014 9000 001 9000  01   9000 01 EUR   10.000,00        0,00 10.000,00  K1000    Musterlieferant K1000 Musterlieferant
1000000110   1 10.000,00      0,00 10.000,00  EUR   V0   A0   03.02.2014

1000000111 WBRP       Z004 Zentralregulierung R Z030 Szenario 1 mit LA 03.02.2014 03.02.2014 9000 001 9000  01   9000 01 EUR   20.000,00        0,00 20.000,00  K1000    Musterlieferant K1000 Musterlieferant
1000000111   1 20.000,00      0,00 20.000,00  EUR   V0   A0   03.02.2014

1000000112 WBRP       ZL01 Lieferantenabrechnun Z030 Szenario 1 mit LA 03.02.2014 03.02.2014 9000 001            9000    EUR   30.000,00        0,00 30.000,00  K1000    Musterlieferant K1000 Musterlieferant
1000000112   1 10.000,00      0,00 10.000,00  EUR   V0        03.02.2014
1000000112   2 20.000,00      0,00 20.000,00  EUR   V0        03.02.2014

1000000113 WBRP       ZK01 Kundenabrechnung     Z030 Szenario 1 mit LA 03.02.2014 03.02.2014          9000  01   9000 01 EUR   30.000,00        0,00      0,00
1000000113   1 10.000,00      0,00      0,00  EUR   A0        03.02.2014
1000000113   2 20.000,00      0,00      0,00  EUR   A0        03.02.2014
```

Abbildung 3.19: Ausgabe der Kopf- und Positionsdaten

Abschließend zeige ich Ihnen die Selektionsoption BELEGFLUSS (siehe Abbildung 3.20).

In der ausgegebenen Belegliste können Sie sich zu allen selektierten Belegen den Belegfluss anzeigen lassen (Abbildung 3.21) und in die einzelnen Belege abspringen.

Ausgabe

- ○ Kopfdaten
- ○ Kombi. Kopf + Position (alle)
- ○ Kombi. Kopf + Position (Sel.)
- ○ Kopf- und Posdaten (alle)
- ○ Kopf- und Posdaten (selektiv)
- ○ Konditionsliste Lieferant
- ○ Konditionsliste Kunde
- ◉ Belegfluss

Listausgabemodus	Standard (keine Interaktion)
Vorzeichen anpassen	X Für Gutschriften
Layout	

Abbildung 3.20: Selektionsoption Belegfluss

So sehen Sie etwa für einzelne Regulierungsbelege, welche Folgebelege hierzu erzeugt wurden. Im Beispiel wurde die Regulierungsanforderung 1000000114 mithilfe einer Lieferantenabrechnung, Beleg 1000000115, in die Finanzbuchhaltung übergeleitet und führte dort zur Buchung des Belegs 1000000034. In der rechten Bildschirmhälfte sehen Sie detaillierte Informationen zum jeweils markierten Beleg und können über den Anzeige-Button 👓 in den konkreten Beleg abspringen.

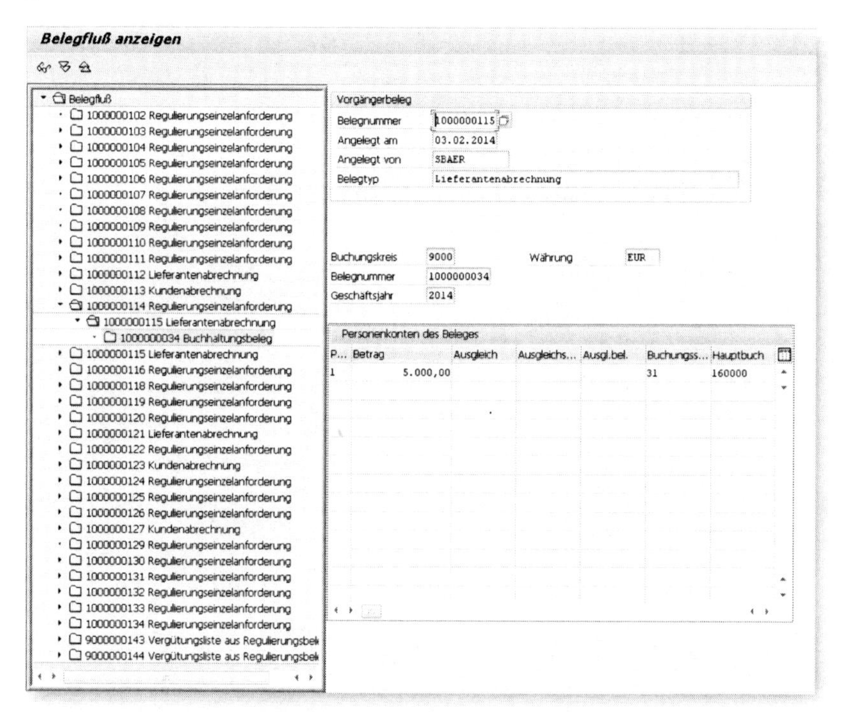

Abbildung 3.21: Anzeige Belegfluss

Neben der *Listausgabe Agenturbelege*, die sehr umfassende Funktionalitäten zur Analyse und Weiterverarbeitung von Agenturgeschäftsbelegen bietet, können diese Belege auch in das Logistikinformationssystem (LO-LIS) fortgeschrieben und dort ausgewertet werden.

4 Praxisbeispiele

Nachdem Sie nun einige grundlegende Funktionalitäten des Agenturgeschäfts kennengelernt haben, werde ich Ihnen in den folgenden Kapiteln Praxisbeispiele vorstellen, in denen diese Funktionen kombiniert zur Anwendung kommen.

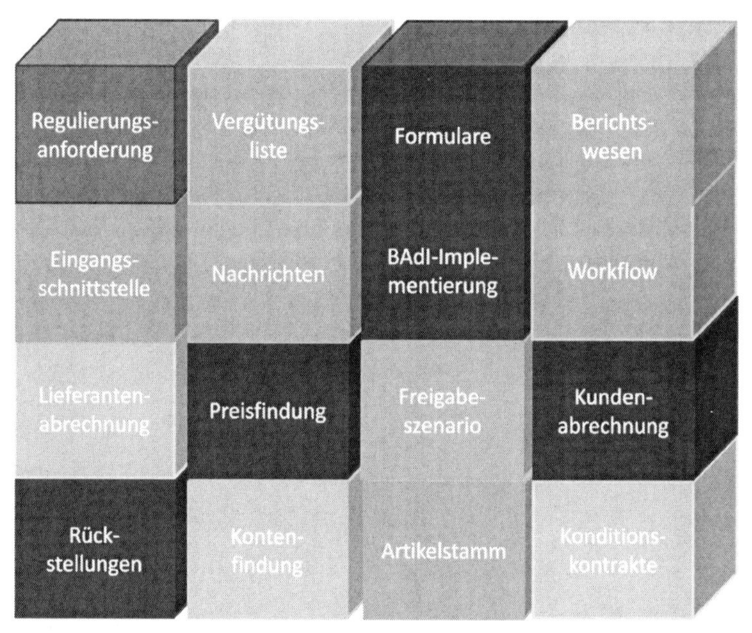

Abbildung 4.1: »Bausteine« für ein Agenturgeschäftsszenario

Alle einzelnen Komponenten, die in einem Agenturgeschäftsszenario in der Regel zum Einsatz kommen können, sind wie ein Baukastensystem zu verstehen (siehe Abbildung 4.1). So könnten die im Praxisbeispiel *4.3* gezeigten Rückstellungsbuchungen selbstverständlich auch in einem anderen Szenario, z. B. einer Provisionsabrechnung, eingesetzt oder ein Freigabeszenario immer auch mittels Workflow abgebildet werden. Je nachdem, welche »Bausteine« sich am besten für die Gestaltung eines im SAP-System abzubildenden Prozesses eignen, kommen diese zum Einsatz.

Außerdem können Sie selbstverständlich auch mehrere der gezeigten Module in Ihrem System parallel nutzen, also z. B. die Zentralregulierung, die Provisionsabrechnung und das Rechnungsschreibungstool.

4.1 Zentralregulierung

Abbildung 4.2 zeigt ein Prozessszenario im Bereich Zentralregulierung. Ausgehend von den eingereichten Lieferantenrechnungen (Regulierungsanforderungen), sollen die nachfolgend aufgelisteten Aktionen ausgeführt und dabei Folgebelege erzeugt werden.

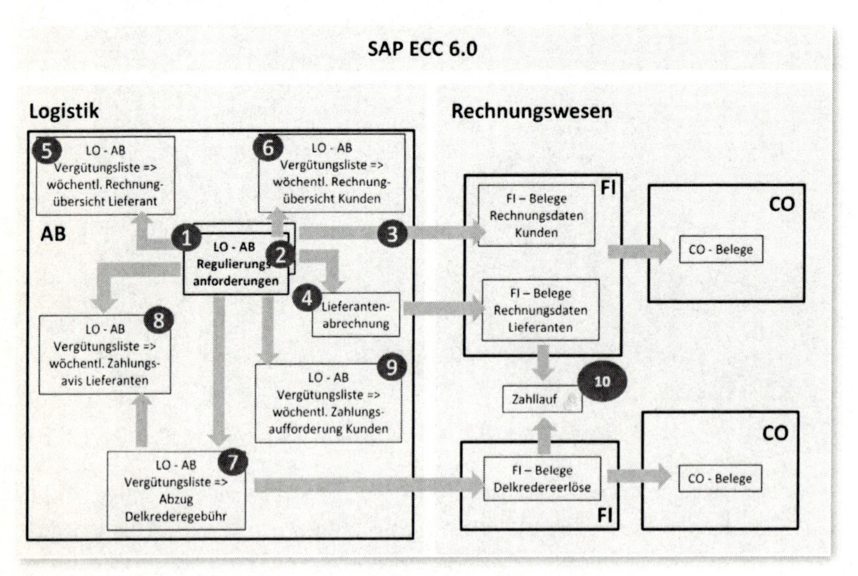

Abbildung 4.2: Beispielszenario Zentralregulierung

❶ Buchung der Regulierungsanforderungen

❷ Prüfung und Freigabe der Rechnungen, täglich

❸ Überleitung der Einzelrechnungen je Kunde in die Finanzbuchhaltung, wöchentlich freitags

❹ Überleitung der Rechnungssumme je Lieferant in die Finanzbuchhaltung, wöchentlich freitags

❺ Übersicht der eingereichten Rechnungen je Lieferant, wöchentlich freitags

❻ Übersicht der eingereichten Rechnungen je Kunde, wöchentlich freitags

❼ Berechnung und Buchung der Delkrederegebühren, wöchentlich freitags

❽ Erstellung der Zahlungsavise über fällige Rechnungen für die Lieferanten, wöchentlich montags

❾ Erstellung von Zahlungsaufforderungen über fällige Rechnungen für die Kunden, wöchentlich montags

❿ Zahllauf über fällige Rechnungen, wöchentlich montags

Ausgehend von den in Abbildung 4.3 aufgelisteten Beispielrechnungen, führe ich nun alle oben genannten Aktionen durch.

Kreditor	Name	Rechnung	Rg.-Datum	Kunde	Name	Netto [EUR]	Steuer %	Brutto [EUR]	fällig am
K1000	Musterlieferant 1	1000	17.02.2014	D1000	Musterkunde 1000	1.250,00	19,00	1.487,50	24.02.2014
		1001	17.02.2014	D1001	Musterkunde 1001	1.500,00	19,00	1.785,00	24.02.2014
		1002	17.02.2014	D1002	Musterkunde 1002	1.250,00	19,00	1.487,50	24.02.2014
		1003	18.02.2014	D1000	Musterkunde 1000	2.000,00	19,00	2.380,00	03.03.2014
		1004	20.02.2014	D1002	Musterkunde 1002	2.000,00	19,00	2.380,00	03.03.2014
						8.000,00		**9.520,00**	
K2000	Musterlieferant 2	2000	17.02.2014	D1000	Musterkunde 1000	2.500,00	19,00	2.975,00	24.02.2014
		2001	18.02.2014	D1000	Musterkunde 1000	3.000,00	19,00	3.570,00	03.03.2014
		2002	17.02.2014	D1002	Musterkunde 1002	1.500,00	19,00	1.785,00	24.02.2014
		2003	20.02.2014	D1002	Musterkunde 1002	2.500,00	19,00	2.975,00	03.03.2014
		2004	21.02.2014	D1002	Musterkunde 1002	2.000,00	19,00	2.380,00	03.03.2014
						11.500,00		**13.685,00**	

Abbildung 4.3: Datenbasis, eingereichte Rechnungen

Um den Prozess übersichtlich zu halten, werden nur wenige Daten herangezogen und einige vereinfachende Annahmen getroffen. So werden beispielsweise *Zahlungsavise* und *Zahlungsaufforderungen* am Fälligkeitstag erstellt und versandt, und auch der *Zahllauf* findet direkt am Fälligkeitstag statt. In der Praxis werden Lieferanten und Kunden üblicherweise mit einigen Tagen Vorlauf über die anstehende Zahlung mittels Zahlungsavis bzw. über fällige zu zahlenden Rechnungen mittels Zahlungsaufforderung informiert.

4.1.1 Regulierungsanforderungen

Auf Basis der zuvor eingereichten Lieferantenrechnungen werden nun Regulierungsanforderungen angelegt. Abbildung 4.4 zeigt die Belege im SAP-System als Liste an. Die Belege können prinzipiell manuell erfasst werden. In der Praxis ist es allerdings üblich, sie – aufgrund des normalerweise hohen Datenvolumens – per *Schnittstelle* einzulesen. Im aktuellen Szenario erhalten die eingehenden Belege alle zunächst den Applikationsstatus »erfasst«, denn gerade bei per Schnittstelle eingelesenen Rechnungen ist eine Prüfung und Freigabe der Daten erforderlich.

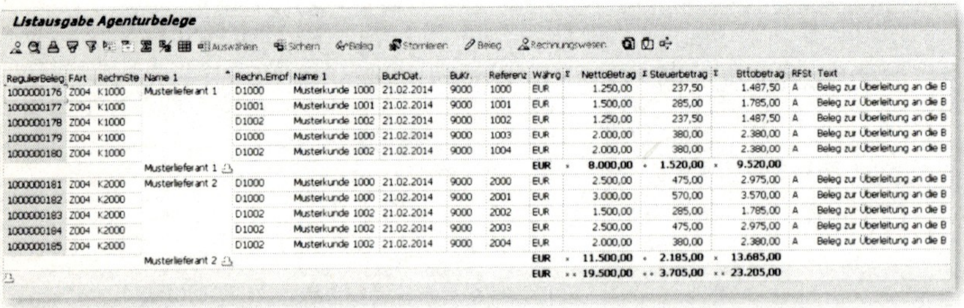

Listausgabe Agenturbelege

RegulierBeleg	FArt	RechnSte	Name 1	Rechn.Empf	Name 1	BuchDat.	BuKr.	Referenz	Währg	NettoBetrag	Steuerbetrag	Bttobetrag	RFSt	Text
1000000176	Z004	K1000	Musterlieferant 1	D1000	Musterkunde 1000	21.02.2014	9000	1000	EUR	1.250,00	237,50	1.487,50	A	Beleg zur Überleitung an die B
1000000177	Z004	K1000		D1001	Musterkunde 1001	21.02.2014	9000	1001	EUR	1.500,00	285,00	1.785,00	A	Beleg zur Überleitung an die B
1000000178	Z004	K1000		D1002	Musterkunde 1002	21.02.2014	9000	1002	EUR	1.250,00	237,50	1.487,50	A	Beleg zur Überleitung an die B
1000000179	Z004	K1000		D1000	Musterkunde 1000	21.02.2014	9000	1003	EUR	2.000,00	380,00	2.380,00	A	Beleg zur Überleitung an die B
1000000180	Z004	K1000		D1002	Musterkunde 1002	21.02.2014	9000	1004	EUR	2.000,00	380,00	2.380,00	A	Beleg zur Überleitung an die B
			Musterlieferant 1						EUR	• 8.000,00	• 1.520,00	• 9.520,00		
1000000181	Z004	K2000	Musterlieferant 2	D1000	Musterkunde 1000	21.02.2014	9000	2000	EUR	2.500,00	475,00	2.975,00	A	Beleg zur Überleitung an die B
1000000182	Z004	K2000		D1000	Musterkunde 1000	21.02.2014	9000	2001	EUR	3.000,00	570,00	3.570,00	A	Beleg zur Überleitung an die B
1000000183	Z004	K2000		D1002	Musterkunde 1002	21.02.2014	9000	2002	EUR	1.500,00	285,00	1.785,00	A	Beleg zur Überleitung an die B
1000000184	Z004	K2000		D1002	Musterkunde 1002	21.02.2014	9000	2003	EUR	2.500,00	475,00	2.975,00	A	Beleg zur Überleitung an die B
1000000185	Z004	K2000		D1002	Musterkunde 1002	21.02.2014	9000	2004	EUR	2.000,00	380,00	2.380,00	A	Beleg zur Überleitung an die B
			Musterlieferant 2						EUR	• 11.500,00	• 2.185,00	• 13.685,00		
									EUR	•• 19.500,00	•• 3.705,00	•• 23.205,00		

Abbildung 4.4: Listausgabe der Regulierungsanforderungen

Die Listausgabe Agenturbelege erreichen Sie über den Menüpfad LOGISTIK • AGENTURGESCHÄFT • UMFELD • LISTAUSGABE AGENTURBELEGE oder Transaktion WLI2. Stellvertretend für alle zehn Belege betrachten wir einen Beleg im Detail: In Abbildung 4.5 sehen Sie die Details zur ersten Rechnung im Überblick – RECHNUNGSSTELLER, RECHNUNGSEMPFÄNGER, das VALUTADATUM, RECHNUNGSNUMMER und die RECHNUNGSPOSITION(EN) sind auf einen Blick zu sehen. Wichtig ist hier, dass der Buchungsstatus noch offen ist, d. h., der Beleg wurde noch nicht in der Finanzbuchhaltung gebucht. Sie sehen dies in der Beleganzeige, Menüpfad LOGISTIK • AGENTURGESCHÄFT • REGULIERUNG • REGULIERUNGSANFORDERUNG • ANZEIGEN oder Transaktion WZR3.

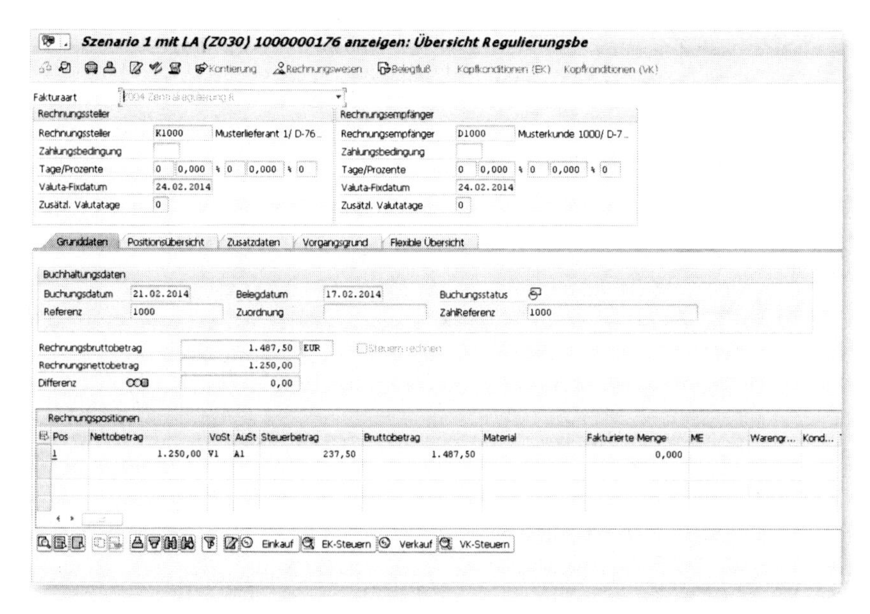

Abbildung 4.5: Belegübersicht

Selbst wenn Sie versuchen würden, diesen Beleg jetzt in die Finanzbuchhaltung überzuleiten, würde dies nicht funktionieren – denn der Beleg hat, wie Sie Abbildung 4.6 entnehmen können, noch den Status »erfasst«. Dieser lässt aufgrund entsprechender Einstellungen im Customizing eine Überleitung nicht zu.

Dies ist so gewünscht, da der Beleg noch nicht geprüft und daher nicht freigegeben wurde. Im Beleg wurden bereits die anfallenden Gebühren berechnet, wie Sie den Abbildungen Abbildung 4.7 und Abbildung 4.8 entnehmen können. Auf Lieferantenseite werden 2,5 % Delkrederegebühren zum Abzug vorgemerkt, während auf Kundenseite kein Abzug berechnet wird.

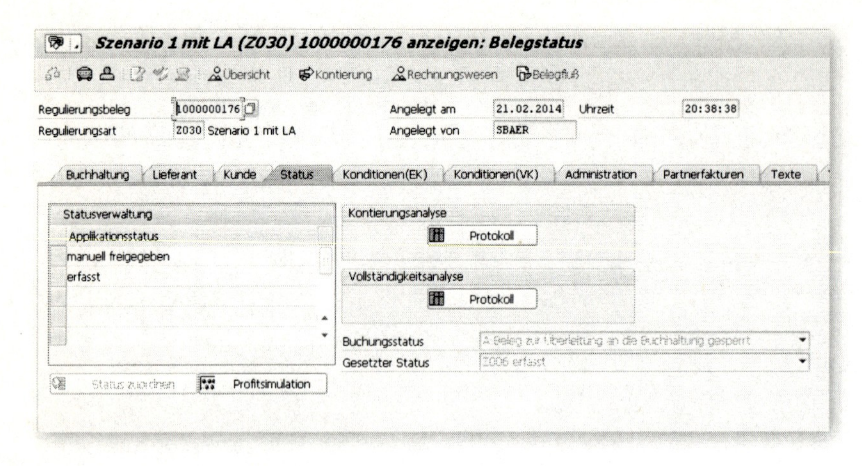

Abbildung 4.6: Applikationsstatus

Bereits in diesem frühen Prozessstadium sehen Sie außerdem im Beleg, wann diese Rechnung in welche Folgebelege vom Typ *erweiterte Vergütungsliste* einfließen wird (siehe Abbildung 4.9).

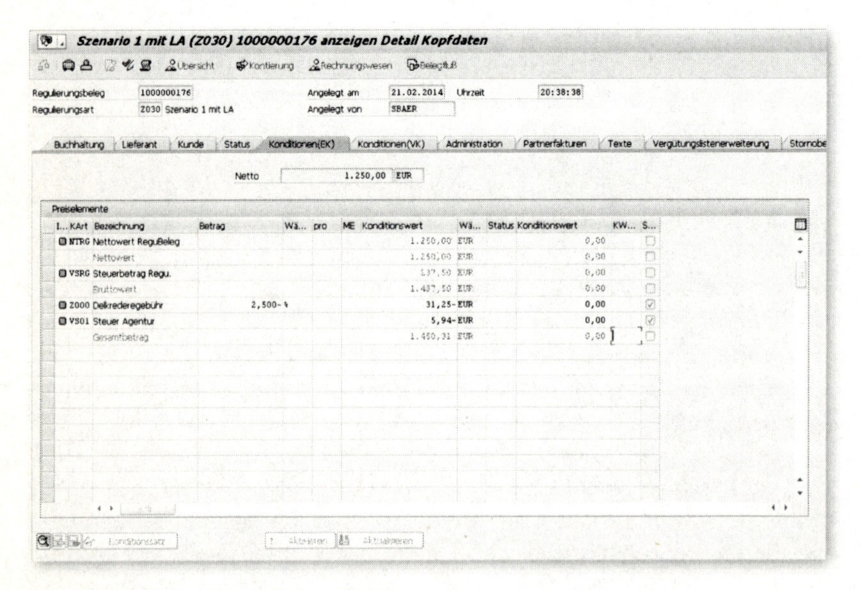

Abbildung 4.7: Konditionen (EK)

Abbildung 4.8: Konditionen (VK)

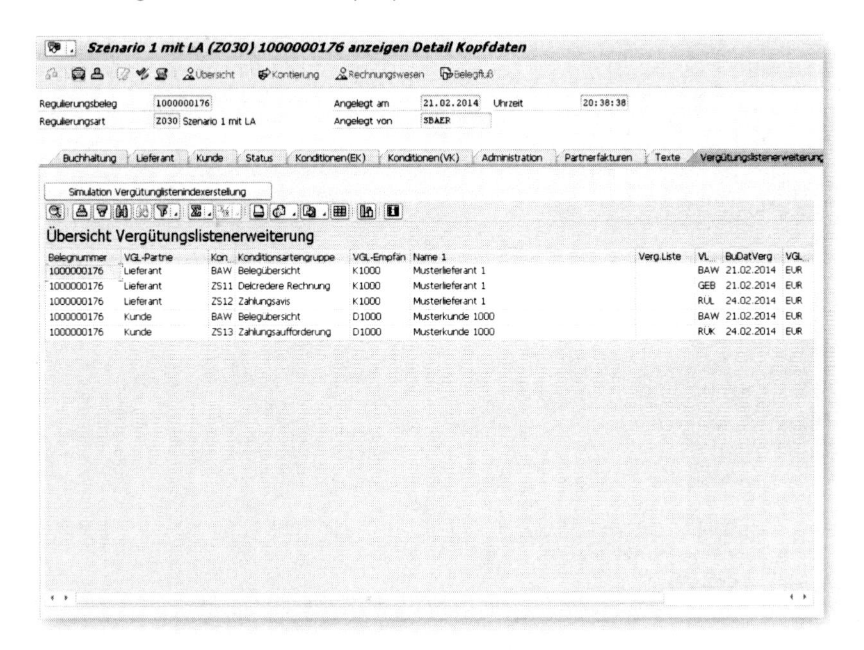

Abbildung 4.9: Vergütungslistenvormerkung

4.1.2 Prüfung und Freigabe der Rechnungen

Im nächsten Schritt werden die Rechnungen geprüft und freigegeben. Ich verwende hierzu die LISTAUSGABE AGENTURBELEGE mit Interaktionsmöglichkeit, die ich im Kapitel 3 beschrieben habe. Die Listausgabe Agenturbelege finden Sie im Menü unter LOGISTIK • AGENTURGESCHÄFT • UMFELD • LISTAUSGABE AGENTURBELEGE oder mittels Transaktion WLI2. Über die Selektionsbedingungen kann ich, wie in Abbildung 4.10 dargestellt, beispielsweise alle Belege eingrenzen, die im Laufe einer Woche eingereicht und als Regulierungsanforderungen gebucht wurden.

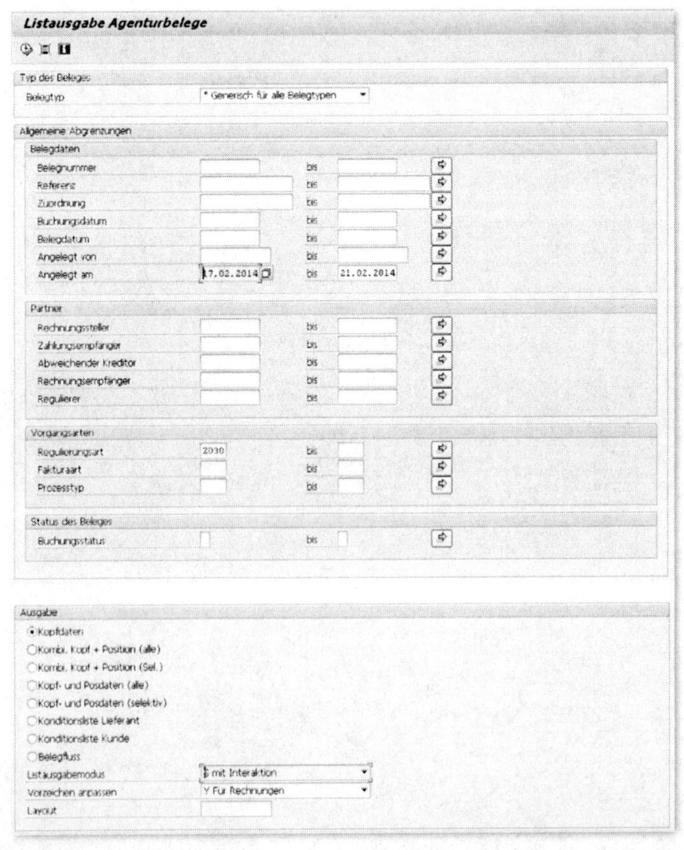

Abbildung 4.10: Selektion Regulierungsbelege für Freigabe

Entsprechend meiner Selektion erhalte ich die zehn neu eingebuchten Lieferantenrechnungen in Abbildung 4.11 aufgelistet.

Listausgabe Agenturbelege

Auswählen | Sichern | Beleg | Rechnungswesen

RegulierBeleg	FArt	RechnSte	Name 1	Rechn.Empf	Name 1	BuchDat.	BuKr.	Referenz	Währg	NettoBetrag	Steuerbetrag	Bttobetrag	RFSt	Text
1000000176	Z004	K1000	Musterlieferant 1	D1000	Musterkunde 1000	21.02.2014	9000	1000	EUR	1.250,00	237,50	1.487,50	A	Beleg zur Überleitung an die B
1000000177	Z004	K1000		D1001	Musterkunde 1001	21.02.2014	9000	1001	EUR	1.500,00	285,00	1.785,00	A	Beleg zur Überleitung an die B
1000000178	Z004	K1000		D1002	Musterkunde 1002	21.02.2014	9000	1002	EUR	1.250,00	237,50	1.487,50	A	Beleg zur Überleitung an die B
1000000179	Z004	K1000		D1000	Musterkunde 1000	21.02.2014	9000	1003	EUR	2.000,00	380,00	2.380,00	A	Beleg zur Überleitung an die B
1000000180	Z004	K1000		D1002	Musterkunde 1002	21.02.2014	9000	1004	EUR	2.000,00	380,00	2.380,00	A	Beleg zur Überleitung an die B
			Musterlieferant 1						**EUR**	**8.000,00**	**1.520,00**	**9.520,00**		
1000000181	Z004	K2000	Musterlieferant 2	D1000	Musterkunde 1000	21.02.2014	9000	2000	EUR	2.500,00	475,00	2.975,00	A	Beleg zur Überleitung an die B
1000000182	Z004	K2000		D1000	Musterkunde 1000	21.02.2014	9000	2001	EUR	3.000,00	570,00	3.570,00	A	Beleg zur Überleitung an die B
1000000183	Z004	K2000		D1002	Musterkunde 1002	21.02.2014	9000	2002	EUR	1.500,00	285,00	1.785,00	A	Beleg zur Überleitung an die B
1000000184	Z004	K2000		D1002	Musterkunde 1002	21.02.2014	9000	2003	EUR	2.500,00	475,00	2.975,00	A	Beleg zur Überleitung an die B
1000000185	Z004	K2000		D1002	Musterkunde 1002	21.02.2014	9000	2004	EUR	2.000,00	380,00	2.380,00	A	Beleg zur Überleitung an die B
			Musterlieferant 2						**EUR**	**11.500,00**	**2.185,00**	**13.685,00**		
									EUR	**19.500,00**	**3.705,00**	**23.205,00**		

Abbildung 4.11: Regulierungsbelege des Prüfzeitraums

Per Doppelklick kann der Prüfer in die einzelnen Regulierungsanforderungen verzweigen und dort, falls erforderlich, Änderungen vornehmen. Nach erfolgreicher Prüfung sollen nun alle Rechnungen in einem Schritt für die weitere Verarbeitung freigegeben werden. Hierzu selektiere ich, wie in Abbildung 4.12 dargestellt, alle Belege, betätige den Button und setze den neuen Status Z005 »manuell freigegeben«.

Listausgabe Agenturbelege

Auswählen | Sichern | Beleg | Rechnungswesen

RegulierBeleg	FArt	RechnSte	Name 1	Rechn.Empf	Name 1	BuchDat.	BuKr.	Referenz	Währg	NettoBetrag	Steuerbetrag	Bttobetrag	RFSt	Text
1000000176	Z004	K1000	Musterlieferant 1	D1000	Musterkunde 1000	21.02.2014	9000	1000	EUR	1.250,00	237,50	1.487,50	A	Beleg zur Überleitung an die B
1000000177	Z004	K1000		D1001	Musterkunde 1001	21.02.2014	9000	1001	EUR	1.500,00	285,00	1.785,00	A	Beleg zur Überleitung an die B
1000000178	Z004	K1000		D1002	Musterkunde 1002	21.02.2014	9000	1002	EUR	1.250,00	237,50	1.487,50	A	Beleg zur Überleitung an die B
1000000179	Z004	K1000		D1000	Musterkunde 1000	21.02.2014	9000	1003	EUR	2.000,00	380,00	2.380,00	A	Beleg zur Überleitung an die B
1000000180	Z004	K1000		D1002	Musterkunde 1002	21.02.2014	9000	1004	EUR	2.000,00	380,00	2.380,00	A	Beleg zur Überleitung an die B
			Musterlieferant 1						**EUR**	**8.000,00**	**1.520,00**	**9.520,00**		
1000000181	Z004	K2000	Musterlieferant 2	D1000	Musterkunde 1000	21.02.2014	9000	2000	EUR	2.500,00	475,00	2.975,00	A	Beleg zur Überleitung an die B
1000000182	Z004	K2000		D1000	Musterkunde 1000	21.02.2014	9000	2001	EUR	3.000,00	570,00	3.570,00	A	Beleg zur Überleitung an die B
1000000183	Z004	K2000		D1002	Musterkunde 1002	21.02.2014	9000	2002	EUR	1.500,00	285,00	1.785,00	A	Beleg zur Überleitung an die B
1000000184	Z004	K2000		D1002	Musterkunde 1002	21.02.2014	9000	2003	EUR	2.500,00	475,00	2.975,00	A	Beleg zur Überleitung an die B
1000000185	Z004	K2000		D1002	Musterkunde 1002	21.02.2014	9000	2004	EUR	2.000,00	380,00	2.380,00	A	Beleg zur Überleitung an die B
			Musterlieferant 2						**EUR**	**11.500,00**	**2.185,00**	**13.685,00**		
									EUR	**19.500,00**	**3.705,00**	**23.205,00**		

Wählen Sie den neuen Applikatio...

ApplStatus Z005

Abbildung 4.12: Applikationsstatus setzen

Aus dem NACHRICHTENPROTOKOLL in Abbildung 4.13 können Sie ersehen, dass die Belege erfolgreich geändert wurden.

Listausgabe Agenturbelege

Auswählen | Sichern | Dokumentation | Beleg

Nachrichtenprotokoll

Beleg	Nachrichtenklasse	N	Na...	Nachrichtentext
1000000176	WS	S	083	Beleg 1000000176 gesichert (Buchhaltungsbeleg nicht erstellt)
1000000176	WS	S	815	Beleg 1000000176 mit Referenz 1000 bearbeitet
1000000177	WS	S	083	Beleg 1000000177 gesichert (Buchhaltungsbeleg nicht erstellt)
1000000177	WS	S	815	Beleg 1000000177 mit Referenz 1001 bearbeitet
1000000178	WS	S	083	Beleg 1000000178 gesichert (Buchhaltungsbeleg nicht erstellt)
1000000178	WS	S	815	Beleg 1000000178 mit Referenz 1002 bearbeitet
1000000179	WS	S	083	Beleg 1000000179 gesichert (Buchhaltungsbeleg nicht erstellt)
1000000179	WS	S	815	Beleg 1000000179 mit Referenz 1003 bearbeitet
1000000180	WS	S	083	Beleg 1000000180 gesichert (Buchhaltungsbeleg nicht erstellt)
1000000180	WS	S	815	Beleg 1000000180 mit Referenz 1004 bearbeitet
1000000181	WS	S	083	Beleg 1000000181 gesichert (Buchhaltungsbeleg nicht erstellt)
1000000181	WS	S	815	Beleg 1000000181 mit Referenz 2000 bearbeitet
1000000182	WS	S	083	Beleg 1000000182 gesichert (Buchhaltungsbeleg nicht erstellt)
1000000182	WS	S	815	Beleg 1000000182 mit Referenz 2001 bearbeitet
1000000183	WS	S	083	Beleg 1000000183 gesichert (Buchhaltungsbeleg nicht erstellt)
1000000183	WS	S	815	Beleg 1000000183 mit Referenz 2002 bearbeitet
1000000184	WS	S	083	Beleg 1000000184 gesichert (Buchhaltungsbeleg nicht erstellt)
1000000184	WS	S	815	Beleg 1000000184 mit Referenz 2003 bearbeitet
1000000185	WS	S	083	Beleg 1000000185 gesichert (Buchhaltungsbeleg nicht erstellt)
1000000185	WS	S	815	Beleg 1000000185 mit Referenz 2004 bearbeitet

Abbildung 4.13: Nachrichtenprotokoll

Trotzdem wurden die Belege nicht in der Finanzbuchhaltung gebucht, was Sie auch bei einem Rücksprung in die Listausgabe der Belege (siehe Abbildung 4.14) sehen können.

Listausgabe Agenturbelege

Auswählen | Sichern | Beleg | Rechnungswesen

RegulierBeleg	FArt	RechnSte	Name 1	Rechn.Empf	Name 1	BuchDat.	BuKr.	Referenz	Währg	NettoBetrag	Steuerbetrag	Bttobetrag	RFSt	Text
1000000176	Z004	K1000	Musterlieferant 1	D1000	Musterkunde 1000	21.02.2014	9000	1000	EUR	1.250,00	237,50	1.487,50	A	Beleg zur Überleitung an die B
1000000177	Z004	K1000		D1001	Musterkunde 1001	21.02.2014	9000	1001	EUR	1.500,00	285,00	1.785,00	A	Beleg zur Überleitung an die B
1000000178	Z004	K1000		D1002	Musterkunde 1002	21.02.2014	9000	1002	EUR	1.250,00	237,50	1.487,50	A	Beleg zur Überleitung an die B
1000000179	Z004	K1000		D1000	Musterkunde 1000	21.02.2014	9000	1003	EUR	2.000,00	380,00	2.380,00	A	Beleg zur Überleitung an die B
1000000180	Z004	K1000		D1002	Musterkunde 1002	21.02.2014	9000	1004	EUR	2.000,00	380,00	2.380,00	A	Beleg zur Überleitung an die B
			Musterlieferant 1						**EUR**	**• 8.000,00**	**• 1.520,00**	**• 9.520,00**		
1000000181	Z004	K2000	Musterlieferant 2	D1000	Musterkunde 1000	21.02.2014	9000	2000	EUR	2.500,00	475,00	2.975,00	A	Beleg zur Überleitung an die B
1000000182	Z004	K2000		D1000	Musterkunde 1000	21.02.2014	9000	2001	EUR	3.000,00	570,00	3.570,00	A	Beleg zur Überleitung an die B
1000000183	Z004	K2000		D1002	Musterkunde 1002	21.02.2014	9000	2002	EUR	1.500,00	285,00	1.785,00	A	Beleg zur Überleitung an die B
1000000184	Z004	K2000		D1002	Musterkunde 1002	21.02.2014	9000	2003	EUR	2.500,00	475,00	2.975,00	A	Beleg zur Überleitung an die B
1000000185	Z004	K2000		D1002	Musterkunde 1002	21.02.2014	9000	2004	EUR	2.000,00	380,00	2.380,00	A	Beleg zur Überleitung an die B
			Musterlieferant 2						**EUR**	**• 11.500,00**	**• 2.185,00**	**• 13.685,00**		
									EUR	**•• 19.500,00**	**•• 3.705,00**	**•• 23.205,00**		

Abbildung 4.14: Listausgabe nach Statusänderung

Dies ist so gewollt und entsprechend im Customizing eingestellt. In der Praxis ist es durchaus nicht ungewöhnlich, dass der Mitarbeiter, der die Freigabe der Rechnungen erteilt, keine Buchungsberechtigung im Finanzwesen besitzt, sodass dieser Schritt von einem anderen Mitarbeiter oder automatisiert vorgenommen werden muss. In den einzelnen Regulierungsanforderungen wurde der Applikationsstatus auf »manuell freigegeben« gesetzt, vergleichen Sie hierzu Abbildung 4.15.

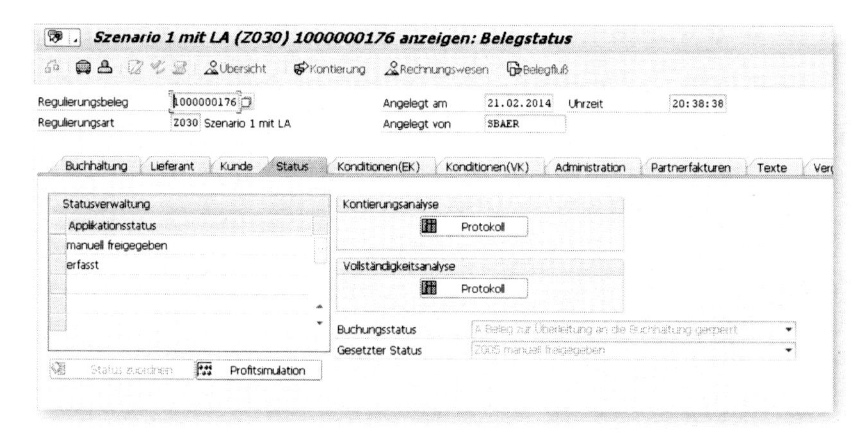

Abbildung 4.15: Applikationsstatus im Beleg nach Statusänderung

4.1.3 Überleitung der Einzelrechnungen je Kunde in die Finanzbuchhaltung

Aufgrund des gesetzten Status können die Regulierungsanforderungen nun weiterverarbeitet werden. Kundenseitig werden die Rechnungsdaten direkt über die Regulierungsanforderungen in die Finanzbuchhaltung übergeleitet, jeder Agenturgeschäftsbeleg erzeugt hierbei auch einen Beleg in der Finanzbuchhaltung. Technisch kann die Überleitung entweder über die Listausgabe oder über die Massenfreigabe erfolgen, beide Verfahren finden Sie im Kapitel 2.3 beschrieben. An dieser Stelle verwende ich die Massenfreigabe. Diese finden Sie im Menü unter LOGISTIK • AGENTURGESCHÄFT • UMFELD • AGENTURBELEGE FREIGEBEN oder mittels Transaktion WAB_RELEASE. In den Selektionsoptionen, siehe Abbildung 4.16, kann ich z. B. über das Buchungsdatum alle relevanten Regulierungsanforderungen auswählen:

Massenfreigabe von Agenturbelegen

Selektion der Belege

Belegdaten

		bis	
Belegnummer		bis	
Buchungsdatum	17.02.2014	bis	21.02.2014
Belegdatum		bis	
Rechnungssteller		bis	
Zahlungsempfänger		bis	
Abweichender Kreditor		bis	
Rechnungsempfänger		bis	
Regulierer		bis	
Regulierungsart		bis	
Fakturaart		bis	
Prozesstyp		bis	

Organisationsdaten

		bis	
EinkOrganisation		bis	
Einkäufergruppe		bis	
Verkaufsorganisation		bis	
Vertriebsweg		bis	
Sparte		bis	
Buchungskreis		bis	
Buchungskreis Kunde		bis	

Belegtyp

Belegtyp: B Regulierungseinzelanforderung

Steuerung der Verarbeitung

Belege sperren: Einzelbelegsperre

☑ Detail-Protokoll

☑ Abbruch bei Fatal-Error

☐ nur Prüflauf

Art der Protokollausgabe: Standard

Commit-Steuerung

◉ je Paket

Anz.PartnerPaket: 1

○ nach Belegen

Maximale Anzahl Belege: 1

Abbildung 4.16: Selektion Regulierungsbelege für Massenüberleitung

Nach Ausführung dieses Reports wird ein Nachrichtenprotokoll ausgegeben (siehe Abbildung 4.17), aus dem mit entsprechender Meldung hervorgeht, ob alle Belege erfolgreich übergeleitet werden konnten.

Massenfreigabe von Agenturbelegen

Auswählen | Sichern | Dokumentation | Beleg

Nachrichtenprotokoll

Beleg	Nachrichtenklasse	N	Na...	Nachrichtentext
10000001...	WS	S	093	Beleg 1000000176 gesichert (Buchhaltungsbeleg erstellt)
10000001...	WS	S	093	Beleg 1000000177 gesichert (Buchhaltungsbeleg erstellt)
10000001...	WS	S	093	Beleg 1000000178 gesichert (Buchhaltungsbeleg erstellt)
10000001...	WS	S	093	Beleg 1000000179 gesichert (Buchhaltungsbeleg erstellt)
10000001...	WS	S	093	Beleg 1000000180 gesichert (Buchhaltungsbeleg erstellt)
10000001...	WS	S	093	Beleg 1000000181 gesichert (Buchhaltungsbeleg erstellt)
10000001...	WS	S	093	Beleg 1000000182 gesichert (Buchhaltungsbeleg erstellt)
10000001...	WS	S	093	Beleg 1000000183 gesichert (Buchhaltungsbeleg erstellt)
10000001...	WS	S	093	Beleg 1000000184 gesichert (Buchhaltungsbeleg erstellt)
10000001...	WS	S	093	Beleg 1000000185 gesichert (Buchhaltungsbeleg erstellt)

Abbildung 4.17: Nachrichtenprotokoll Massenfreigabe

Durch die Massenfreigabe wurden nun zu den Regulierungsanforderungen die Belege in der Finanzbuchhaltung gebucht. Abbildung 4.18 zeigt einen dieser Belege im Detail:

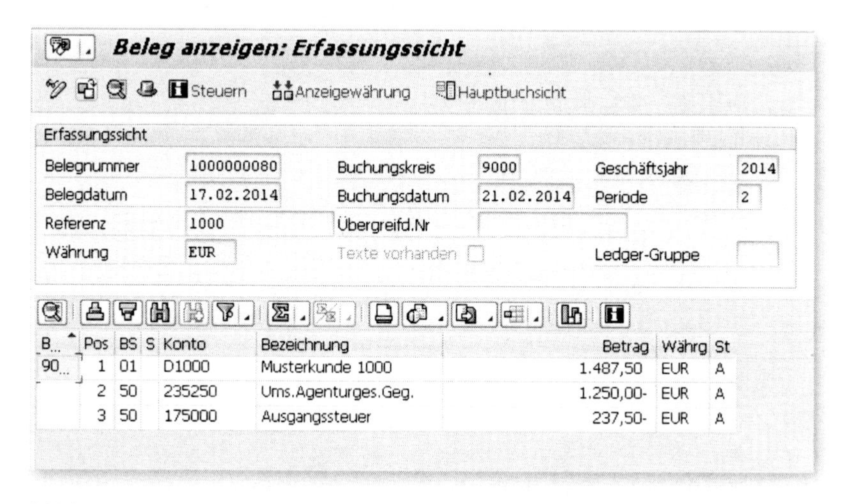

Beleg anzeigen: Erfassungssicht

Steuern | Anzeigewährung | Hauptbuchsicht

Erfassungssicht

Belegnummer	1000000080	Buchungskreis	9000	Geschäftsjahr	2014
Belegdatum	17.02.2014	Buchungsdatum	21.02.2014	Periode	2
Referenz	1000	Übergreifd.Nr			
Währung	EUR	Texte vorhanden		Ledger-Gruppe	

B...	Pos	BS	S	Konto	Bezeichnung	Betrag	Währg	St
90...	1	01		D1000	Musterkunde 1000	1.487,50	EUR	A
	2	50		235250	Ums.Agenturges.Geg.	1.250,00-	EUR	A
	3	50		175000	Ausgangssteuer	237,50-	EUR	A

Abbildung 4.18: Buchhaltungsbeleg aus Regulierungsanforderung

Debitor	Name	Rechnung	Rg.-Datum	Kreditor	Name	Netto [EUR]	Steuer %	Brutto [EUR]	fällig am
D1000	Musterkunde 1000	1000	17.02.2014	K1000	Musterlieferant 1	1.250,00	19,00	1.487,50	24.02.2014
		1003	18.02.2014	K1000	Musterlieferant 1	2.000,00	19,00	2.380,00	03.03.2014
		2000	17.02.2014	K2000	Musterlieferant 2	2.500,00	19,00	2.975,00	24.02.2014
		2001	18.02.2014	K2000	Musterlieferant 2	3.000,00	19,00	3.570,00	03.03.2014
						8.750,00		**10.412,50**	
D1001	Musterkunde 1001	1001	17.02.2014	K1000	Musterlieferant 1	1.500,00	19,00	1.785,00	24.02.2014
						1.500,00		**1.785,00**	
D1002	Musterkunde 1002	1002	17.02.2014	K1000	Musterlieferant 1	1.250,00	19,00	1.487,50	24.02.2014
		1004	20.02.2014	D1002	Musterkunde 1002	2.000,00	19,00	2.380,00	03.03.2014
		2002	17.02.2014	K2000	Musterlieferant 2	1.500,00	19,00	1.785,00	24.02.2014
		2003	20.02.2014	K2000	Musterlieferant 2	2.500,00	19,00	2.975,00	03.03.2014
		2004	21.02.2014	K2000	Musterlieferant 2	2.000,00	19,00	2.380,00	03.03.2014
						9.250,00		**11.007,50**	

Abbildung 4.19: Datenbasis eingereichter Rechnungen

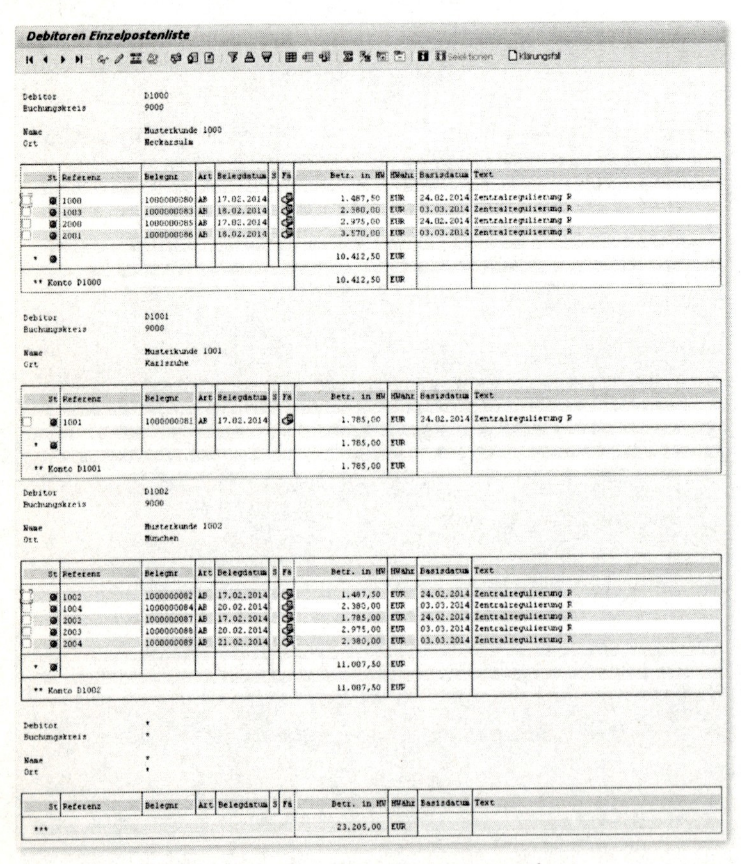

Debitoren Einzelpostenliste

Selektionen Klärungsfall

Debitor D1000
Buchungskreis 9000

Name Musterkunde 1000
Ort Neckarsulm

St	Referenz	Belegnr	Art	Belegdatum	S	Fä	Betr. in HW	HWähr	Basisdatum	Text
	1000	1000000080	AB	17.02.2014			1.487,50	EUR	24.02.2014	Zentralregulierung R
	1003	1000000083	AB	18.02.2014			2.380,00	EUR	03.03.2014	Zentralregulierung R
	2000	1000000085	AB	17.02.2014			2.975,00	EUR	24.02.2014	Zentralregulierung R
	2001	1000000086	AB	18.02.2014			3.570,00	EUR	03.03.2014	Zentralregulierung R
*							10.412,50	EUR		
** Konto D1000							10.412,50	EUR		

Debitor D1001
Buchungskreis 9000

Name Musterkunde 1001
Ort Karlsruhe

St	Referenz	Belegnr	Art	Belegdatum	S	Fä	Betr. in HW	HWähr	Basisdatum	Text
	1001	1000000081	AB	17.02.2014			1.785,00	EUR	24.02.2014	Zentralregulierung R
*							1.785,00	EUR		
** Konto D1001							1.785,00	EUR		

Debitor D1002
Buchungskreis 9000

Name Musterkunde 1002
Ort München

St	Referenz	Belegnr	Art	Belegdatum	S	Fä	Betr. in HW	HWähr	Basisdatum	Text
	1002	1000000082	AB	17.02.2014			1.487,50	EUR	24.02.2014	Zentralregulierung R
	1004	1000000084	AB	20.02.2014			2.380,00	EUR	03.03.2014	Zentralregulierung R
	2002	1000000087	AB	17.02.2014			1.785,00	EUR	24.02.2014	Zentralregulierung R
	2003	1000000088	AB	20.02.2014			2.975,00	EUR	03.03.2014	Zentralregulierung R
	2004	1000000089	AB	21.02.2014			2.380,00	EUR	03.03.2014	Zentralregulierung R
*							11.007,50	EUR		
** Konto D1002							11.007,50	EUR		

Debitor *
Buchungskreis *

Name *
Ort *

St	Referenz	Belegnr	Art	Belegdatum	S	Fä	Betr. in HW	HWähr	Basisdatum	Text
***							23.205,00	EUR		

Abbildung 4.20: Debitoren, Einzelpostenanzeige

Die Rechnungsnummer aus der Regulierungsanforderung wurde in das Feld REFERENZ des Buchhaltungsbelegs fortgeschrieben. Insgesamt sollten auf den Debitorenkonten nun folgende Rechnungen gebucht sein (siehe Abbildung 4.19).

Ein Blick auf die Debitorenkonten bestätigt dies (siehe Abbildung 4.20). Folgen Sie dazu dem Menüpfad RECHNUNGSWESEN • FINANZWESEN • DEBITOREN • KONTO • POSTEN ANZEIGEN/ÄNDERN bzw. wählen Sie die Transaktion FBL5N.

4.1.4 Wöchentliche Überleitung der Rechnungssumme je Lieferant in die Finanzbuchhaltung

Kundenseitig wurden die Rechnungsdaten bereits in die Finanzbuchhaltung übergeleitet, im nächsten Schritt erfolgt ihre Weiterverarbeitung auch lieferantenseitig. Dazu bedient man sich der Lieferantenabrechnung, bei der je Lieferant und Fälligkeitsdatum eine Sammelbuchung erzeugt wird. Abbildung 4.21 zeigt die auf Basis der eingereichten Rechnungen erwarteten Buchungsbeträge.

Kreditor	Name	Rechnung	Rg.-Datum	Kunde	Name	Netto [EUR]	Steuer %	Brutto [EUR]	fällig am
K1000	**Musterlieferant 1**	1000	17.02.2014	D1000	Musterkunde 1000	1.250,00	19,00	1.487,50	24.02.2014
		1001	17.02.2014	D1001	Musterkunde 1001	1.500,00	19,00	1.785,00	24.02.2014
		1002	17.02.2014	D1002	Musterkunde 1002	1.250,00	19,00	1.487,50	24.02.2014
	erwarteter Buchungsbetrag, fällig am 24.02.2014							**4.760,00**	
		1003	18.02.2014	D1000	Musterkunde 1000	2.000,00	19,00	2.380,00	03.03.2014
		1004	20.02.2014	D1002	Musterkunde 1002	2.000,00	19,00	2.380,00	03.03.2014
	erwarteter Buchungsbetrag, fällig am 03.03.2014					**8.000,00**		**4.760,00**	
K2000	**Musterlieferant 2**	2000	17.02.2014	D1000	Musterkunde 1000	2.500,00	19,00	2.975,00	24.02.2014
		2002	17.02.2014	D1002	Musterkunde 1002	1.500,00	19,00	1.785,00	24.02.2014
	erwarteter Buchungsbetrag, fällig am 24.02.2014							**4.760,00**	
		2001	18.02.2014	D1000	Musterkunde 1000	3.000,00	19,00	3.570,00	03.03.2014
		2003	20.02.2014	D1002	Musterkunde 1002	2.500,00	19,00	2.975,00	03.03.2014
		2004	21.02.2014	D1002	Musterkunde 1002	2.000,00	19,00	2.380,00	03.03.2014
	erwarteter Buchungsbetrag, fällig am 03.03.2014					**11.500,00**		**8.925,00**	

Abbildung 4.21: Erwartete Buchungsbeträge je Lieferant

Ich erzeuge nun die Lieferantenabrechnungen (siehe Abbildung 4.22). Hierzu folge ich dem Menüpfad LOGISTIK • AGENTURGESCHÄFT • LIEFERANTENABRECHNUNG • ERSTELLEN (Transaktion WLF1L):

Lieferantenabrechnungen aus Regulierungsanforderungen erzeugen

Selektion der Belege

Belegdaten

Belegnummer		bis	
Buchungsdatum	21.02.2014	bis	
Belegdatum		bis	
Rechnungssteller		bis	
Zahlungsempfänger		bis	
Abweichender Kreditor		bis	
Rechnungsempfänger		bis	
Regulierer		bis	
Regulierungsart		bis	
Fakturaart		bis	
Prozesstyp		bis	

Organisationsdaten

EinkOrganisation		bis	
Einkäufergruppe		bis	
Verkaufsorganisation		bis	
Vertriebsweg		bis	
Sparte		bis	
Buchungskreis		bis	
Buchungskreis Kunde		bis	

Vorgabedaten

Erzeugung Abrechnungsbeleg	auf Kopfebene (Standard)
Buchungsdatum	
Fakturaart	

Steuerung der Verarbeitung

Anz.PartnerPaket	1
Belege sperren	Einzelbelegsperre

☑ Detail-Protokoll
☑ Abbruch bei Fatal-Error
☐ nur Prüflauf

Art der Protokollausgabe	Standard

Steuerung der Verbuchung

◉ Asynchrone Verbuchung
○ Synchrone Verbuchung
○ Synch mit Protokoll

Abbildung 4.22: Lieferantenabrechnung

Das in Abbildung 4.23 dargestellte Nachrichtenprotokoll weist die zehn eingereichten Rechnungen aus und zeigt außerdem an, dass (erwartungsgemäß) vier Lieferantenabrechnungen erzeugt wurden.

Stellvertretend rufe ich durch Doppelklick auf die entsprechende Protokollzeile eine der vier Lieferantenabrechnungen im Detail auf (siehe Abbildung 4.24).

Lieferantenabrechnungen aus Regulierungsanforderungen erzeugen

Auswählen Sichern Dokumentation Beleg

Nachrichtenprotokoll

Beleg	Nachrichtenklasse	N	Na...	Nachrichtentext
10000001...	WS	S	042	Zentralregulierung R 1000000176 wurde geändert
10000001...	WS	S	042	Zentralregulierung R 1000000177 wurde geändert
10000001...	WS	S	042	Zentralregulierung R 1000000178 wurde geändert
10000001...	WS	S	042	Zentralregulierung R 1000000179 wurde geändert
10000001...	WS	S	042	Zentralregulierung R 1000000180 wurde geändert
10000001...	WS	S	042	Zentralregulierung R 1000000181 wurde geändert
10000001...	WS	S	042	Zentralregulierung R 1000000182 wurde geändert
10000001...	WS	S	042	Zentralregulierung R 1000000183 wurde geändert
10000001...	WS	S	042	Zentralregulierung R 1000000184 wurde geändert
10000001...	WS	S	042	Zentralregulierung R 1000000185 wurde geändert
10000001...	WS	S	083	Beleg 1000000186 gesichert (Buchhaltungsbeleg nicht erstellt)
10000001...	WS	S	083	Beleg 1000000187 gesichert (Buchhaltungsbeleg nicht erstellt)
10000001...	WS	S	083	Beleg 1000000188 gesichert (Buchhaltungsbeleg nicht erstellt)
10000001...	WS	S	083	Beleg 1000000189 gesichert (Buchhaltungsbeleg nicht erstellt)

Abbildung 4.23: Lieferantenabrechnung, Nachrichtenprotokoll

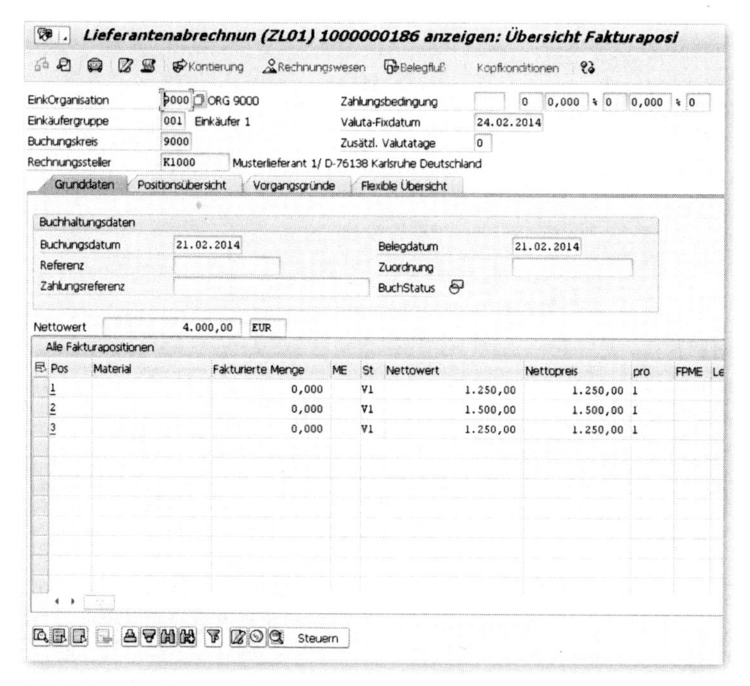

Abbildung 4.24: Lieferantenabrechnung, Detail

Massenfreigabe von Agenturbelegen

Selektion der Belege

Belegdaten

Belegnummer	1000000186	bis	1000000189
Buchungsdatum		bis	
Belegdatum		bis	
Rechnungssteller		bis	
Zahlungsempfänger		bis	
Abweichender Kreditor		bis	
Rechnungsempfänger		bis	
Regulierer		bis	
Regulierungsart		bis	
Fakturaart		bis	
Prozesstyp		bis	

Organisationsdaten

EinkOrganisation		bis	
Einkäufergruppe		bis	
Verkaufsorganisation		bis	
Vertriebsweg		bis	
Sparte		bis	
Buchungskreis		bis	
Buchungskreis Kunde		bis	

Belegtyp

Belegtyp: L Lieferantenabrechnung

Steuerung der Verarbeitung

Belege sperren: Einzelbelegsperre

☑ Detail-Protokoll

☑ Abbruch bei Fatal-Error

☐ nur Prüflauf

Art der Protokollausgabe: Standard

Commit-Steuerung

(•) je Paket

Anz.PartnerPaket: 1

( ) nach Belegen

Maximale Anzahl Belege: 1

Steuerung der Verbuchung

(•) Asynchrone Verbuchung

( ) Synchrone Verbuchung

( ) Synch mit Protokoll

Abbildung 4.25: Lieferantenabrechnungen, Überleitung

Die drei Regulierungsanforderungen mit Fälligkeit 24.02.2014 des Lieferanten K1000 wurden als einzelne Positionen in die Lieferantenabrechnung übernommen.

Bevor ich im nächsten Schritt die Lieferantenabrechnungen in die Finanzbuchhaltung überleite (siehe Abbildung 4.25), könnte grundsätzlich noch eine Prüfung der Abrechnungen erfolgen.

Auch nach diesem Programmlauf sehen Sie die Ergebnisse im NACHRICHTENPROTOKOLL (siehe Abbildung 4.26).

Massenfreigabe von Agenturbelegen

Auswählen Sichern Dokumentation Beleg

Nachrichtenprotokoll

Beleg	Nachrichtenklasse	N	Na...	Nachrichtentext
1000000186	WS	S	093	Beleg 1000000186 gesichert (Buchhaltungsbeleg erstellt)
1000000187	WS	S	093	Beleg 1000000187 gesichert (Buchhaltungsbeleg erstellt)
1000000188	WS	S	093	Beleg 1000000188 gesichert (Buchhaltungsbeleg erstellt)
1000000189	WS	S	093	Beleg 1000000189 gesichert (Buchhaltungsbeleg erstellt)

Abbildung 4.26: Nachrichtenprotokoll nach Überleitung

Abbildung 4.27 zeigt einen der vier erzeugten Buchhaltungsbelege im Detail:

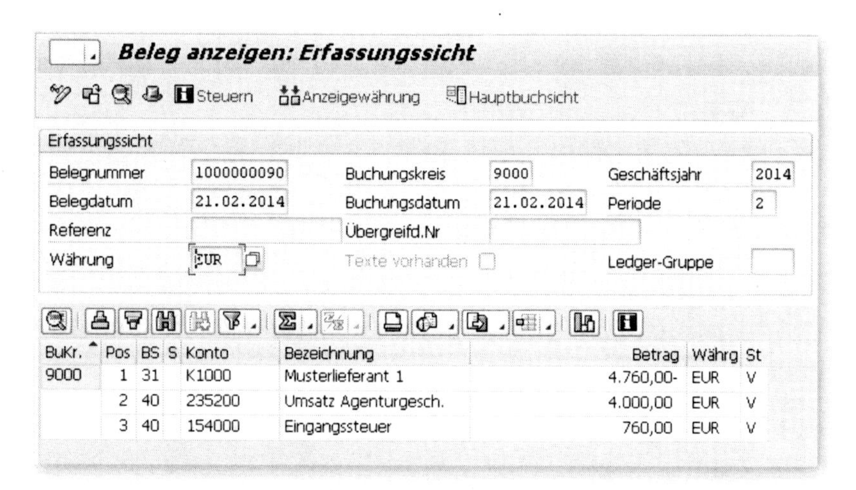

Beleg anzeigen: Erfassungssicht

Steuern Anzeigewährung Hauptbuchsicht

Erfassungssicht

Belegnummer	1000000090	Buchungskreis	9000	Geschäftsjahr	2014
Belegdatum	21.02.2014	Buchungsdatum	21.02.2014	Periode	2
Referenz		Übergreifd.Nr			
Währung	EUR	Texte vorhanden		Ledger-Gruppe	

BuKr.	Pos	BS	S	Konto	Bezeichnung	Betrag	Währg	St
9000	1	31		K1000	Musterlieferant 1	4.760,00-	EUR	V
	2	40		235200	Umsatz Agenturgesch.	4.000,00	EUR	V
	3	40		154000	Eingangssteuer	760,00	EUR	V

Abbildung 4.27: Buchhaltungsbeleg aus Lieferantenabrechnung

Wenn wir nun die Kreditorenkonten analysieren (siehe Abbildung 4.28), sehen wir auf den Konten die erwarteten Buchungsbeträge je Fälligkeitsdatum (Menüpfad RECHNUNGSWESEN • FINANZWESEN • KREDITOREN • KONTO • POSTEN ANZEIGEN/ÄNDERN bzw. Transaktion FBL1N).

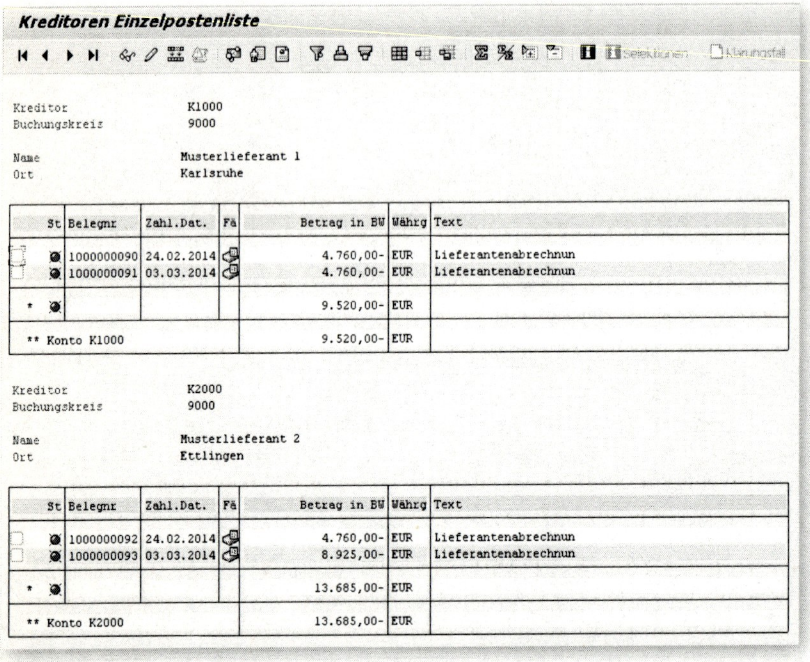

Kreditoren Einzelpostenliste

Kreditor K1000
Buchungskreis 9000

Name Musterlieferant 1
Ort Karlsruhe

St	Belegnr	Zahl.Dat.	Fä	Betrag in BW	Währg	Text
	1000000090	24.02.2014		4.760,00-	EUR	Lieferantenabrechnun
	1000000091	03.03.2014		4.760,00-	EUR	Lieferantenabrechnun
*				9.520,00-	EUR	
** Konto K1000				9.520,00-	EUR	

Kreditor K2000
Buchungskreis 9000

Name Musterlieferant 2
Ort Ettlingen

St	Belegnr	Zahl.Dat.	Fä	Betrag in BW	Währg	Text
	1000000092	24.02.2014		4.760,00-	EUR	Lieferantenabrechnun
	1000000093	03.03.2014		8.925,00-	EUR	Lieferantenabrechnun
*				13.685,00-	EUR	
** Konto K2000				13.685,00-	EUR	

Abbildung 4.28: Kreditoren, Einzelpostenanzeige

4.1.5 Übersicht der eingereichten Rechnungen je Lieferant

In unserem Beispielszenario werden die Lieferanten am Ende der Woche informiert, welche Rechnungen im Laufe der Woche für sie erfasst wurden. Anhand dieser Übersicht können die Lieferanten prüfen, ob sie alle Rechnungen eingereicht haben, bzw. ob alle Rechnungen korrekt »angekommen« sind. Da ich Rechnungen zweier Lieferanten erfasst habe, erwarte ich nun zwei Rechnungsübersichten analog Abbildung 4.29:

Rechnungsübersicht für Kreditor K1000 mit folgenden Positionen:

Rechnung	Rg.-Datum	Kunde	Name	Netto [EUR]	Steuer %	Brutto [EUR]	fällig am
1000	17.02.2014	D1000	Musterkunde 1000	1.250,00	19,00	1.487,50	24.02.2014
1001	17.02.2014	D1001	Musterkunde 1001	1.500,00	19,00	1.785,00	24.02.2014
1002	17.02.2014	D1002	Musterkunde 1002	1.250,00	19,00	1.487,50	24.02.2014
1003	18.02.2014	D1000	Musterkunde 1000	2.000,00	19,00	2.380,00	03.03.2014
1004	20.02.2014	D1002	Musterkunde 1002	2.000,00	19,00	2.380,00	03.03.2014
				8.000,00		**9.520,00**	

Rechnungsübersicht für Kreditor K2000 mit folgenden Positionen:

Rechnung	Rg.-Datum	Kunde	Name	Netto [EUR]	Steuer %	Brutto [EUR]	fällig am
2000	17.02.2014	D1000	Musterkunde 1000	2.500,00	19,00	2.975,00	24.02.2014
2001	18.02.2014	D1000	Musterkunde 1000	3.000,00	19,00	3.570,00	03.03.2014
2002	17.02.2014	D1002	Musterkunde 1002	1.500,00	19,00	1.785,00	24.02.2014
2003	20.02.2014	D1002	Musterkunde 1002	2.500,00	19,00	2.975,00	03.03.2014
2004	21.02.2014	D1002	Musterkunde 1002	2.000,00	19,00	2.380,00	03.03.2014
				11.500,00		**13.685,00**	

Abbildung 4.29: Erwartete Rechnungsübersichten für zwei Lieferanten

Ich erstelle nun die Vergütungslisten für die Rechnungsübersichten per 21.02.2014. Hierzu wähle ich den Menüpfad LOGISTIK • AGENTURGESCHÄFT • ERWEITERTE VERGÜTUNGSLISTE • ALLGEMEIN (Transaktion WLF_RRLE_CREATE), selektiere, wie in Abbildung 4.30 dargestellt, »Lieferant« als VERGÜTUNGSLISTENPARTNER und gebe die KONDITIONSARTENGRUPPE `BAW` sowie das VERGÜTUNGSLISTENDATUM `21.02.2014` ein.

Auch nach diesem Programmlauf wird ein NACHRICHTENPROTOKOLL ausgegeben, aus dem Sie entnehmen können, dass erwartungsgemäß zwei Vergütungslisten für die Belegübersichten erzeugt wurden (siehe Abbildung 4.31).

Erweiterte Vergütungslisten anlegen

Verarbeitungsparameter

Vergütungslistenpartner: Lieferant
Konditionsartengruppe: BAW

Vergütungslistendaten

Vergütungslistenempfänger bis
Vergütungslistendatum 21.02.2014 bis

Agenturbelege | FI-Belege | SD-Fakturen

☑ Agenturbelege verarbeiten

Selektion der Belege

Belegtyp: * Generisch für alle Belegtypen

Belegdaten

Beleg bis
Buchungsdatum bis
Belegdatum bis
Rechnungssteller bis
Rechnungsempfänger bis
Regulierer bis
Regulierungsart bis
Fakturaart bis

Organisationsdaten

EinkOrganisation bis
Verkaufsorganisation bis
Buchungskreis bis

Vorgabedaten

Buchungsdatum
Fakturaart
Währung

Verarbeitungssteuerung

Anz.PartnerPaket: 1
Belege sperren: Einzelbelegsperre
☑ Detail-Protokoll
☑ Abbruch bei Fatal-Error
☐ nur Prüflauf
Art der Protokollausgabe: Standard

Verbuchungssteuerung

◉ Asynchrone Verbuchung
○ Synchrone Verbuchung
○ Synch mit Protokoll

Abbildung 4.30: Vergütungslistenerstellung – Rechnungsübersichten für die Lieferanten

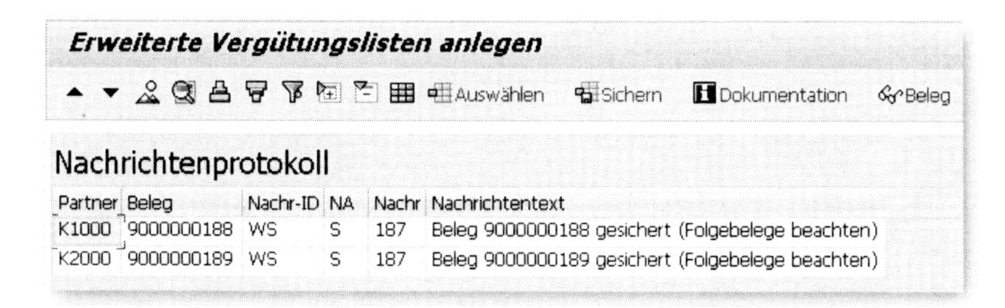

Partner	Beleg	Nachr-ID	NA	Nachr	Nachrichtentext
K1000	9000000188	WS	S	187	Beleg 9000000188 gesichert (Folgebelege beachten)
K2000	9000000189	WS	S	187	Beleg 9000000189 gesichert (Folgebelege beachten)

Abbildung 4.31: Nachrichtenprotokoll Vergütungslistenerstellung

Die Belegübersicht für den Lieferanten K1000 weist die erwartete Summe in Höhe von 9.520,00 EUR aus (siehe Abbildung 4.32).

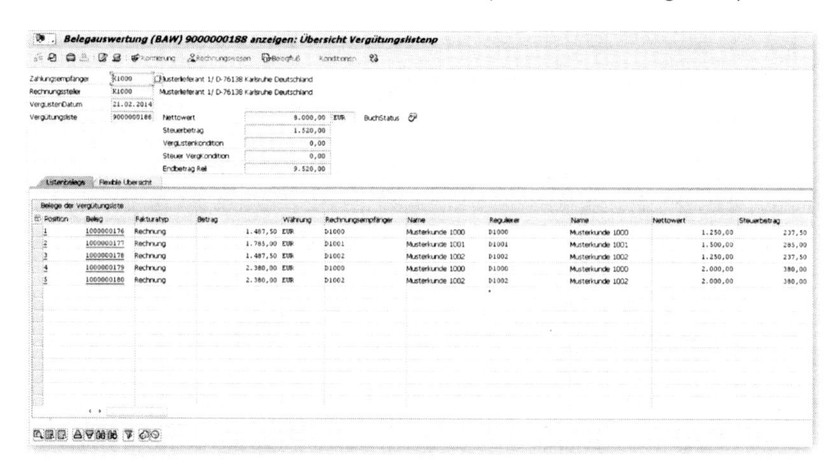

Position	Beleg	Fakturatyp	Betrag	Währung	Rechnungsempfänger	Name	Regulierer	Name	Nettowert	Steuerbetrag
1	1000000176	Rechnung	1.487,50	EUR	D1000	Musterkunde 1000	D1000	Musterkunde 1000	1.250,00	237,50
2	1000000177	Rechnung	1.785,00	EUR	D1001	Musterkunde 1001	D1001	Musterkunde 1001	1.500,00	285,00
3	1000000178	Rechnung	1.487,50	EUR	D1002	Musterkunde 1002	D1002	Musterkunde 1002	1.250,00	237,50
4	1000000179	Rechnung	2.380,00	EUR	D1000	Musterkunde 1000	D1000	Musterkunde 1000	2.000,00	380,00
5	1000000180	Rechnung	2.380,00	EUR	D1002	Musterkunde 1002	D1002	Musterkunde 1002	2.000,00	380,00

Abbildung 4.32: Belegübersicht, Lieferant K1000

Für den Lieferanten K2000 sehen Sie in der Belegübersicht die erwartete Summe in Höhe von 13.685,00 EUR (siehe Abbildung 4.33).

Belegauswertung (BAW) 9000000189 anzeigen: Übersicht Vergütungslistenp

Konterung | Rechnungswesen | Belegfluss | Konditionen

Zahlungsempfänger: K2000 Musterlieferant 2/ D-76275 Ettlingen Deutschland
Rechnungssteller: K2000 Musterlieferant 2/ D-76275 Ettlingen Deutschland
VergListenDatum: 21.02.2014
Vergütungsliste: 9000000189

Nettowert	11.500,00	EUR	BuchStatus
Steuerbetrag	2.185,00		
VergListenkondition	0,00		
Steuer VergKondition	0,00		
Endbetrag Rel	13.685,00		

Listenbelege | Flexible Übersicht

Belege der Vergütungsliste

Position	Beleg	Fakturatyp	Betrag	Währung	Rechnungsempfänger	Name	Regulierer	Name	Nettowert	Steuerbetrag
1	1000000181	Rechnung	2.975,00	EUR	D1000	Musterkunde 1000	D1000	Musterkunde 1000	2.500,00	475,00
2	1000000182	Rechnung	3.570,00	EUR	D1000	Musterkunde 1000	D1000	Musterkunde 1000	3.000,00	570,00
3	1000000183	Rechnung	1.785,00	EUR	D1002	Musterkunde 1002	D1002	Musterkunde 1002	1.500,00	285,00
4	1000000184	Rechnung	2.975,00	EUR	D1002	Musterkunde 1002	D1002	Musterkunde 1002	2.500,00	475,00
5	1000000185	Rechnung	2.380,00	EUR	D1002	Musterkunde 1002	D1002	Musterkunde 1002	2.000,00	380,00

Abbildung 4.33: Belegübersicht, Lieferant K2000

Beide Vergütungslisten haben den Buchungsstatus BuchStatus »gebucht«, es wurde allerdings korrekterweise kein Rechnungswesen-Beleg erzeugt, da es sich hier um rein informatorische Vergütungslisten handelt. Wenn Sie den Button Rechnungswesen betätigen, erscheint daher in diesem Fall die folgende Meldung:

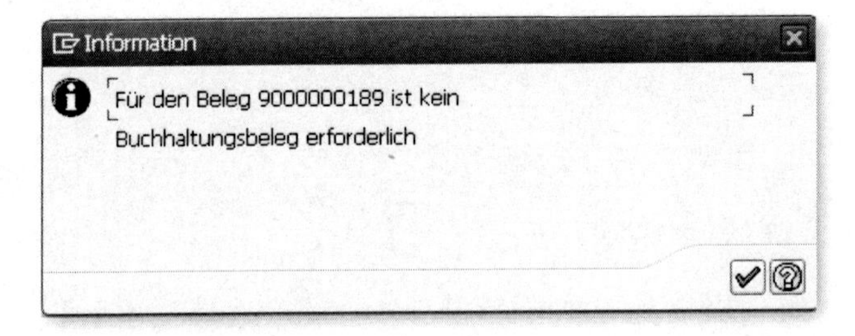

Gemäß entsprechender Einstellungen im Customizing ist den Vergütungslisten »Belegauswertung« ein Formular für den physischen Druck eines Anschreibens an den jeweiligen Lieferanten zugeordnet. Dies können Sie in den Kopfdaten der Vergütungsliste, beispielhaft in Abbildung 4.34 dargestellt, erkennen. Hier wurde automatisch die Nachricht »Z020« eingestellt. Diese steht zur Druckausgabe (siehe Spalte MEDIUM) bereit.

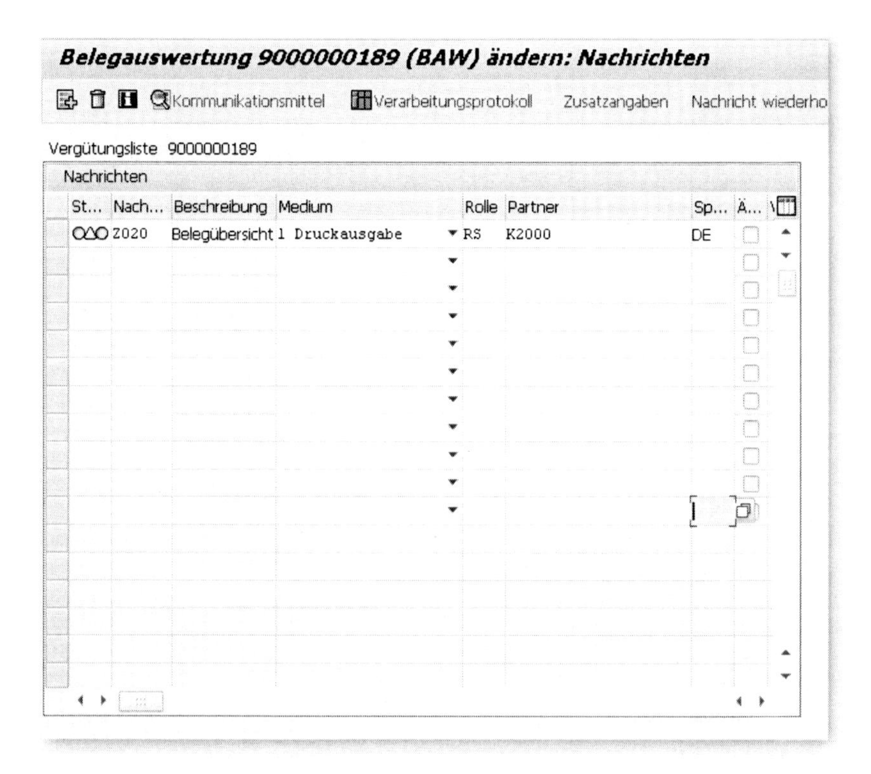

Abbildung 4.34: Vormerkung Nachrichtenausgabe

Nachrichten können Sie einzeln oder über einen Massendruck ausgeben (siehe auch Kapitel 2.5). Das Formular können Sie individuell gestalten.

4.1.6 Übersicht der eingereichten Rechnungen je Kunde

Auch die Kunden werden zum Ende der Woche informiert, welche Rechnungen im Laufe der Woche für sie erfasst wurden. Anhand dieser Übersicht können die Kunden prüfen, welche Rechnungen von den Lieferanten eingereicht wurden, und gegebenenfalls *Reklamationen* anmelden. In meinem Beispielszenario erwarte ich folgende Rechnungsübersichten (Abbildung 4.35).

Rechnungsübersicht für Debitor D1000 mit folgenden Positionen:

Rechnung	Rg.-Datum	Lieferant	Name	Netto [EUR]	Steuer %	Brutto [EUR]	fällig am
1000	17.02.2014	K1000	Musterlieferant 1	1.250,00	19,00	1.487,50	24.02.2014
1003	18.02.2014	K1000	Musterlieferant 1	2.000,00	19,00	2.380,00	03.03.2014
2000	17.02.2014	K2000	Musterlieferant 2	2.500,00	19,00	2.975,00	24.02.2014
2001	18.02.2014	K2000	Musterlieferant 2	3.000,00	19,00	3.570,00	03.03.2014
				8.750,00		**10.412,50**	

Rechnungsübersicht für Debitor D1001 mit folgenden Positionen:

Rechnung	Rg.-Datum	Lieferant	Name	Netto [EUR]	Steuer %	Brutto [EUR]	fällig am
1001	17.02.2014	K1000	Musterlieferant 1	1.500,00	19,00	1.785,00	24.02.2014
				1.500,00		**1.785,00**	

Rechnungsübersicht für Debitor D1002 mit folgenden Positionen:

Rechnung	Rg.-Datum	Lieferant	Name	Netto [EUR]	Steuer %	Brutto [EUR]	fällig am
1002	17.02.2014	K1000	Musterlieferant 1	1.250,00	19,00	1.487,50	24.02.2014
1004	20.02.2014	D1002	Musterkunde 1002	2.000,00	19,00	2.380,00	03.03.2014
2002	17.02.2014	K2000	Musterlieferant 2	1.500,00	19,00	1.785,00	24.02.2014
2003	20.02.2014	K2000	Musterlieferant 2	2.500,00	19,00	2.975,00	03.03.2014
2004	21.02.2014	K2000	Musterlieferant 2	2.000,00	19,00	2.380,00	03.03.2014
				9.250,00		**11.007,50**	

Abbildung 4.35: Erwartete Rechnungsübersichten für die Kunden

Ich erstelle nun die Vergütungslisten für die Rechnungsübersichten per 21.02.2014. Hierzu wähle ich wieder den Menüpfad LOGISTIK • AGENTURGESCHÄFT • ERWEITERTE VERGÜTUNGSLISTE • ALLGEMEIN (Transaktion WLF_RRLE_CREATE), selektiere, wie in Abbildung 4.36 dargestellt, »Kunde« als VERGÜTUNGSLISTENPARTNER und ergänze wiederum die KONDITIONSARTENGRUPPE `BAW` sowie das VERGÜTUNGSLISTENDATUM `21.02.2014`:

Erweiterte Vergütungslisten anlegen

Verarbeitungsparameter

Vergütungslistenpartner: 1 Kunde

Konditionsartengruppe: BAW

Vergütungslistendaten

Vergütungslistenempfänger … bis

Vergütungslistendatum: 21022014 bis

Agenturbelege | FI-Belege | SD-Fakturen

☑ Agenturbelege verarbeiten

Selektion der Belege

Belegtyp: * Generisch für alle Belegtypen

Belegdaten

Beleg … bis

Buchungsdatum … bis

Belegdatum … bis

Rechnungssteller … bis

Rechnungsempfänger … bis

Regulierer … bis

Regulierungsart … bis

Fakturaart … bis

Organisationsdaten

EinkOrganisation … bis

Verkaufsorganisation … bis

Buchungskreis … bis

Vorgabedaten

Buchungsdatum

Fakturaart

Währung

Verarbeitungssteuerung

Anz.PartnerPaket: 1

Belege sperren: Einzelbelegsperre

☑ Detail-Protokoll

☑ Abbruch bei Fatal-Error

☐ nur Prüflauf

Art der Protokollausgabe: Standard

Verbuchungssteuerung

◉ Asynchrone Verbuchung

○ Synchrone Verbuchung

○ Synch mit Protokoll

Abbildung 4.36: Vergütungslistenerstellung – Rechnungsübersichten für die Kunden

Das nach diesem Programmlauf ausgegebene NACHRICHTENPROTOKOLL hat erwartungsgemäß drei Vergütungslisten für die Belegübersichten erzeugt (siehe Abbildung 4.37):

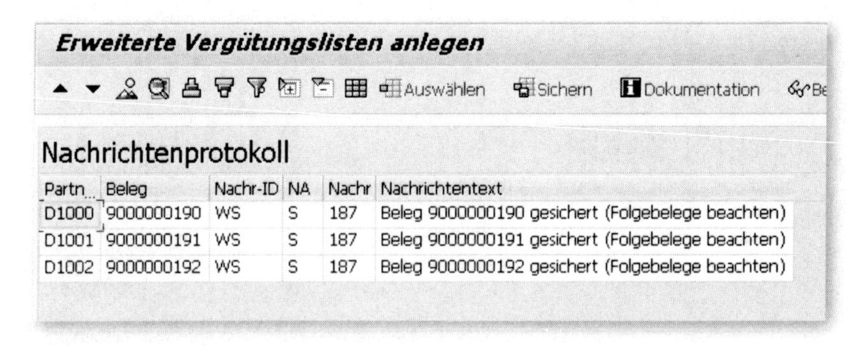

Erweiterte Vergütungslisten anlegen

Auswählen Sichern Dokumentation

Nachrichtenprotokoll

Partn...	Beleg	Nachr-ID	NA	Nachr	Nachrichtentext
D1000	9000000190	WS	S	187	Beleg 9000000190 gesichert (Folgebelege beachten)
D1001	9000000191	WS	S	187	Beleg 9000000191 gesichert (Folgebelege beachten)
D1002	9000000192	WS	S	187	Beleg 9000000192 gesichert (Folgebelege beachten)

Abbildung 4.37: Nachrichtenprotokoll, Vergütungslistenerstellung

Abbildung 4.38 zeigt die Belegübersicht für den Kunden D1000 mit der erwarteten Summe in Höhe von 10.412,50 EUR.

Belegauswertung (BAW) 9000000190 anzeigen: Übersicht Vergütungslistenp

Regulierer: D1000 Musterkunde 1000/ D-74172 Neckarsulm Deutschland
VergListenDatum: 21.02.2014
Vergütungsliste: 9000000190

Nettowert	8.750,00
Steuerbetrag	1.662,50
VergListenkondition	0,00
Steuer Vergkondition	0,00
Endbetrag Reli	10.412,50

BuchStatus

Listenbelege | Flexible Übersicht

Belege der Vergütungsliste

Position	Beleg	Fakturatyp	Betrag	Währung	Rechnungssteller	Name	Zahlungsempfänger	Name	Nettowert	Steuerbetrag
1	1000000176	Rechnung	1.487,50	EUR	K1000	Musterlieferant 1	K1000	Musterlieferant 1	1.250,00	237,50
2	1000000179	Rechnung	2.380,00	EUR	K1000	Musterlieferant 1	K1000	Musterlieferant 1	2.000,00	380,00
3	1000000181	Rechnung	2.975,00	EUR	K2000	Musterlieferant 2	K2000	Musterlieferant 2	2.500,00	475,00
4	1000000182	Rechnung	3.570,00	EUR	K2000	Musterlieferant 2	K2000	Musterlieferant 2	3.000,00	570,00

Abbildung 4.38: Belegübersicht Kunde D1000

Entsprechend sehen Sie die Summen für Kunde D1001 in Höhe von 1.785,00 EUR in Abbildung 4.39 sowie für Kunde D1002 in Höhe von 11.007,50 EUR (siehe Abbildung 4.40).

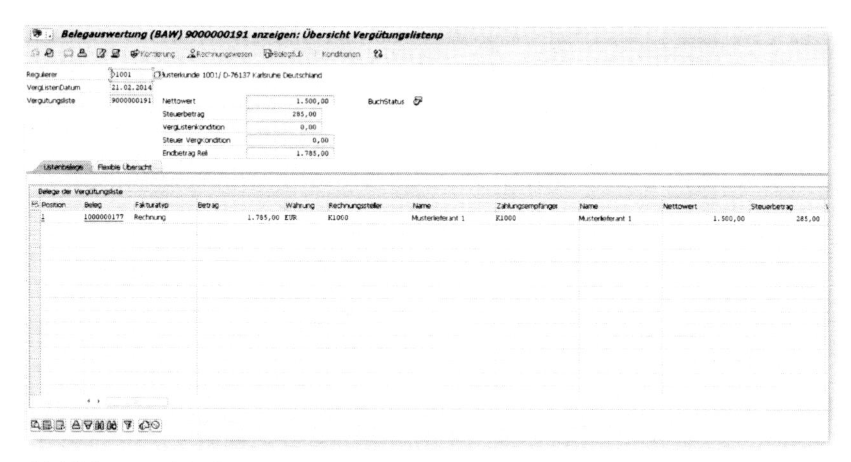

Abbildung 4.39: Belegübersicht, Kunde D1001

Belegauswertung (BAW) 9000000192 anzeigen: Übersicht Vergütungslistenp

Kontierung | Rechnungswesen | Belegfluß | Konditionen

Regulierer: D1002 Musterkunde 1002/ D-80687 Munchen Deutschland
VergListenDatum: 21.02.2014
Vergütungsliste: 9000000192

Nettowert: 9.250,00 BuchStatus
Steuerbetrag: 1.757,50
VergListenkondition: 0,00
Steuer VergKondition: 0,00
Endbetrag Reli: 11.007,50

Listenbelege | Flexible Übersicht

Belege der Vergütungsliste

Position	Beleg	Fakturatyp	Betrag	Währung	Rechnungssteller	Name	Zahlungsempfänger	Name	Nettowert	Steuerbetrag
1	1000000178	Rechnung	1.487,50	EUR	K1000	Musterlieferant 1	K1000	Musterlieferant 1	1.250,00	237,50
2	1000000180	Rechnung	2.380,00	EUR	K1000	Musterlieferant 1	K1000	Musterlieferant 1	2.000,00	380,00
3	1000000183	Rechnung	1.785,00	EUR	K2000	Musterlieferant 2	K2000	Musterlieferant 2	1.500,00	285,00
4	1000000184	Rechnung	2.975,00	EUR	K2000	Musterlieferant 2	K2000	Musterlieferant 2	2.500,00	475,00
5	1000000185	Rechnung	2.380,00	EUR	K2000	Musterlieferant 2	K2000	Musterlieferant 2	2.000,00	380,00

Abbildung 4.40: Belegübersicht, Kunde D1002

Auch diese Vergütungslisten haben den BUCHUNGSSTATUS »gebucht«. Es wurde allerdings auch hier korrekterweise kein Rechnungswesen-Beleg erzeugt, da es sich um rein informatorische Vergütungslisten handelt. Über den Button Rechnungswesen erscheint daher auch in diesem Fall die Meldung:

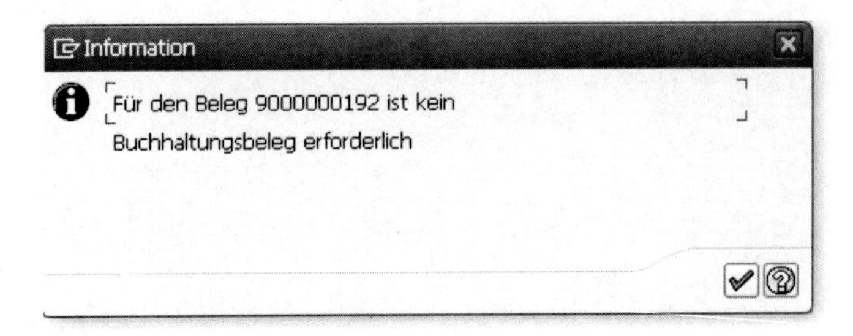

Auch die kundenseitigen Vergütungslisten erzeugen eine Belegauswertung, die als Nachricht »Z020« automatisch eingestellt wird und nun zur Druckausgabe bereitsteht, siehe Abbildung 4.41.

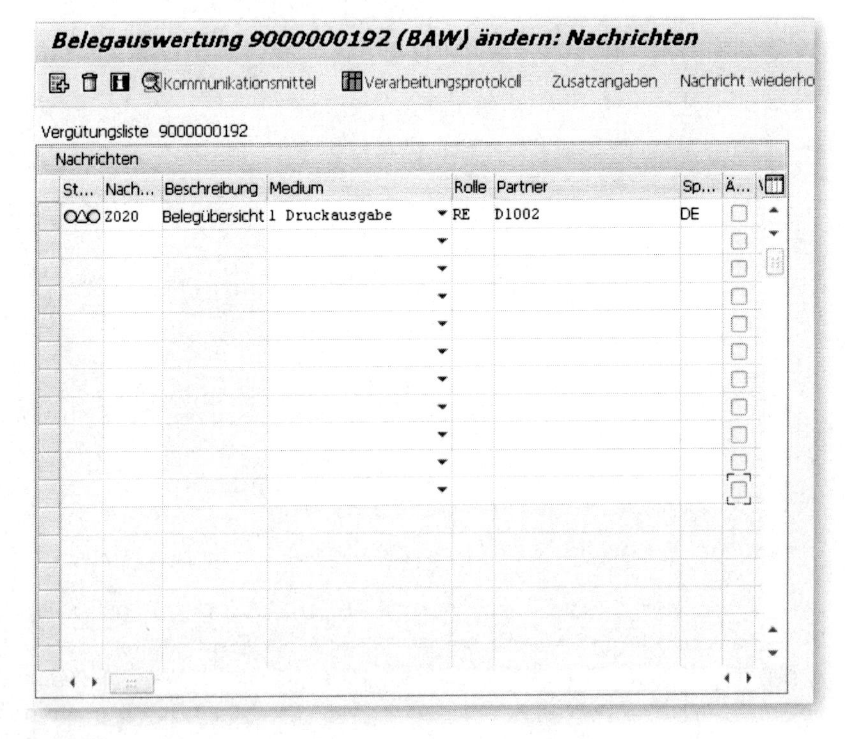

Abbildung 4.41: Vormerkung Nachrichtenausgabe

Die Nachrichten können Sie einzeln oder als Massendruck für alle Vergütungslisten ausgeben (siehe Kapitel 2.5).

4.1.7 Berechnung und Buchung der Delkrederegebühren

Im Beispielszenario werden zum Wochenabschluss die Delkrederegebühren für alle innerhalb dieser Woche eingereichten Rechnungen berechnet und den Lieferanten in Rechnung gestellt. Da die Delkrederegebühren erst bei Fälligkeit der Rechnungen in Abzug gebracht werden, erwarte ich nun folgende vier Delkredereabrechnungen (siehe Abbildung 4.42):

Kreditor	Name	Rechnung	Rg.-Datum	Netto [EUR]	Delkredere [%]	Delkredere [EUR]	Steuer 19 %	Delkredere Summe [EUR]	fällig am
K1000	Musterlieferant 1	1000	17.02.2014	1.250,00	2,50	31,25	5,94	37,19	24.02.2014
		1001	17.02.2014	1.500,00	2,50	37,50	7,13	44,63	24.02.2014
		1002	17.02.2014	1.250,00	2,50	31,25	5,94	37,19	24.02.2014
				4.000,00		**100,00**	**19,01**	**119,01**	24.02.2014
		1003	18.02.2014	2.000,00	2,50	50,00	9,50	59,50	03.03.2014
		1004	20.02.2014	2.000,00	2,50	50,00	9,50	59,50	03.03.2014
				4.000,00		**100,00**	**19,00**	**119,00**	03.03.2014
K2000	Musterlieferant 2	2000	17.02.2014	2.500,00	4,00	100,00	19,00	119,00	24.02.2014
		2002	17.02.2014	1.500,00	4,00	60,00	11,40	71,40	24.02.2014
				4.000,00		**160,00**	**30,40**	**190,40**	24.02.2014
		2001	18.02.2014	3.000,00	4,00	120,00	22,80	142,80	03.03.2014
		2003	20.02.2014	2.500,00	4,00	100,00	19,00	119,00	03.03.2014
		2004	21.02.2014	2.000,00	4,00	80,00	15,20	95,20	03.03.2014
				7.500,00		**300,00**	**57,00**	**357,00**	03.03.2014

Abbildung 4.42: Erwartete Delkrederegebühren

Für die Abrechnung der Gebühren erzeuge ich nun weitere Vergütungslisten per 21.02.2014. Erneut wähle ich den Menüpfad LOGISTIK • AGENTURGESCHÄFT • ERWEITERTE VERGÜTUNGSLISTE • ALLGEMEIN oder alternativ Transaktion WLF_RRLE_CREATE. Wie in Abbildung 4.43 dargestellt, sind meine VERARBEITUNGSPARAMETER in diesem Fall der »Lieferant« als VERGÜTUNGSLISTENPARTNER, die KONDITIONSARTENGRUPPE `ZS11` und das VERGÜTUNGSLISTENDATUM `21.02.2014`:

Erweiterte Vergütungslisten anlegen

Verarbeitungsparameter

Vergütungslistenpartner	Lieferant
Konditionsartengruppe	ZS11

Vergütungslistendaten

Vergütungslistenempfänger		bis	
Vergütungslistendatum	21022014	bis	

Agenturbelege | FI-Belege | SD-Fakturen

☑ Agenturbelege verarbeiten

Selektion der Belege

Belegtyp: * Generisch für alle Belegtypen

Belegdaten

Beleg		bis	
Buchungsdatum		bis	
Belegdatum		bis	
Rechnungssteller		bis	
Rechnungsempfänger		bis	
Regulierer		bis	
Regulierungsart		bis	
Fakturaart		bis	

Organisationsdaten

EinkOrganisation		bis	
Verkaufsorganisation		bis	
Buchungskreis		bis	

Vorgabedaten

Buchungsdatum	
Fakturaart	
Währung	

Verarbeitungssteuerung

Anz.PartnerPaket	1
Belege sperren	Einzelbelegsperre

☑ Detail-Protokoll
☑ Abbruch bei Fatal-Error
☐ nur Prüflauf

Art der Protokollausgabe: Standard

Verbuchungssteuerung

◉ Asynchrone Verbuchung
○ Synchrone Verbuchung
○ Synch mit Protokoll

Abbildung 4.43: Vergütungslistenerstellung – Abrechnung Delkrederegebühr

Das NACHRICHTENPROTOKOLL (siehe Abbildung 4.44) enthält erwartungsgemäß vier Abrechnungen:

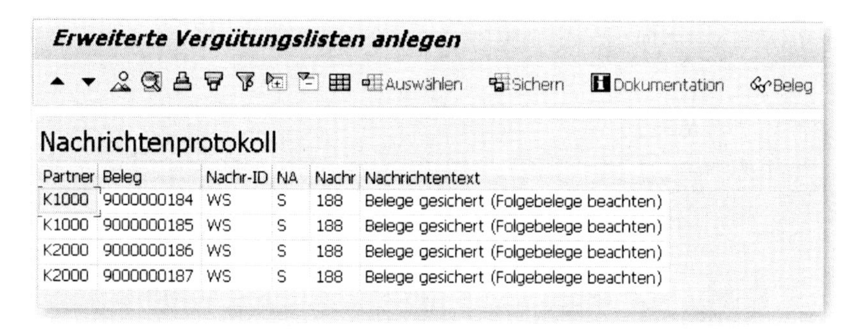

Partner	Beleg	Nachr-ID	NA	Nachr	Nachrichtentext
K1000	9000000184	WS	S	188	Belege gesichert (Folgebelege beachten)
K1000	9000000185	WS	S	188	Belege gesichert (Folgebelege beachten)
K2000	9000000186	WS	S	188	Belege gesichert (Folgebelege beachten)
K2000	9000000187	WS	S	188	Belege gesichert (Folgebelege beachten)

Abbildung 4.44: Nachrichtenprotokoll

Mit Fälligkeit 24.02.2014 wurden für Lieferant K1000 119,01 EUR abgerechnet (siehe Abbildung 4.45).

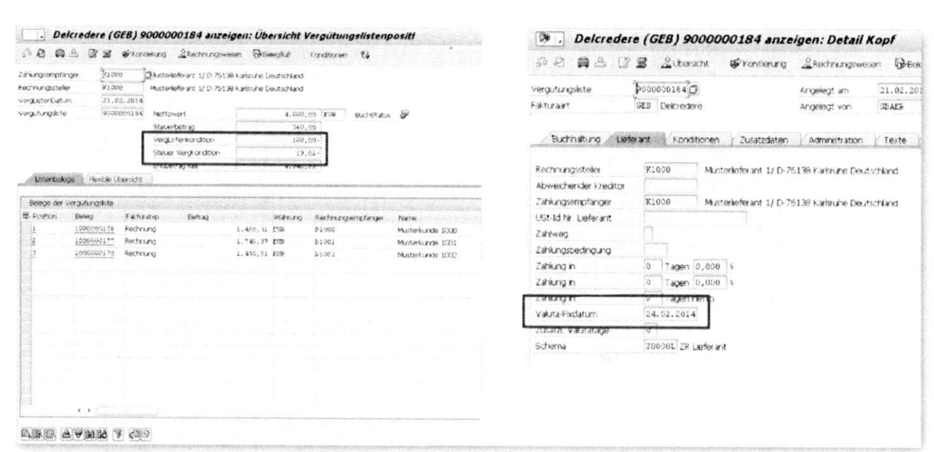

Abbildung 4.45: Delkrederegebühren, Lieferant K1000, per 24.02.2014 fällig

Mit Fälligkeit 03.03.2014 wurden 119,00 EUR für Lieferant K1000 abgerechnet (siehe Abbildung 4.46).

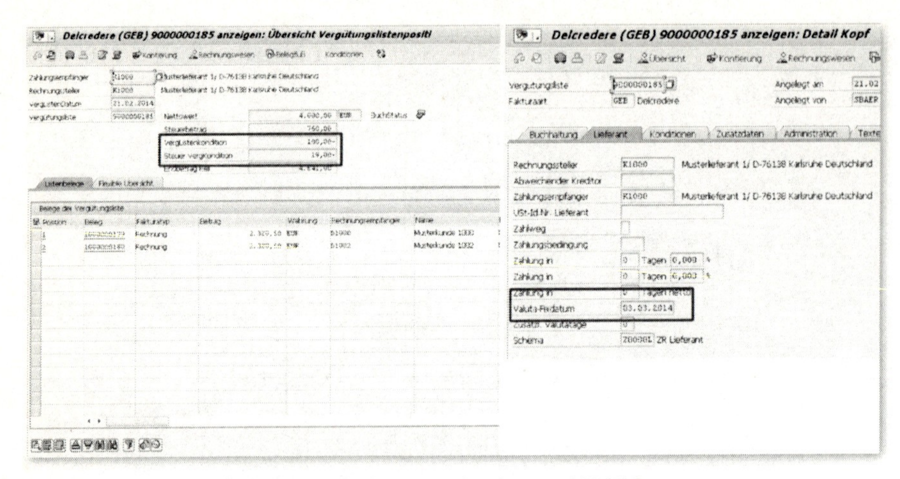

Abbildung 4.46: Delkrederegebühren, Lieferant K1000, per 03.03.2014 fällig

Zum 24.02.2014 sind für Lieferant K2000 die erwarteten 190,40 EUR fällig (siehe Abbildung 4.47).

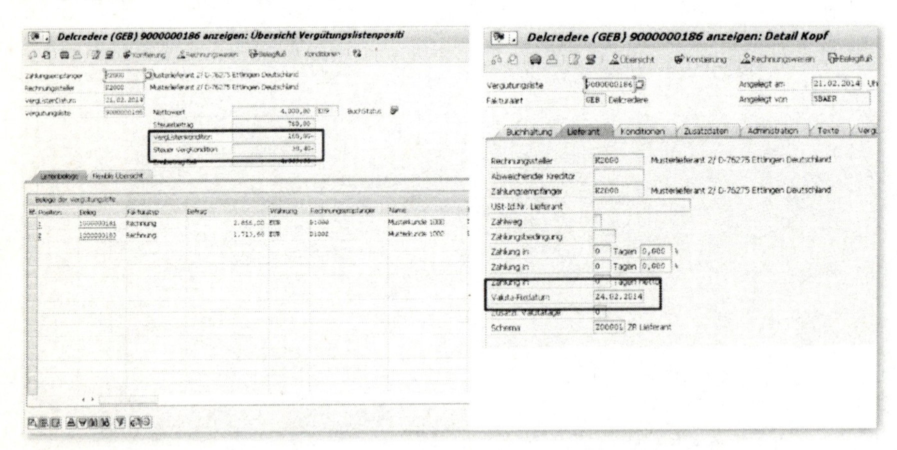

Abbildung 4.47: Delkrederegebühren, Lieferant K2000, per 24.02.2014 fällig

Und die Abrechnung für Lieferant K2000 erfolgt mit Fälligkeit 03.03.2014 über 357,00 EUR (siehe Abbildung 4.48).

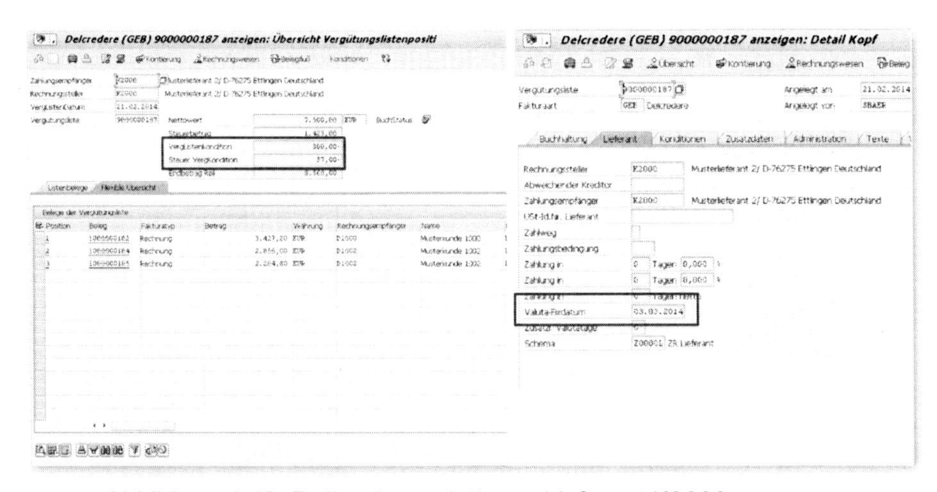

Abbildung 4.48: Delkrederegebühren, Lieferant K2000, per 03.03.2014 fällig

Alle vier Vergütungslisten haben den BUCHUNGSSTATUS »gebucht«, und tatsächlich wurden durch diese Vergütungslisten auch Belege in der Finanzbuchhaltung gebucht. Als Beispiel zeige ich Ihnen einen dieser Belege in Abbildung 4.49.

Beleg anzeigen: Erfassungssicht

Steuern | Anzeigewährung | Hauptbuchsicht

Erfassungssicht

Belegnummer	2000000019	Buchungskreis	9000	Geschäftsjahr	2014
Belegdatum	21.02.2014	Buchungsdatum	21.02.2014	Periode	2
Referenz		Übergreifd.Nr			
Währung	EUR	Texte vorhanden		Ledger-Gruppe	

BuKr	Pos	BS	S	Konto	Bezeichnung	Betrag	Währg	St
9000	1	21		K2000	Musterlieferant 2	357,00	EUR	V
	2	50		275300	Ertrag Delcredere	300,00-	EUR	V
	3	50		154000	Eingangssteuer	57,00-	EUR	V

Abbildung 4.49: Beispiel Buchhaltungsbeleg, Delkredereabrechnung

Auf den Kreditorenkonten sehen Sie nun die Summen, die pro Fälligkeitsdatum ausgezahlt werden müssen (siehe Abbildung 4.50). Hierzu folge ich dem Menüpfad RECHNUNGSWESEN • FINANZWESEN • KREDITOREN • KONTO • POSTEN ANZEIGEN/ÄNDERN oder wähle die Transaktion FBL1N.

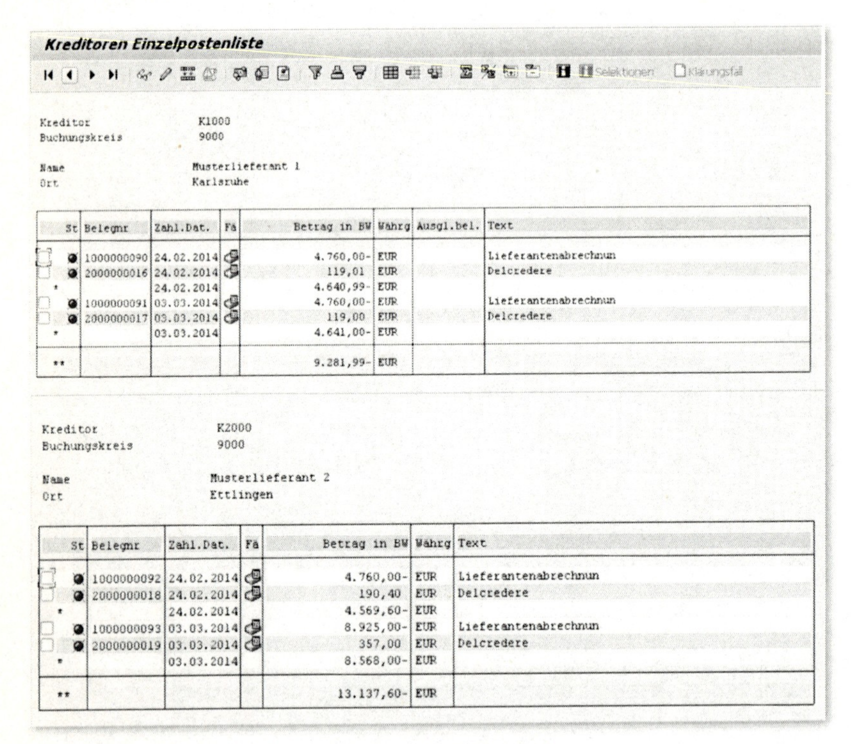

Kreditoren Einzelpostenliste

Kreditor K1000
Buchungskreis 9000

Name Musterlieferant 1
Ort Karlsruhe

St	Belegnr	Zahl.Dat.	Fä	Betrag in BW	Währg	Ausgl.bel.	Text
	1000000090	24.02.2014		4.760,00-	EUR		Lieferantenabrechnun
	2000000016	24.02.2014		119,01	EUR		Delcredere
*		24.02.2014		4.640,99-	EUR		
	1000000091	03.03.2014		4.760,00-	EUR		Lieferantenabrechnun
	2000000017	03.03.2014		119,00	EUR		Delcredere
*		03.03.2014		4.641,00-	EUR		
**				9.281,99-	EUR		

Kreditor K2000
Buchungskreis 9000

Name Musterlieferant 2
Ort Ettlingen

St	Belegnr	Zahl.Dat.	Fä	Betrag in BW	Währg	Text
	1000000092	24.02.2014		4.760,00-	EUR	Lieferantenabrechnun
	2000000018	24.02.2014		190,40	EUR	Delcredere
*		24.02.2014		4.569,60-	EUR	
	1000000093	03.03.2014		8.925,00-	EUR	Lieferantenabrechnun
	2000000019	03.03.2014		357,00	EUR	Delcredere
*		03.03.2014		8.568,00-	EUR	
**				13.137,60-	EUR	

Abbildung 4.50: Zahlungsbeträge je Fälligkeit

4.1.8 Erstellung der Zahlungsavise über fällige Rechnungen für die Lieferanten

Im Beispielszenario werden den Lieferanten am Ende der Woche die Zahlungsavise für die am kommenden Montag fälligen Rechnungen erstellt. Technisch handelt es sich auch hierbei um Vergütungslisten, die rein informatorischen Charakter besitzen. Entsprechend unserer Ausgangssituation, erwarte ich für den Fälligkeitstermin 24.02.2014 zwei Zahlungsavise mit den in Abbildung 4.51 dargestellten Daten:

Kreditor	Name	Rechnung	Rg.-Datum	Kunde	Name	Netto [EUR]	Steuer %	Brutto [EUR]	fällig am
K1000	Musterlieferant 1	1000	17.02.2014	D1000	Musterkunde 1000	1.250,00	19,00	1.487,50	24.02.2014
		1001	17.02.2014	D1001	Musterkunde 1001	1.500,00	19,00	1.785,00	24.02.2014
		1002	17.02.2014	D1002	Musterkunde 1002	1.250,00	19,00	1.487,50	24.02.2014
		abzügl. Delkrederegebühr						-119,01	24.02.2014
								4.640,99	
K2000	Musterlieferant 2	2000	17.02.2014	D1000	Musterkunde 1000	2.500,00	19,00	2.975,00	24.02.2014
		2002	17.02.2014	D1002	Musterkunde 1002	1.500,00	19,00	1.785,00	24.02.2014
		abzügl. Delkrederegebühr						-190,40	24.02.2014
								4.569,60	

Abbildung 4.51: Erwartete Zahlungsavise per 24.02.2014

Um Vergütungslisten für die Zahlungsavise der am 24.02.2014 fälligen Rechnungen zu erzeugen, wähle ich den Menüpfad LOGISTIK • AGENTURGESCHÄFT • ERWEITERTE VERGÜTUNGSLISTE • ALLGEMEIN (Transaktion WLF_RRLE_CREATE) und selektiere, wie in Abbildung 4.52 dargestellt, »Lieferant« als VERGÜTUNGSLISTENPARTNER mit der KONDITIONSARTENGRUPPE `ZS12` und dem VERGÜTUNGSLISTENDATUM `24.02.2014`:

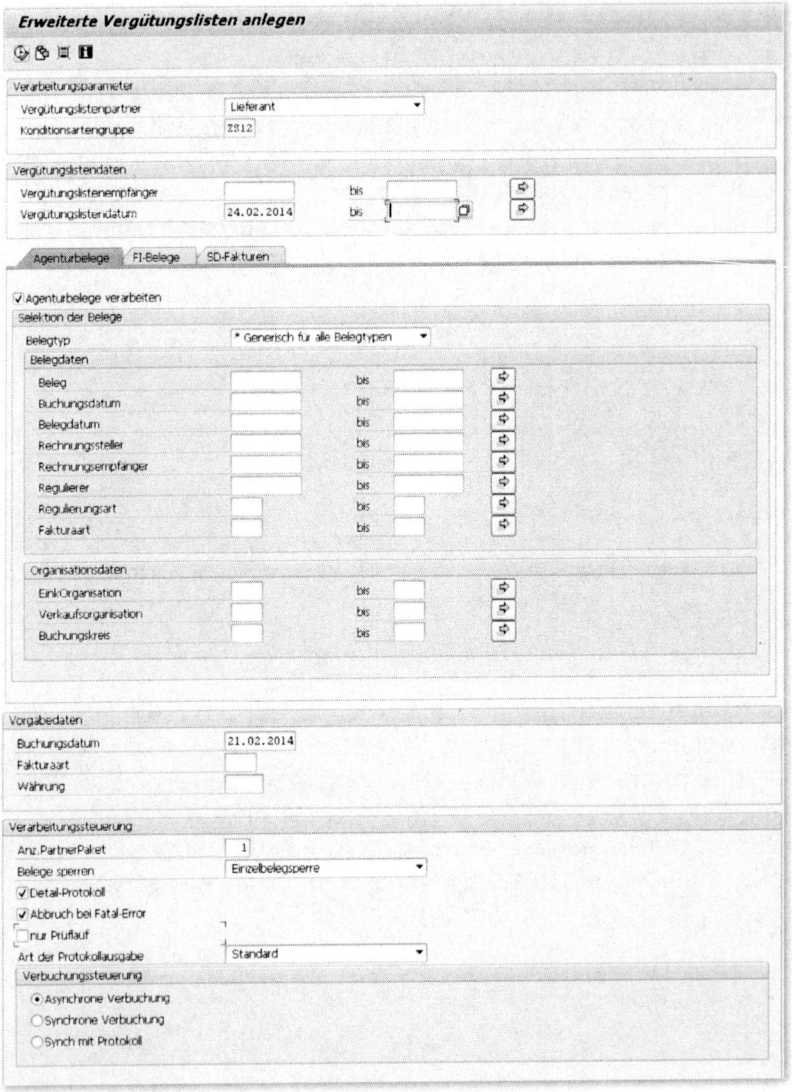

Erweiterte Vergütungslisten anlegen

Verarbeitungsparameter

Vergütungslistenpartner: Lieferant
Konditionsartengruppe: ZS12

Vergütungslistendaten

Vergütungslistenempfänger bis
Vergütungslistendatum 24.02.2014 bis

Agenturbelege | FI-Belege | SD-Fakturen

☑ Agenturbelege verarbeiten

Selektion der Belege

Belegtyp: * Generisch für alle Belegtypen

Belegdaten

Beleg bis
Buchungsdatum bis
Belegdatum bis
Rechnungssteller bis
Rechnungsempfänger bis
Regulierer bis
Regulierungsart bis
Fakturaart bis

Organisationsdaten

EinkOrganisation bis
Verkaufsorganisation bis
Buchungskreis bis

Vorgabedaten

Buchungsdatum: 21.02.2014
Fakturaart
Währung

Verarbeitungssteuerung

Anz.PartnerPaket: 1
Belege sperren: Einzelbelegsperre
☑ Detail-Protokoll
☑ Abbruch bei Fatal-Error
☐ nur Prüflauf
Art der Protokollausgabe: Standard

Verbuchungssteuerung

◉ Asynchrone Verbuchung
○ Synchrone Verbuchung
○ Synch mit Protokoll

Abbildung 4.52: Vergütungslistenerstellung

Im NACHRICHTENPROTOKOLL, siehe Abbildung 4.53, können Sie bereits erkennen, dass erwartungsgemäß zwei Zahlungsavise erzeugt wurden:

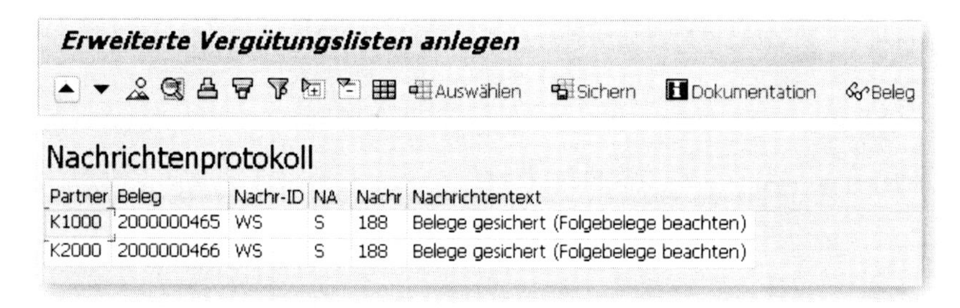

Partner	Beleg	Nachr-ID	NA	Nachr	Nachrichtentext
K1000	2000000465	WS	S	188	Belege gesichert (Folgebelege beachten)
K2000	2000000466	WS	S	188	Belege gesichert (Folgebelege beachten)

Abbildung 4.53: Nachrichtenprotokoll

Für Lieferant K1000 sind auf dem Avis Rechnungsbelege abzüglich Delkrederegebühr in Höhe von insgesamt 4.640,99 EUR avisiert (siehe Abbildung 4.54):

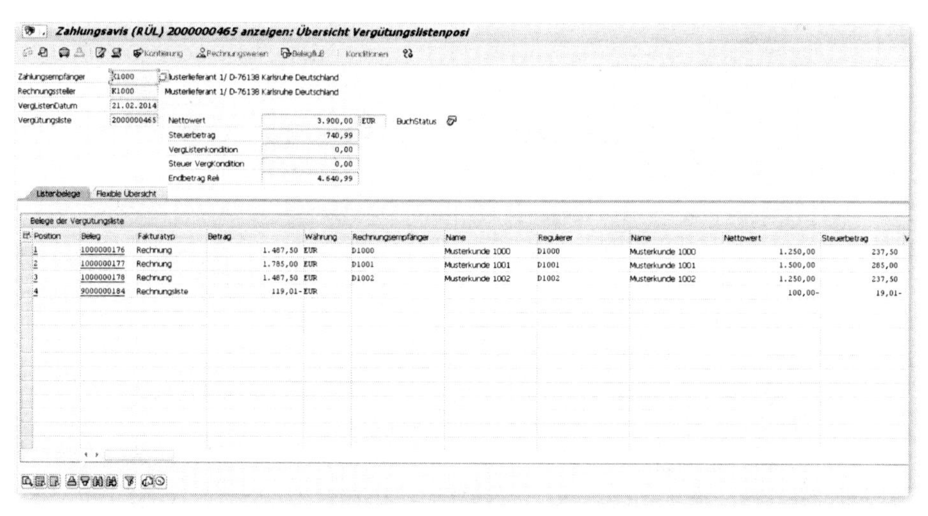

Position	Beleg	Fakturatyp	Betrag	Währung	Rechnungsempfänger	Name	Regulierer	Name	Nettowert	Steuerbetrag
1	1000000176	Rechnung	1.487,50	EUR	D1000	Musterkunde 1000	D1000	Musterkunde 1000	1.250,00	237,50
2	1000000177	Rechnung	1.785,00	EUR	D1001	Musterkunde 1001	D1001	Musterkunde 1001	1.500,00	285,00
3	1000000178	Rechnung	1.487,50	EUR	D1002	Musterkunde 1002	D1002	Musterkunde 1002	1.250,00	237,50
4	9000000184	Rechnungsliste	119,01-	EUR					100,00-	19,01-

Abbildung 4.54: Zahlungsavis Lieferant K1000 für den 24.02.2014

Das Avis für Lieferant K2000, Abbildung 4.55, weist einen Betrag von insgesamt 4.569,60 EUR aus:

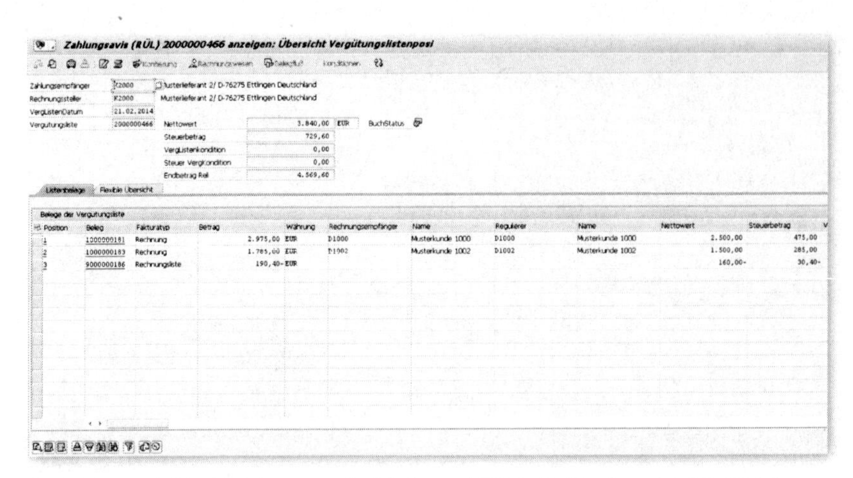

Abbildung 4.55: Zahlungsavis Lieferant K2000 für den 24.02.2014

Beide Vergütungslisten haben den BUCHUNGSSTATUS »gebucht«, obwohl keine Buchungen in der Finanzbuchhaltung ausgeführt wurden, da es sich um informatorische Vergütungslisten handelt, die keine weiteren Buchungen auslösen:

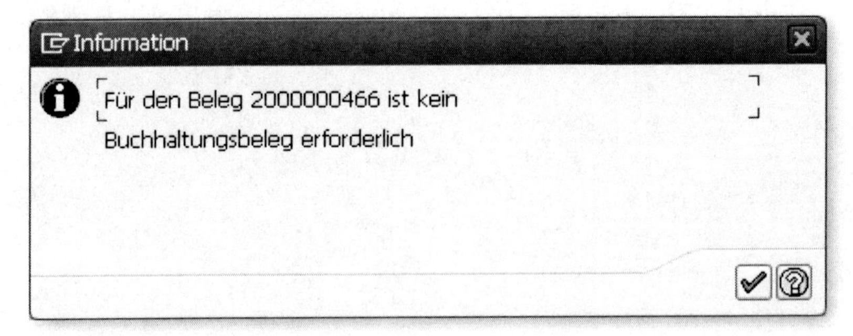

In den Kopfdaten der Vergütungslisten, siehe Abbildung 4.56, können Sie wiederum ein automatisch eingestelltes Formular zur Ausgabe des Zahlungsavis erkennen, das Sie individuell gestalten und entweder als Einzel- oder im Massendruck ausgeben können (siehe Kapitel 2.5).

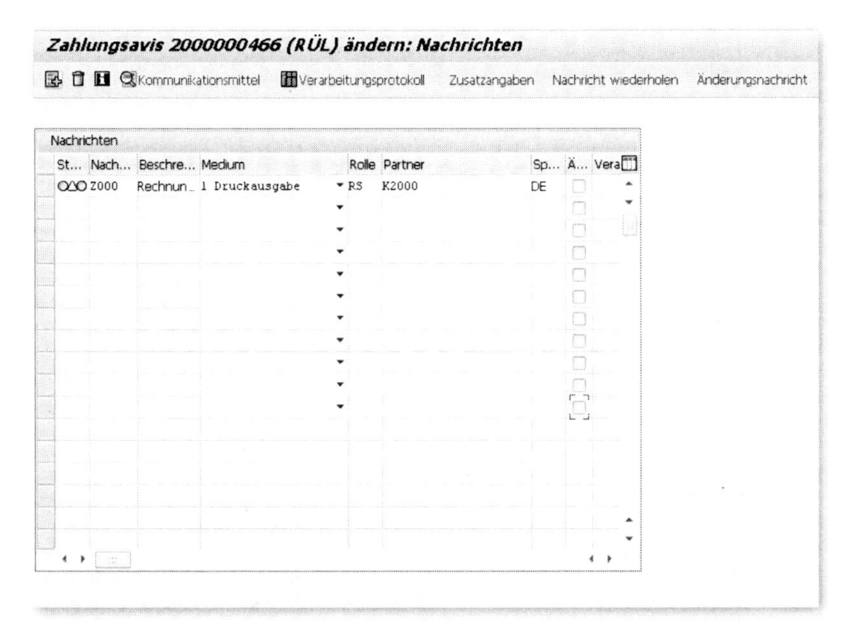

Abbildung 4.56: Vormerkung für Nachrichtendruck Zahlungsavis

Die Zahlungsavise für die am 03.03.2014 fälligen Rechnungen und Delkrederegebühren werden analog erstellt.

4.1.9 Erstellung von Zahlungsaufforderungen über fällige Rechnungen für die Kunden

Auch die Zahlungsaufforderungen an die Kunden für alle am kommenden Montag fälligen Rechnungen werden im Beispielszenario am Ende der Woche erstellt. Technisch handelt es sich hierbei, wie Sie vielleicht schon erahnen können, um Vergütungslisten, die nur informatorischen Charakter besitzen. Entsprechend unserer Ausgangssituation, erwarte ich für den Fälligkeitstermin 24.02.2014 nun drei Zahlungsaufforderungen mit den in Abbildung 4.57 aufgeführten Daten:

Debitor	Name	Rechnung	Rg.-Datum	Lieferant	Name	Netto [EUR]	Steuer %	Brutto [EUR]	fällig am
D1000	Musterkunde 1000	1000	17.02.2014	K1000	Musterlieferant 1	1.250,00	19,00	1.487,50	24.02.2014
		2000	17.02.2014	K2000	Musterlieferant 2	2.500,00	19,00	2.975,00	24.02.2014
						3.750,00		**4.462,50**	
D1001	Musterkunde 1001	1001	17.02.2014	K1000	Musterlieferant 1	1.500,00	19,00	1.785,00	24.02.2014
						1.500,00		**1.785,00**	
D1002	Musterkunde 1002	1002	17.02.2014	K1000	Musterlieferant 1	1.250,00	19,00	1.487,50	24.02.2014
		2002	17.02.2014	K2000	Musterlieferant 2	1.500,00	19,00	1.785,00	24.02.2014
						2.750,00		**3.272,50**	

Abbildung 4.57: Erwartete Zahlungsaufforderungen per 24.02.2014

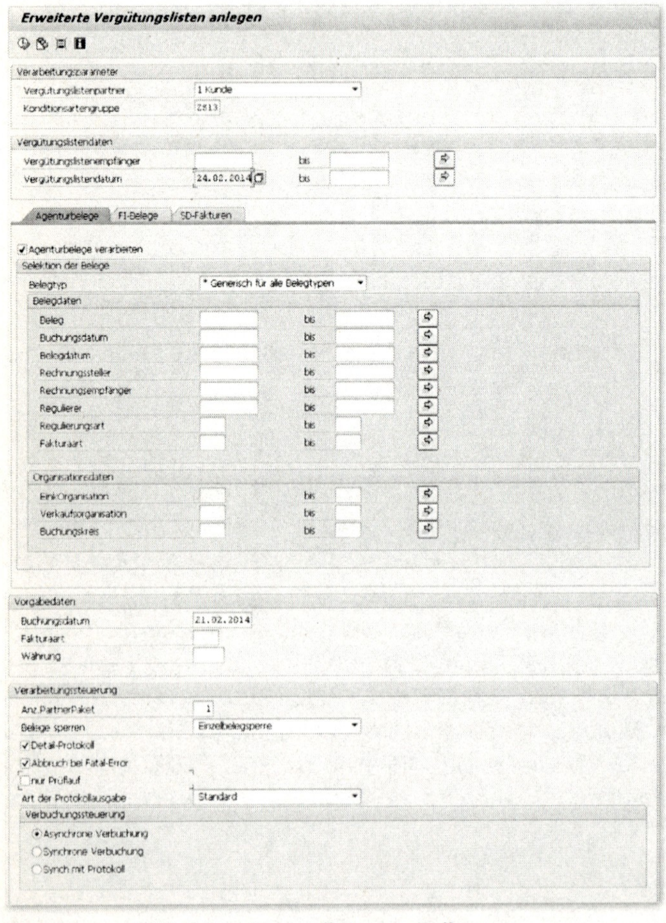

Abbildung 4.58: Vergütungslistenerstellung

Zur Erzeugung der Zahlungsaufforderungen für die am 24.02.2014 fälligen Rechnungen wähle ich den Menüpfad LOGISTIK • AGENTURGESCHÄFT • ERWEITERTE VERGÜTUNGSLISTE • ALLGEMEIN oder Transaktion WLF_RRLE_CREATE und selektiere, wie in Abbildung 4.58 dargestellt, KUNDE als VERGÜTUNGSLISTENPARTNER, die KONDITIONSARTENGRUPPE ZS13 sowie das VERGÜTUNGSLISTENDATUM 24.02.2014:

Das NACHRICHTENPROTOKOLL, Abbildung 4.59, verweist erneut auf drei erzeugte Vergütungslisten:

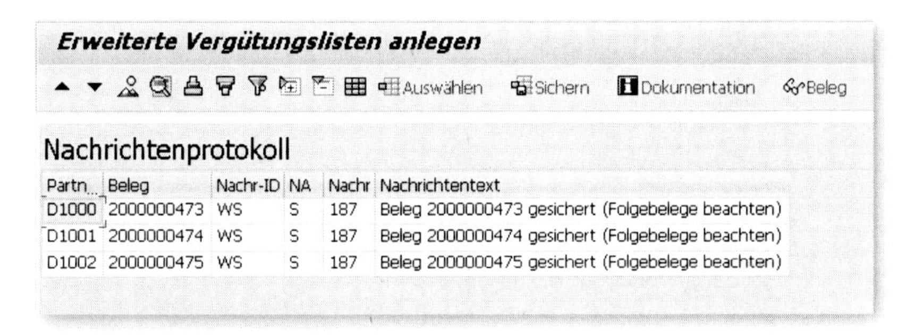

Nachrichtenprotokoll

Partn...	Beleg	Nachr-ID	NA	Nachr	Nachrichtentext
D1000	2000000473	WS	S	187	Beleg 2000000473 gesichert (Folgebelege beachten)
D1001	2000000474	WS	S	187	Beleg 2000000474 gesichert (Folgebelege beachten)
D1002	2000000475	WS	S	187	Beleg 2000000475 gesichert (Folgebelege beachten)

Abbildung 4.59: Nachrichtenprotokoll

Für Kunde D1000 sind auf der Zahlungsaufforderung, Abbildung 4.60, die erwarteten Rechnungsbelege in Höhe von insgesamt 4.462,50 EUR ausgewiesen:

Zahlungsaufforderung (RÜK) 2000000473 anzeigen: Übersicht Vergütungsli

Regulierer D1000 Musterkunde 1000/ D-74172 Neckarsulm Deutschland
VergListenDatum 21.02.2014
Vergütungsliste 2000000473
Nettowert 3.750,00
BuchStatus
Steuerbetrag 712,50
VergListenkondition 0,00
Steuer VergKondition 0,00
Endbetrag Rek 4.462,50

Listenbelege | Flexible Übersicht

Belege der Vergütungsliste

Position	Beleg	Fakturatyp	Betrag	Währung	Rechnungssteller	Name	Zahlungsempfänger	Name	Nettowert	Steuerbetrag
1	1000000176	Rechnung	1.487,50	EUR	K1000	Musterlieferant 1	K1000	Musterlieferant 1	1.250,00	237,50
2	1000000181	Rechnung	2.975,00	EUR	K2000	Musterlieferant 2	K2000	Musterlieferant 2	2.500,00	475,00

Abbildung 4.60: Zahlungsaufforderung Kunde D1000 per 24.02.2014

Für Kunde D1001 werden korrekterweise Rechnungsbelege in Höhe von insgesamt 1.785,00 EUR ausgewiesen, Abbildung 4.61:

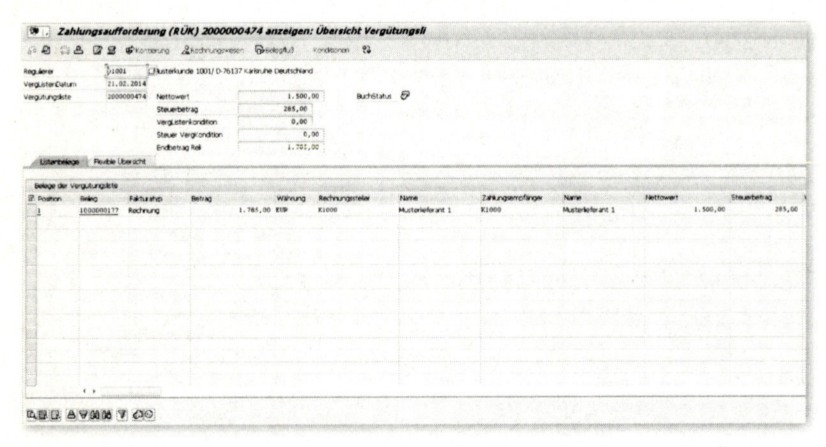

Abbildung 4.61: Zahlungsaufforderung Kunde D1001 per 24.02.2014

Und für den Kunden D1002, siehe Abbildung 4.62, beläuft sich die Zahlungsaufforderung auf insgesamt 3.272,50 EUR:

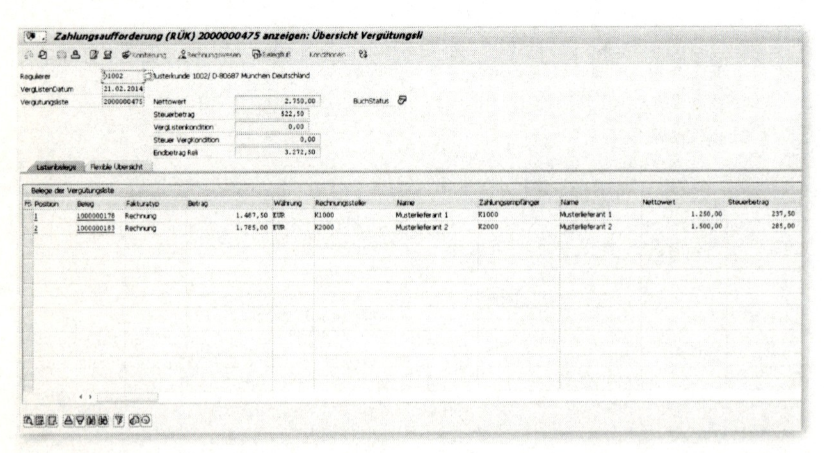

Abbildung 4.62: Zahlungsaufforderung Kunde D1002 per 24.02.2014

Alle drei Vergütungslisten haben den BUCHUNGSSTATUS »gebucht« BuchStatus, es wurden aber keine Buchungen in der Finanzbuchhaltung ausgeführt, da es, wie eingangs bereits erwähnt, rein informatorische Vergütungslisten sind, die keine weitere Buchung auslösen.

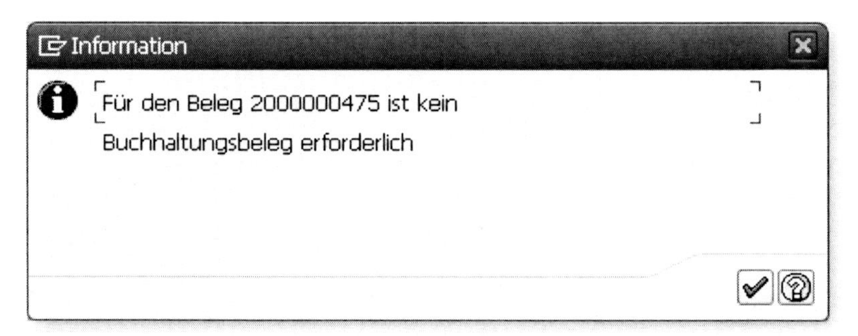

Auch diese Vergütungslisten sind für die Ausgabe eines Formulars – der Zahlungsaufforderung – vorgemerkt (Abbildung 4.63). Wie bei allen Formularen können Sie das Layout der Zahlungsaufforderung individuell gestalten und das Formular einzeln oder als Massendruck ausgeben (siehe Kapitel 2.5).

Abbildung 4.63: Vormerkung Nachrichtenausgabe für Zahlungsaufforderungen

Die Zahlungsaufforderungen für die Rechnungen mit Fälligkeitsdatum 03.03.2014 werden analog erstellt.

4.1.10 Zahllauf

Als letzten Schritt in diesem Beispielszenario werde ich noch den *Standard-Zahllauf* ausführen, sodass die fälligen Beträge an die Lieferanten überwiesen werden. Zur Erinnerung: Abbildung 4.64 zeigt die per 24.02.2014 auszuzahlenden Rechnungsbeträge abzüglich Delkrederegebühren:

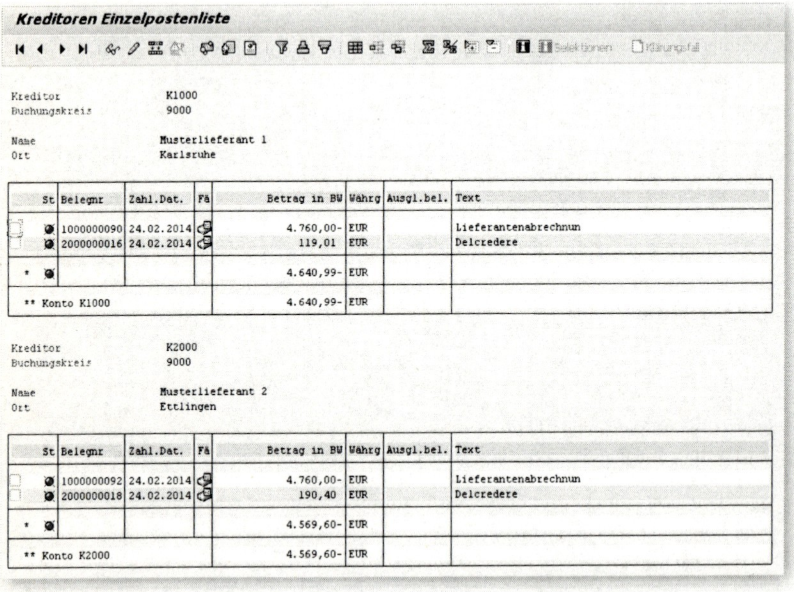

Kreditoren Einzelpostenliste

Selektionen Klärungsfall

Kreditor K1000
Buchungskreis 9000

Name Musterlieferant 1
Ort Karlsruhe

St	Belegnr	Zahl.Dat.	Fä	Betrag in BW	Währg	Ausgl.bel.	Text
	1000000090	24.02.2014		4.760,00-	EUR		Lieferantenabrechnun
	2000000016	24.02.2014		119,01	EUR		Delcredere
*				4.640,99-	EUR		
** Konto K1000				4.640,99-	EUR		

Kreditor K2000
Buchungskreis 9000

Name Musterlieferant 2
Ort Ettlingen

St	Belegnr	Zahl.Dat.	Fä	Betrag in BW	Währg	Ausgl.bel.	Text
	1000000092	24.02.2014		4.760,00-	EUR		Lieferantenabrechnun
	2000000018	24.02.2014		190,40	EUR		Delcredere
*				4.569,60-	EUR		
** Konto K2000				4.569,60-	EUR		

Abbildung 4.64: Zur Zahlung anstehende Beträge

Zur Ausführung des Zahllaufes folge ich dem Menüpfad RECHNUNGSWESEN • FINANZWESEN • KREDITOREN • PERIODISCHE ARBEITEN • ZAHLEN bzw. Transaktion F110. In Abbildung 4.65 sehen Sie die gewählten Zahllauf-Parameter:

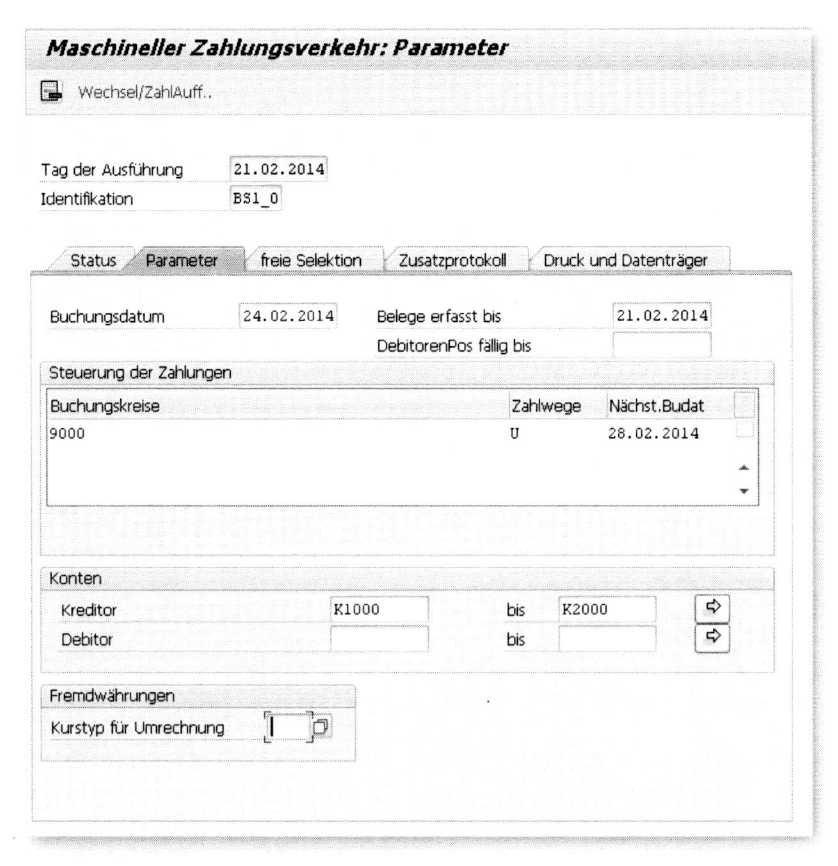

Abbildung 4.65: Selektionsparameter für Zahllauf

Der Zahlungsvorschlag in Abbildung 4.66 zeigt die zur Zahlung anstehenden Beträge für die beiden Lieferanten.

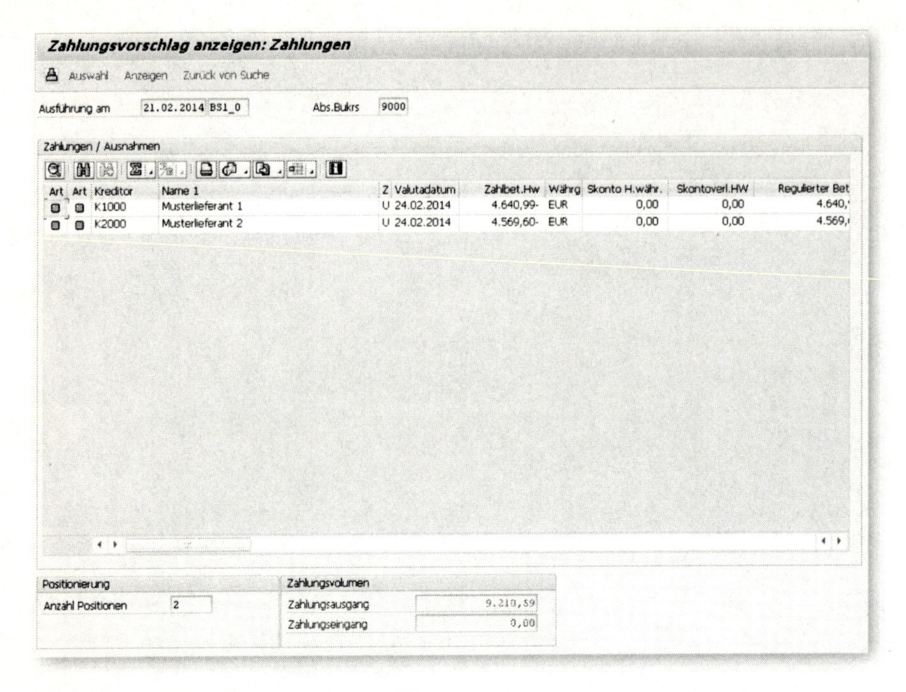

Abbildung 4.66: Zahlungsvorschlag

Führe ich den Zahllauf aus, werden entsprechend zwei Zahlungsbelege erzeugt (siehe Abbildung 4.67).

Auf den Kreditorenkonten, siehe Abbildung 4.68, sind nun alle per 24.02.2014 ausgeglichenen Belege aufgeführt. Zur Anzeige der Konten wähle ich den Menüpfad RECHNUNGSWESEN • FINANZWESEN • KREDITOREN • KONTO • POSTEN ANZEIGEN/ÄNDERN oder Transaktion FBL1N.

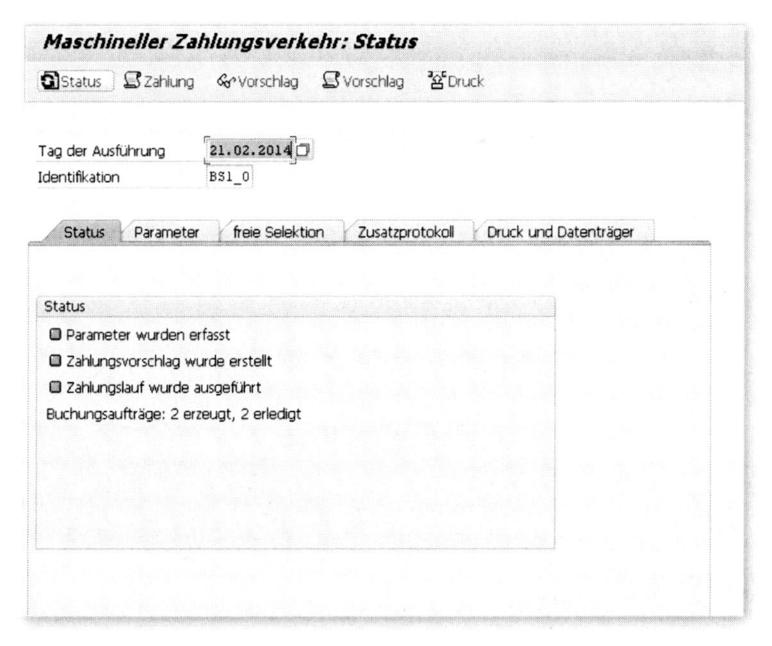

Abbildung 4.67: Zahllauf durchgeführt

Kreditoren Einzelpostenliste

Kreditor K1000
Buchungskreis 9000

Name Musterlieferant 1
Ort Karlsruhe

St	Zuordnung	Belegnr	Belegart	Belegdatum	S	Fä	Betr. in HW	HWähr	Ausgl.bel.	Text
		1000000090	AB	21.02.2014			4.760,00-	EUR	3000000001	Lieferantenabrechnun
		2000000016	KA	21.02.2014			119,01	EUR	3000000001	Delcredere
		3000000001	ZP	24.02.2014			4.640,99	EUR	3000000001	
*							0,00	EUR		
** Konto K1000							0,00	EUR		

Kreditor K2000
Buchungskreis 9000

Name Musterlieferant 2
Ort Ettlingen

St	Zuordnung	Belegnr	Belegart	Belegdatum	S	Fä	Betr. in HW	HWähr	Ausgl.bel.	Text
		1000000092	AB	21.02.2014			4.760,00-	EUR	3000000002	Lieferantenabrechnun
		2000000018	KA	21.02.2014			190,40	EUR	3000000002	Delcredere
		3000000002	ZP	24.02.2014			4.569,60	EUR	3000000002	
*							0,00	EUR		
** Konto K2000							0,00	EUR		

Abbildung 4.68: Kreditorenkonten nach Zahllauf per 24.02.2014

Der Zahllauf für die per 03.03.2014 fälligen Rechnungen abzüglich Delkrederegebühren wird analog ausgeführt.

Weitere Szenarien im Bereich Zentralregulierung

Als mögliche Abwandlungen zum beschriebenen Beispielszenario wären denkbar:

- Überleitung der kundenseitigen Rechnungsdaten mittels Kundenabrechnungen und dadurch Buchung in einer Summe je Debitor im Rechnungswesen,
- flexible Ermittlung des Vergütungslistendatums anhand eines individuellen Abrechnungskalenders (beispielsweise erfolgt die Abrechnung immer zum 01. und 15. eines Monats),
- materialbezogene Rechnungsstellung, - Ausschluss bestimmter Rechnungsinhalte aus der Delkredere-Berechnung (beispielsweise werden auf Dienstleistungen keine Delkrederegebühren erhoben)
- …

4.2 Provisionsabrechnung

Zum Thema »Provisionsabrechnung« möchte ich Ihnen folgendes Szenario vorstellen:

- Auf Basis der abgeschlossenen Kundenaufträge erhalten die zuständigen Außendienstmitarbeiter eine Provision.
- Die Namen der Außendienstmitarbeiter sind in den *Partnerrollen* der Kundenstammsätze (ein Beispiel sehen Sie in Abbildung 4.76) hinterlegt.
- Die Abrechnung erfolgt monatlich.

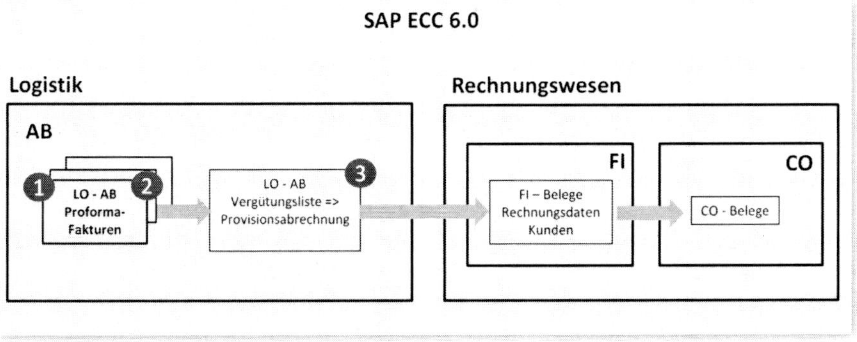

Abbildung 4.69: Beispielszenario Provisionsabrechnung

Für dieses Szenario müssen folgende Prozessschritte durchlaufen werden (siehe Abbildung 4.69):

❶ Regulierungsanforderungen vom Typ *Proforma-Faktura* anlegen, monatlich,

❷ Prüfung und Freigabe der Belege, monatlich,

❸ Erstellung der Vergütungslisten zur Berechnung und Buchung der Provision, monatlich.

4.2.1 Proforma-Fakturen anlegen

Als Basis für die Berechnung und Buchung der Provisionsbeträge werden die neu eingegangenen Kundenauftragsbestände in einer Regulierungsanforderung je Kunde und Abrechnungszeitraum erfasst. Diese Erfassung kann manuell erfolgen. In der Praxis werden Sie die Daten aber entweder per Schnittstelle aus einem Fremdsystem übermitteln, aus einer Datei laden oder – falls die Kundenaufträge im selben SAP-System vorliegen, in dem auch die Provisionsabrechnung erfolgt – direkt aus den Logistiktabellen lesen. In meinem Beispiel liest eine Schnittstelle die Kundenauftragsdaten gem. Abbildung 4.70 aus einer Datei und erzeugt daraus Regulierungsanforderungen vom Typ *Proforma-Faktura*.

Debitor	Name	Auftrag	von Datum	Netto [EUR]
D2000	Ferdinand Fröhlich	10000	01.02.2014	1.000,00
		10005	15.02.2014	800,00
		10006	20.02.2024	200,00
				2.000,00
D2001	Hans Sonntag	10001	07.02.2014	500,00
		10002	09.02.2014	2.500,00
				3.000,00
D2002	Thorsten Müller	10003	09.02.2014	300,00
		10007	21.02.2014	1.700,00
		10009	27.02.2014	1.000,00
				3.000,00
D2003	Hannes König	10008	24.02.2014	600,00
		10004	10.02.2014	1.400,00
				2.000,00

Abbildung 4.70: Datenbasis für Provisionsabrechnung

Diese Regulierungsanforderungen führen nicht zu einer Buchung im Rechnungswesen, sondern dienen lediglich als Berechnungsbasis für die Folgeverarbeitung, in unserem Beispiel für die Ermittlung der Provisionsbeträge. Konkret wurden die in Abbildung 4.71 angezeigten Belege erzeugt (Menüpfad LOGISTIK • AGENTURGESCHÄFT • UMFELD • LISTAUSGABE AGENTURBELEGE, Transaktion WLI2):

Listausgabe Agenturbelege

Auswählen Sichern Beleg Stornieren Beleg Rechnungswesen

RegulierBeleg	FArt	Rechn.Empf	Name 1	BuchDat.	BuKr.	Referenz	Währg	Σ NettoBetrag	Σ Steuer	Σ Bttobetrag	RFSt	Text
2000000504	Z022	D2000	Ferdinand Fröhlich	28.02.2014	9000	10000	EUR	1.000,00	0,00	1.000,00	A	Beleg zur Überleitung an die B
2000000505	Z022		Ferdinand Fröhlich	28.02.2014	9000	10005	EUR	800,00	0,00	800,00	A	Beleg zur Überleitung an die B
2000000506	Z022		Ferdinand Fröhlich	28.02.2014	9000	10006	EUR	200,00	0,00	200,00	A	Beleg zur Überleitung an die B
		D2000					**EUR**	* **2.000,00**	* **0,00**	* **2.000,00**		
2000000507	Z022	D2001	Hans Sonntag	28.02.2014	9000	10001	EUR	500,00	0,00	500,00	A	Beleg zur Überleitung an die B
2000000508	Z022		Hans Sonntag	28.02.2014	9000	10002	EUR	2.500,00	0,00	2.500,00	A	Beleg zur Überleitung an die B
		D2001					**EUR**	* **3.000,00**	* **0,00**	* **3.000,00**		
2000000509	Z022	D2002	Thorsten Müller	28.02.2014	9000		EUR	300,00	0,00	300,00	A	Beleg zur Überleitung an die B
2000000510	Z022		Thorsten Müller	28.02.2014	9000		EUR	1.700,00	0,00	1.700,00	A	Beleg zur Überleitung an die B
2000000511	Z022		Thorsten Müller	28.02.2014	9000		EUR	1.000,00	0,00	1.000,00	A	Beleg zur Überleitung an die B
		D2002					**EUR**	* **3.000,00**	* **0,00**	* **3.000,00**		
2000000512	Z022	D2003	Hannes König	28.02.2014	9000	10008	EUR	600,00	0,00	600,00	A	Beleg zur Überleitung an die B
2000000513	Z022		Hannes König	28.02.2014	9000	10004	EUR	1.400,00	0,00	1.400,00	A	Beleg zur Überleitung an die B
		D2003					**EUR**	* **2.000,00**	* **0,00**	* **2.000,00**		
							EUR	** **10.000,00**	** **0,00**	** **10.000,00**		

Abbildung 4.71: Proforma-Belege

Stellvertretend für alle, sehen wir uns nachfolgend einen dieser Belege im Detail an. Wie Sie Abbildung 4.72 entnehmen können, hat der Beleg den BUCHUNGSSTATUS »offen« und kann daher im jetzigen Stadium noch nicht abgerechnet werden.

Abbildung 4.72: Proforma-Beleg im Detail

Auf Positionsebene sehen Sie bereits, wie hoch die Provision für diesen Kundenauftrag sein wird (siehe Abbildung 4.73). Es werden in diesem Beispiel 2 % Provision berechnet.

Abbildung 4.73: Berechnung der Provision

Auf dem Reiter VERGÜTUNGSLISTENERWEITERUNG in Abbildung 4.74 ist bereits ersichtlich, dass diese Proforma-Faktura in die Provisionsabrechnung per 28.02.2014 einfließen wird – sofern der Beleg bis dahin freigegeben wurde.

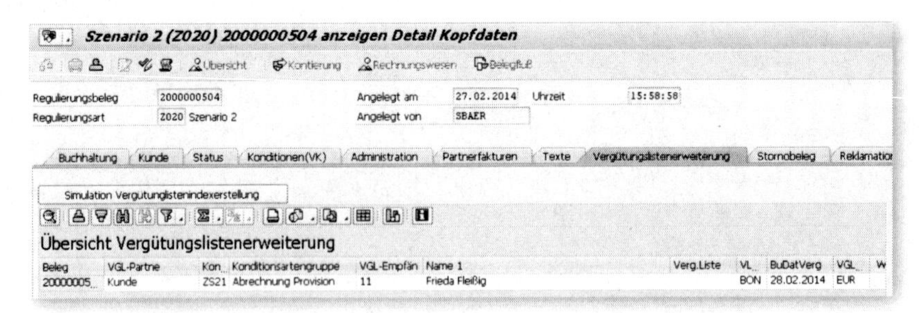

Abbildung 4.74: Vormerkung für die Provisionsabrechnung

Derzeit verhindert nämlich der BUCHUNGSSTATUS, siehe Abbildung 4.75, eine Abrechnung des Belegs.

Abbildung 4.75: Belegstatus

Bitte beachten Sie, dass als Empfänger der Provision bzw. Vergütungslistenempfänger automatisch der zuständige Außendienstmitarbeiter ermittelt wurde. Hierfür verantwortlich ist eine entsprechende Einstellung im Customizing, aufgrund derer bei dieser Vergütungsliste als Provisionsempfänger der Außendienstmitarbeiter aus den Partnerrollen im Debitorenstamm gelesen wird (siehe Abbildung 4.76). Zur Anzeige der Partnerrollen im Debitorenstamm wähle ich den Menüpfad RECHNUNGSWESEN • FINANZWESEN • DEBITOREN • STAMMDATEN • ANZEIGEN oder Transaktion FD03.

Abbildung 4.76: Partnerrolle zuständiger Außendienstmitarbeiter im Debitorenstamm

In meinem Beispiel sind die Kunden D2000 und D2001 der Außendienstmitarbeiterin Frieda Fleißig, die Kunden D2002 und D2003 dem Außendienstmitarbeiter Rudy Groß zugeordnet. Vor der Provisionsabrechnung muss ich nun die Regulierungsbelege prüfen und freigeben.

4.2.2 Prüfung und Freigabe der Belege

Die Prüfung und Freigabe der Belege erfolgt über die LISTAUSGABE AGENTURBELEGE (siehe Abbildung 4.77). Hierzu wähle ich den Menüpfad LOGISTIK • AGENTURGESCHÄFT • UMFELD • LISTAUSGABE AGEN-

TURBELEGE bzw. Transaktion WLI2. Zuerst selektiere ich die freizugebenden Belege, markiere diese und klicke auf den Button APPLIKATIONSSTATUS ÄNDERN, um den Status für alle Belege auf »0005 manuell freigegeben« zu ändern, siehe Abbildung 4.78.

Listausgabe Agenturbelege

Auswählen Sichern Beleg Rechnungswesen

RegulierBeleg	FArt	Rechn.Empf	Name 1	BuchDat.	BuKr.	Referenz	Währg	NettoBetrag	Steuer	Bttobetrag	RFSt	Text
2000000504	Z022	D2000	Ferdinand Fröhlich	28.02.2014	9000	10000	EUR	1.000,00	0,00	1.000,00	A	Beleg zur Überleitung an die B
2000000505	Z022		Ferdinand Fröhlich	28.02.2014	9000	10005	EUR	800,00	0,00	800,00	A	Beleg zur Überleitung an die B
2000000506	Z022		Ferdinand Fröhlich	28.02.2014	9000	10006	EUR	200,00	0,00	200,00	A	Beleg zur Überleitung an die B
		D2000					**EUR**	**2.000,00**	**0,00**	**2.000,00**		
2000000507	Z022	D2001	Hans Sonntag	28.02.2014	9000	10001	EUR	500,00	0,00	500,00	A	Beleg zur Überleitung an die B
2000000508	Z022		Hans Sonntag	28.02.2014	9000	10002	EUR	2.500,00	0,00	2.500,00	A	Beleg zur Überleitung an die B
		D2001					**EUR**	**3.000,00**	**0,00**	**3.000,00**		
2000000509	Z022	D2002	Thorsten Müller	28.02.2014	9000		EUR	300,00	0,00	300,00	A	Beleg zur Überleitung an die B
2000000510	Z022		Thorsten Müller	28.02.2014	9000		EUR	1.700,00	0,00	1.700,00	A	Beleg zur Überleitung an die B
2000000511	Z022		Thorsten Müller	28.02.2014	9000		EUR	1.000,00	0,00	1.000,00	A	Beleg zur Überleitung an die B
		D2002					**EUR**	**3.000,00**	**0,00**	**3.000,00**		
2000000512	Z022	D2003	Hannes König	28.02.2014	9000	10008	EUR	600,00	0,00	600,00	A	Beleg zur Überleitung an die B
2000000513	Z022		Hannes König	28.02.2014	9000	10004	EUR	1.400,00	0,00	1.400,00	A	Beleg zur Überleitung an die B
		D2003					**EUR**	**2.000,00**	**0,00**	**2.000,00**		
							EUR	**10.000,00**	**0,00**	**10.000,00**		

Abbildung 4.77: Selektion der freizugebenden Belege

Listausgabe Agenturbelege

Auswählen Sichern Beleg Rechnungswesen

RegulierBeleg	FArt	Rechn.Empf	Name 1	BuchDat.	BuKr.	Referenz	Währg	NettoBetrag	Steuer	Bttobetrag	RFSt	Text
2000000504	Z022	D2000	Ferdinand Fröhlich	28.02.2014	9000	10000	EUR	1.000,00	0,00	1.000,00	A	Beleg zur Überleitung an die B
2000000505	Z022		Ferdinand Fröhlich	28.02.2014	9000	10005	EUR	800,00	0,00	800,00	A	Beleg zur Überleitung an die B
2000000506	Z022		Ferdinand Fröhlich	28.02.2014	9000	10006	EUR	200,00	0,00	200,00	A	Beleg zur Überleitung an die B
		D2000					**EUR**	**2.000,00**	**0,00**	**2.000,00**		
2000000507	Z022	D2001	Hans Sonntag	28.02.2014	9000	10001	EUR	500,00	0,00	500,00	A	Beleg zur Überleitung an die B
2000000508	Z022		Hans Sonntag	28.02.2014	9000	10002	EUR	2.500,00	0,00	2.500,00	A	Beleg zur Überleitung an die B
		D2001					**EUR**	**3.000,00**	**0,00**	**3.000,00**		
2000000509	Z022	D2002	Thorsten Müller	28.02.2014	9000		EUR	300,00	0,00	300,00	A	Beleg zur Überleitung an die B
2000000510	Z022		Thorsten Müller	28.02.2014	9000		EUR	1.700,00	0,00	1.700,00	A	Beleg zur Überleitung an die B
2000000511	Z022		Thorsten Müller	28.02.2014	9000		EUR	1.000,00	0,00	1.000,00	A	Beleg zur Überleitung an die B
		D2002					**EUR**	**3.000,00**	**0,00**	**3.000,00**		
2000000512	Z022	D2003	Hannes König	28.02.2014	9000	10008	EUR	600,00	0,00	600,00	A	Beleg zur Überleitung an die B
2000000513	Z022		Hannes König	28.02.2014	9000	10004	EUR	1.400,00	0,00	1.400,00	A	Beleg zur Überleitung an die B
		D2003					**EUR**	**2.000,00**	**0,00**	**2.000,00**		
							EUR	**10.000,00**	**0,00**	**10.000,00**		

Wählen Sie den neuen Applikatio...

ApplStatus 0005

Abbildung 4.78: Manuelle Freigabe

Dem NACHRICHTENPROTOKOLL in Abbildung 4.79 können Sie entnehmen, dass alle Belege angepasst wurden.

Listausgabe Agenturbelege

Auswählen Sichern Dokumentation Beleg

Nachrichtenprotokoll

Beleg	Nachrichtenklasse	N	Na...	Nachrichtentext
2000000504	WS	S	042	Prov.Abrechnung G 2000000504 wurde geändert
2000000504	WS	S	815	Beleg 2000000504 mit Referenz 10000 bearbeitet
2000000505	WS	S	042	Prov.Abrechnung G 2000000505 wurde geändert
2000000505	WS	S	815	Beleg 2000000505 mit Referenz 10005 bearbeitet
2000000506	WS	S	042	Prov.Abrechnung G 2000000506 wurde geändert
2000000506	WS	S	815	Beleg 2000000506 mit Referenz 10006 bearbeitet
2000000507	WS	S	042	Prov.Abrechnung G 2000000507 wurde geändert
2000000507	WS	S	815	Beleg 2000000507 mit Referenz 10001 bearbeitet
2000000508	WS	S	042	Prov.Abrechnung G 2000000508 wurde geändert
2000000508	WS	S	815	Beleg 2000000508 mit Referenz 10002 bearbeitet
2000000509	WS	S	042	Prov.Abrechnung G 2000000509 wurde geändert
2000000510	WS	S	042	Prov.Abrechnung G 2000000510 wurde geändert
2000000511	WS	S	042	Prov.Abrechnung G 2000000511 wurde geändert
2000000512	WS	S	042	Prov.Abrechnung G 2000000512 wurde geändert
2000000512	WS	S	815	Beleg 2000000512 mit Referenz 10008 bearbeitet
2000000513	WS	S	042	Prov.Abrechnung G 2000000513 wurde geändert
2000000513	WS	S	815	Beleg 2000000513 mit Referenz 10004 bearbeitet

Abbildung 4.79: Nachrichtenprotokoll

Betrachten wir einen dieser Belege im Detail, stellen wir fest, dass der BUCHUNGSSTATUS nun »gebucht« lautet (siehe Abbildung 4.80).

Allerdings wurde kein Rechnungswesen-Beleg erzeugt:

☑ Der Beleg ist nicht für die Buchhaltung relevant

Das ist korrekt, da es sich um eine Proforma-Faktura handelt und nur die Provision im Rechnungswesen gebucht werden darf. Diese Buchung ist nun der nächste Schritt im Beispielszenario. Sie wird mithilfe einer Vergütungsliste ausgeführt.

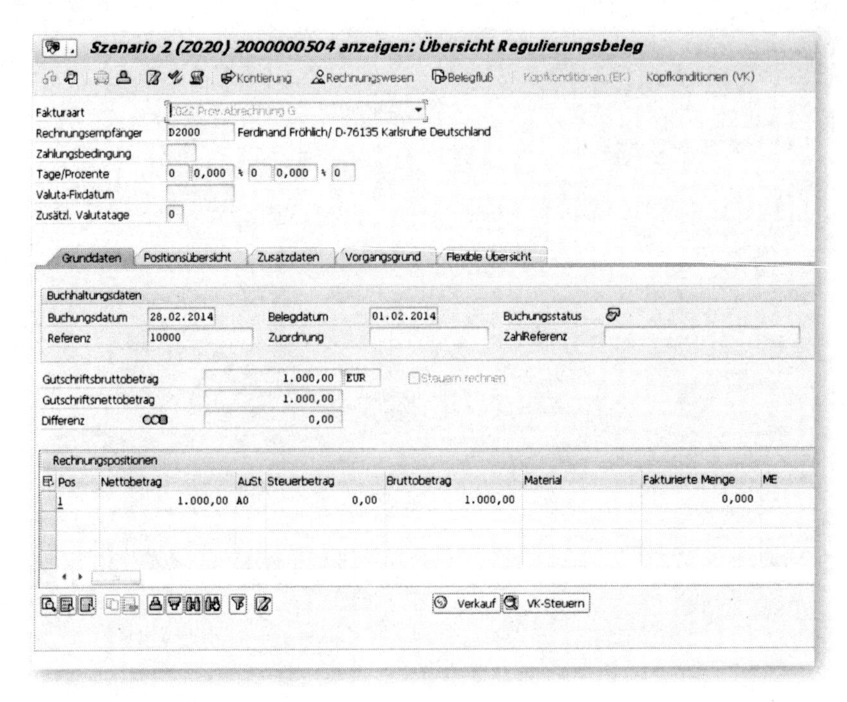

Abbildung 4.80: Einzelbeleg nach Freigabe

4.2.3 Erstellung der Vergütungslisten für die Provisionsabrechnung

In diesem Abschnitt werde ich die Vergütungslisten für die eigentliche Provisionsabrechnung und -buchung erzeugen. Gemäß den unserem Beispiel zugrunde liegenden Daten, erwarte ich nun folgende Provisionsabrechnungen (siehe Abbildung 4.81:

Außendienst-MA	Debitor	Name	Auftrag	von Datum	Netto [EUR]	Prov.2% [EUR]
Friede Fleißig	D2000	Ferdinand Fröhlich	10000	01.02.2014	1.000,00	20,00
			10005	15.02.2014	800,00	16,00
			10006	20.02.2024	200,00	4,00
	D2001	Hans Sonntag	10001	07.02.2014	500,00	10,00
			10002	09.02.2014	2.500,00	50,00
					5.000,00	**100,00**
Rudy Groß	D2002	Thorsten Müller	10003	09.02.2014	300,00	6,00
			10007	21.02.2014	1.700,00	34,00
			10009	27.02.2014	1.000,00	20,00
	D2003	Hannes König	10008	24.02.2014	600,00	12,00
			10004	10.02.2014	1.400,00	28,00
					5.000,00	**100,00**

Abbildung 4.81: Erwartete Provisionsbeträge je Außendienstmitarbeiter

Das grundsätzliche Prozedere beim Erstellen von Vergütungslisten ist Ihnen bereits aus dem vorangegangenen Praxisszenario bekannt. Im Zusammenhang mit der Provisionsabrechnung selektiere ich, wie in Abbildung 4.82 dargestellt, »Kunde« als *Vergütungslistenpartner* und trage die *Konditionsartengruppe* `ZS21` sowie das *Vergütungslistendatum* `28.02.2014` ein.

Bereits anhand des NACHRICHTENPROTOKOLLS in Abbildung 4.83 können Sie erkennen, dass erwartungsgemäß zwei Abrechnungen erzeugt wurden.

Erweiterte Vergütungslisten anlegen

Verarbeitungsparameter

Vergütungslistenpartner: 1 Kunde
Konditionsartengruppe: ZS21

Vergütungslistendaten

Vergütungslistenempfänger bis
Vergütungslistendatum 28.02.2014 bis

Agenturbelege | FI-Belege | SD-Fakturen

Agenturbelege verarbeiten

Selektion der Belege

Belegtyp: * Generisch für alle Belegtypen

Belegdaten

Beleg bis
Buchungsdatum bis
Belegdatum bis
Rechnungssteller bis
Rechnungsempfänger bis
Regulierer bis
Regulierungsart bis
Fakturaart bis

Organisationsdaten

EinkOrganisation bis
Verkaufsorganisation bis
Buchungskreis bis

Vorgabedaten

Buchungsdatum
Fakturaart
Währung

Verarbeitungssteuerung

Anz.PartnerPaket: 1
Belege sperren: Einzelbelegsperre
Detail-Protokoll
Abbruch bei Fatal-Error
nur Prüflauf
Art der Protokollausgabe: Standard

Abbildung 4.82: Vergütungslistenerstellung

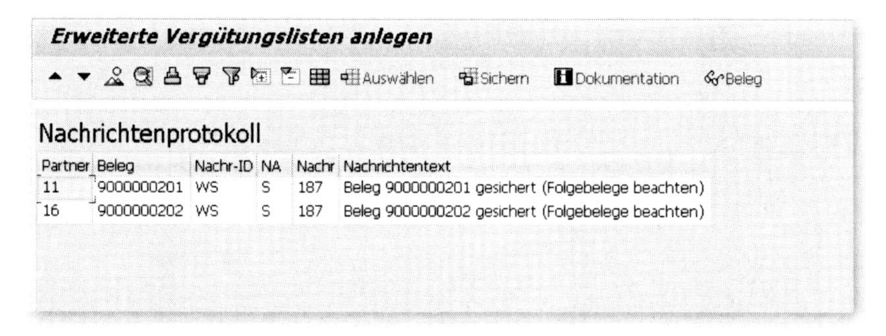

Partner	Beleg	Nachr-ID	NA	Nachr	Nachrichtentext
11	9000000201	WS	S	187	Beleg 9000000201 gesichert (Folgebelege beachten)
16	9000000202	WS	S	187	Beleg 9000000202 gesichert (Folgebelege beachten)

Abbildung 4.83: Nachrichtenprotokoll

Für die Außendienstmitarbeiterin Frieda Fleißig wurden 100,00 EUR Provision ermittelt (siehe Abbildung 4.84) …

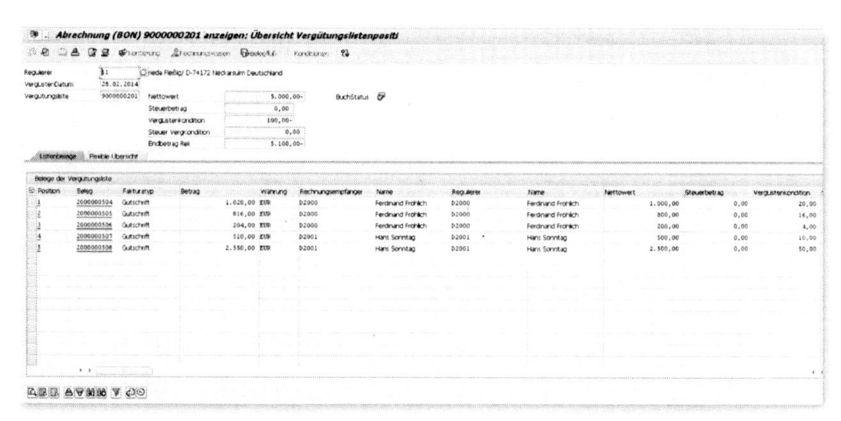

Position	Beleg	Fakturatyp	Betrag	Währung	Rechnungsempfänger	Name	Regulierer	Name	Nettowert	Steuerbetrag	VergListenkondition
1	2000000504	Gutschrift	1.020,00	EUR	D2000	Ferdinand Fröhlich	D2000	Ferdinand Fröhlich	1.000,00	0,00	20,00
2	2000000505	Gutschrift	816,00	EUR	D2000	Ferdinand Fröhlich	D2000	Ferdinand Fröhlich	800,00	0,00	16,00
3	2000000506	Gutschrift	204,00	EUR	D2000	Ferdinand Fröhlich	D2000	Ferdinand Fröhlich	200,00	0,00	4,00
4	2000000507	Gutschrift	510,00	EUR	D2001	Hans Sonntag	D2001	Hans Sonntag	500,00	0,00	10,00
5	2000000508	Gutschrift	2.550,00	EUR	D2001	Hans Sonntag	D2001	Hans Sonntag	2.500,00	0,00	50,00

Abbildung 4.84: Provisionsabrechnung für Außendienstmitarbeiterin 11

… und der Beleg automatisch in die Finanzbuchhaltung übergeleitet, wie Abbildung 4.85 zeigt.

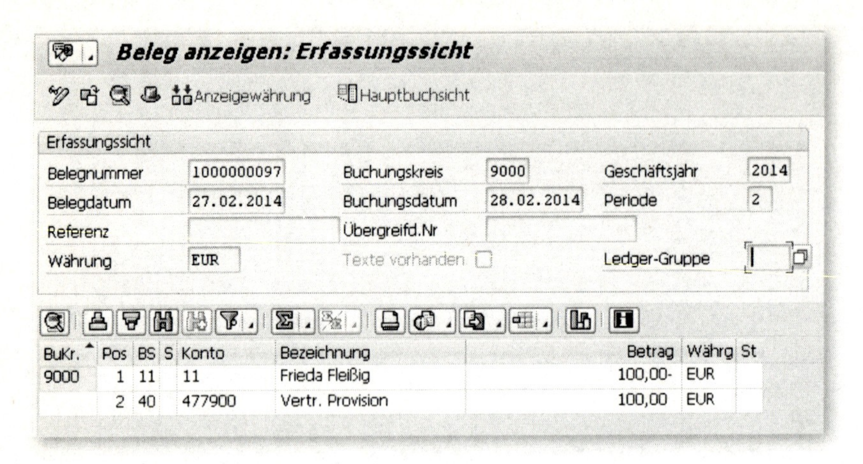

Abbildung 4.85: Rechnungswesen, Beleg zur Abrechnung

Für den Außendienstmitarbeiter Rudy Groß wurden ebenfalls 100,00 EUR Provision ermittelt (siehe Abbildung 4.86) …

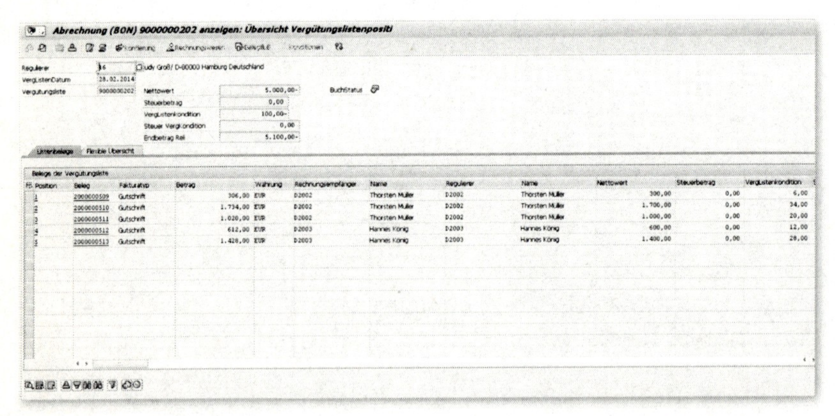

Abbildung 4.86: Provisionsabrechnung für Außendienstmitarbeiter 16

… und auch hier der Beleg automatisch in die Finanzbuchhaltung übergeleitet (siehe Abbildung 4.87).

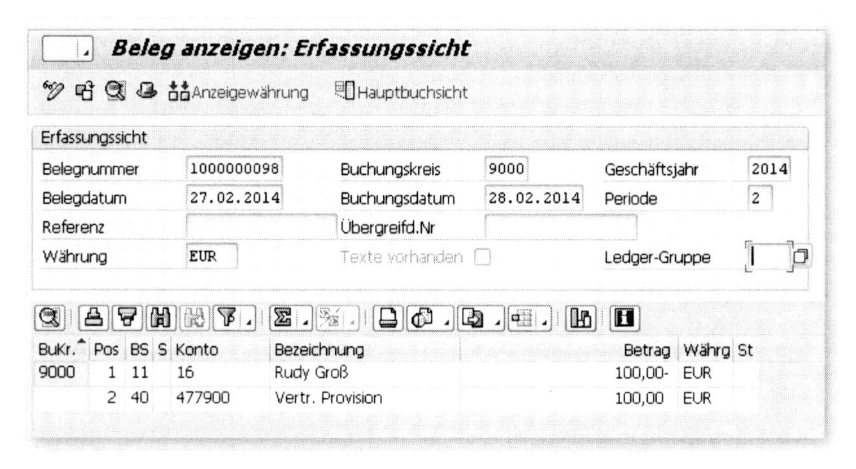

Abbildung 4.87: Rechnungswesen, Beleg zur Abrechnung

Auch diese Vergütungslisten sind für die Ausgabe eines Formulars – der Provisionsabrechnung – vorgemerkt (Abbildung 4.88). Das Layout für die Provisionsabrechnung können Sie individuell gestalten und das Formular einzeln oder als Massendruck ausgeben (siehe Kapitel 2.5).

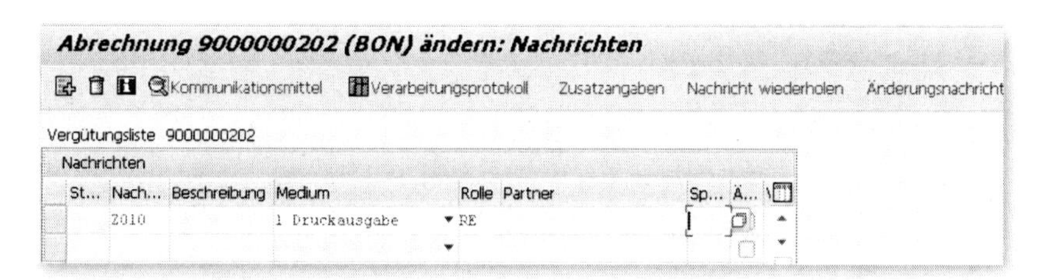

Abbildung 4.88: Vormerkung Nachrichtenausgabe Provisionsabrechnung

Weitere Szenarien im Bereich Provisionsabrechnung

Gerade im Bereich der Provisionsabrechnung gibt es sehr viele unterschiedliche Szenarien, die mit dem SAP Agenturgeschäft abgebildet werden können. Eine mögliche Variante zum vorgestellten Szenario beinhaltet z. B. folgende Funktionalitäten:

- jährliche Abrechnung der Provision;
- gestaffelte Provision: z. B. bis 100 TEUR erhält der Vertriebsmitarbeiter 1 %, bis 500 TEUR 1,5 % und ab 1 Mio. EUR 2 % Provision;
- automatische monatliche Rückstellungsbildung für die bisher aufgelaufenen Provisionsverbindlichkeiten gegenüber allen Vertriebsmitarbeitern;
- automatische Auflösung der Rückstellungen am Jahresende oder monatlich bei gestaffelten Provisionssätzen;
- Ableitung des Provisionsempfängers anhand des Verkaufsgebiets, Vertriebswegs oder anderer Kriterien
- …

Lieferantenseitige Provisionen

Provisionen können auch lieferantenseitig berechnet und abgerechnet werden. Die Vorgehensweise und die zur Verfügung stehenden Funktionalitäten sind analog zu den in meinem Beispielprozess dargestellten Schritten.

4.3 WKZ-Abrechnung

Unter *Werbekostenzuschuss (WKZ)* versteht man einen Geldbetrag, der den als *Vertriebspartner* agierenden Handelsunternehmen seitens der Hersteller für das Bewerben ihrer Produkte überlassen wird. Im Bereich WKZ gibt es zahlreiche verschiedene Abrechnungsmodelle, von denen ich Ihnen das in Abbildung 4.89 dargestellte Szenario vorstellen möchte:

- Auf Basis der getätigten Umsätze mit den Vertriebspartnern wird der Werbekostenzuschuss berechnet.
- Die Abrechnung erfolgt jährlich.
- Monatlich sollen Rückstellungen rollierend erzeugt werden. Es werden keine Konditionsstaffeln gewährt.

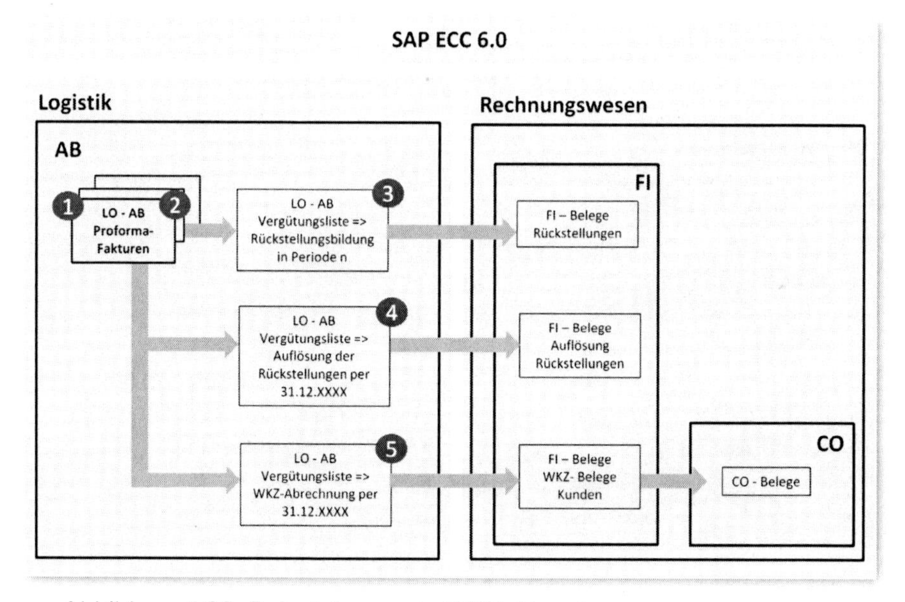

Abbildung 4.89: Beispielszenario WKZ-Abrechnung

Hierzu werden folgende Prozessschritte durchlaufen:

❶ Regulierungsanforderungen vom Typ Proforma-Faktura anlegen, monatlich,

❷ Prüfung und Freigabe der Belege, monatlich,

❸ Erstellung der Vergütungslisten zur Berechnung und Buchung der Rückstellungsbeträge, monatlich,

❹ Erstellung der Vergütungslisten zur Berechnung und Buchung der Rückstellungsauflösung, jährlich,

❺ Erstellung der Vergütungslisten zur Berechnung und Buchung der WKZ-Beträge, jährlich.

4.3.1 Proforma-Fakturen anlegen für Periode 1

Im Beispielszenario werden je Vertriebspartner und Abrechnungszeitraum (hier: Monat) die getätigten Umsätze in einer Regulierungsanforderung erfasst. Die Umsätze im jeweiligen Beleg dienen als Basis für die Berechnung und Buchung der WKZ-Beträge. Die Regulierungsbelege können prinzipiell manuell erfasst werden. Da es sich in der Regel um hohe Datenvolumina handelt, werden Sie die Daten in der Praxis aber eher per Schnittstelle aus einem Fremdsystem bzw. einer Datei laden, oder – falls sich die Kundenfakturen im selben SAP-System befinden, in dem auch die WKZ-Beträge abgerechnet werden – direkt aus den Logistik-Tabellen lesen. In meinem Beispiel wurden die Umsatzdaten gemäß Abbildung 4.90 als Regulierungsbelege vom Typ »Proforma-Faktura« erfasst.

Debitor	Name	Faktura	von Datum	Netto [EUR]
D8000	Lampenland Isabella	800100	31.01.2014	10.000,00
		800258	31.01.2014	10.000,00
		800213	31.01.2014	20.000,00
				40.000,00
D8001	Lichtkonzept GmbH	800255	31.01.2014	5.000,00
		800123	31.01.2014	25.000,00
				30.000,00
D8002	Licht & Bad GmbH	800159	31.01.2014	10.000,00
		800339	31.01.2014	15.000,00
		800450	31.01.2014	5.000,00
				30.000,00

Abbildung 4.90: Datenbasis für die WKZ-Berechnung Periode 1

Wie im Beispielszenario für die Provisionsabrechnung führen diese Proforma-Fakturen nicht zu einer Buchung im Rechnungswesen, sondern dienen lediglich als Berechnungsbasis für die Folgeverarbeitung, im aktuellen Beispiel für die Ermittlung der Rückstellungsbeträge. Konkret wurden die in Abbildung 4.91 aufgeführten Regulierungsbelege erzeugt (die Anzeige erfolgt über den Menüpfad LOGISTIK • AGENTURGESCHÄFT • UMFELD • LISTAUSGABE AGENTURBELEGE oder Transaktion WLI2):

Listausgabe Agenturbelege

Auswählen Sichern Beleg Stornieren Beleg Rechnungswesen

RegulierBeleg	FArt	Rechn.Empf	Name 1	BuchDat.	BuKr.	Referenz	Währg	NettoBetrag	Steuer	Bttobetrag	RFSt	Text
2000000533	Z026	D8000	Lampenland Isabella	31.01.2014	9000	800100	EUR	10.000,00	0,00	10.000,00	A	Beleg zur Überleitung an die B
2000000534	Z026		Lampenland Isabella	31.01.2014	9000	800258	EUR	10.000,00	0,00	10.000,00	A	Beleg zur Überleitung an die B
2000000535	Z026		Lampenland Isabella	31.01.2014	9000	800213	EUR	20.000,00	0,00	20.000,00	A	Beleg zur Überleitung an die B
		D8000					**EUR**	**40.000,00**	**0,00**	**40.000,00**		
2000000539	Z026	D8001	Lichtkonzept GmbH	31.01.2014	9000	800255	EUR	5.000,00	0,00	5.000,00	A	Beleg zur Überleitung an die B
2000000540	Z026		Lichtkonzept GmbH	31.01.2014	9000	800123	EUR	25.000,00	0,00	25.000,00	A	Beleg zur Überleitung an die B
		D8001					**EUR**	**30.000,00**	**0,00**	**30.000,00**		
2000000543	Z026	D8002	Licht & Bad GmbH	31.01.2014	9000	800159	EUR	10.000,00	0,00	10.000,00	A	Beleg zur Überleitung an die B
2000000544	Z026		Licht & Bad GmbH	31.01.2014	9000	800339	EUR	15.000,00	0,00	15.000,00	A	Beleg zur Überleitung an die B
2000000545	Z026		Licht & Bad GmbH	31.01.2014	9000	800450	EUR	5.000,00	0,00	5.000,00	A	Beleg zur Überleitung an die B
		D8002					**EUR**	**30.000,00**	**0,00**	**30.000,00**		
							EUR	**100.000,00**	**0,00**	**100.000,00**		

Abbildung 4.91: Proforma-Fakturen für WKZ-Abrechnung Periode 1

Stellvertretend für alle, betrachten wir den in der ersten Zeile gelb hinterlegten Beleg im Detail: Wie Sie in Abbildung 4.92 sehen, hat der Beleg den BUCHUNGSSTATUS »offen« ; er kann daher im jetzigen Stadium noch nicht abgerechnet werden.

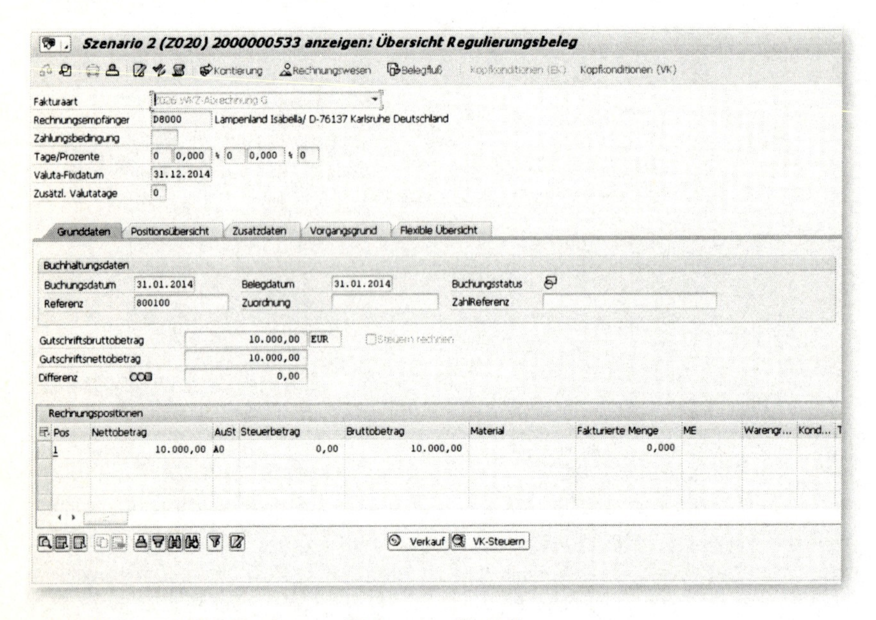

Abbildung 4.92: Proforma-Beleg im Detail

Auf Positionsebene sehen Sie bereits, dass der WKZ-Betrag für diese Faktura mit 1 % zuzüglich Steuer berechnet wird (siehe Abbildung 4.93).

Abbildung 4.93: Berechnung der WKZ- und Rückstellungsbeträge

Auf dem Reiter VERGÜTUNGSLISTENVORMERKUNG in Abbildung 4.95 ist bereits zum Zeitpunkt der Belegerzeugung ersichtlich, dass diese Proforma-Faktura in verschiedene Folgebelege einfließen wird:

- die WKZ-Abrechnung per 31.12.2014,
- die Rückstellungsbildung per 31.01.2014,
- die Rückstellungsauflösung zum Jahresende.

Voraussetzung ist, dass der Beleg vor der Erstellung der Vergütungslisten freigegeben wurde. Derzeit verhindert noch der STATUS, siehe Abbildung 4.94, eine Abrechnung des Belegs.

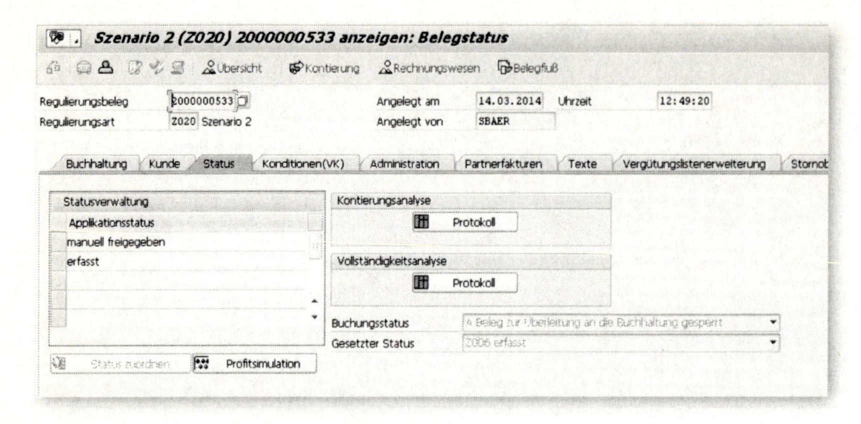

Abbildung 4.94: Applikationsstatus

Abbildung 4.95: Vormerkung für die WKZ-Abrechnung und Rückstellungen

4.3.2 Prüfung und Freigabe der Belege

Auch in diesem Szenario erfolgt die Prüfung und Freigabe der Belege über die LISTAUSGABE AGENTURBELEGE (Menüpfad LOGISTIK • AGENTURGESCHÄFT • UMFELD • LISTAUSGABE AGENTURBELEGE oder Transaktion WLI2). Ich selektiere die freizugebenden Belege, siehe Abbildung 4.96, markiere alle Belege und betätige den Button APPLIKATIONSSTATUS ÄNDERN, um den Status für alle Belege in einem Arbeitsgang auf »0005 manuell freigegeben« zu ändern, siehe Abbildung 4.97.

Listausgabe Agenturbelege

Auswählen Sichern Beleg Rechnungswesen

RegulierBeleg	FArt	Rechn.Empf	Name 1	BuchDat.	BuKr.	Referenz	Währg		NettoBetrag		Steuer		Bttobetrag	RFSt	Text
2000000533	Z026	D8000	Lampenland Isabella	31.01.2014	9000	800100	EUR		10.000,00		0,00		10.000,00	A	Beleg zur Überleitung an die B
2000000534	Z026		Lampenland Isabella	31.01.2014	9000	800258	EUR		10.000,00		0,00		10.000,00	A	Beleg zur Überleitung an die B
2000000535	Z026		Lampenland Isabella	31.01.2014	9000	800213	EUR		20.000,00		0,00		20.000,00	A	Beleg zur Überleitung an die B
		D8000					**EUR**	•	**40.000,00**	•	**0,00**	•	**40.000,00**		
2000000539	Z026	D8001	Lichtkonzept GmbH	31.01.2014	9000	800255	EUR		5.000,00		0,00		5.000,00	A	Beleg zur Überleitung an die B
2000000540	Z026		Lichtkonzept GmbH	31.01.2014	9000	800123	EUR		25.000,00		0,00		25.000,00	A	Beleg zur Überleitung an die B
		D8001					**EUR**	•	**30.000,00**	•	**0,00**	•	**30.000,00**		
2000000543	Z026	D8002	Licht & Bad GmbH	31.01.2014	9000	800159	EUR		10.000,00		0,00		10.000,00	A	Beleg zur Überleitung an die B
2000000544	Z026		Licht & Bad GmbH	31.01.2014	9000	800339	EUR		15.000,00		0,00		15.000,00	A	Beleg zur Überleitung an die B
2000000545	Z026		Licht & Bad GmbH	31.01.2014	9000	800450	EUR		5.000,00		0,00		5.000,00	A	Beleg zur Überleitung an die B
		D8002					**EUR**	•	**30.000,00**	•	**0,00**	•	**30.000,00**		
							EUR	••	**100.000,00**	••	**0,00**	••	**100.000,00**		

Abbildung 4.96: Selektion der freizugebenden Belege

Listausgabe Agenturbelege

Auswählen Sichern Beleg Rechnungswesen

RegulierBeleg	FArt	Rechn.Empf	Name 1	BuchDat.	BuKr.	Referenz	Währg		NettoBetrag		Steuer		Bttobetrag	RFSt	Text
2000000533	Z026	D8000	Lampenland Isabella	31.01.2014	9000	800100	EUR		10.000,00		0,00		10.000,00	A	Beleg zur Überleitung an die B
2000000534	Z026		Lampenland Isabella	31.01.2014	9000	800258	EUR		10.000,00		0,00		10.000,00	A	Beleg zur Überleitung an die B
2000000535	Z026		Lampenland Isabella	31.01.2014	9000	800213	EUR		20.000,00		0,00		20.000,00	A	Beleg zur Überleitung an die B
		D8000					**EUR**	•	**40.000,00**	•	**0,00**	•	**40.000,00**		
2000000539	Z026	D8001	Lichtkonzept GmbH	31.01.2014	9000	800255	EUR		5.000,00		0,00		5.000,00	A	Beleg zur Überleitung an die B
2000000540	Z026		Lichtkonzept GmbH	31.01.2014	9000	800123	EUR		25.000,00		0,00		25.000,00	A	Beleg zur Überleitung an die B
		D8001					**EUR**	•	**30.000,00**	•	**0,00**	•	**30.000,00**		
2000000543	Z026	D8002	Licht & Bad GmbH	31.01.2014	9000	800159	EUR		10.000,00		0,00		10.000,00	A	Beleg zur Überleitung an die B
2000000544	Z026		Licht & Bad GmbH	31.01.2014	9000	800339	EUR		15.000,00		0,00		15.000,00	A	Beleg zur Überleitung an die B
2000000545	Z026		Licht & Bad GmbH	31.01.2014	9000	800450	EUR		5.000,00		0,00		5.000,00	A	Beleg zur Überleitung an die B
		D8002					**EUR**	•	**30.000,00**	•	**0,00**	•	**30.000,00**		
							EUR	••	**100.000,00**	••	**0,00**	••	**100.000,00**		

Wählen Sie den neuen Applikatio...

ApplStatus 0005

Abbildung 4.97: Manuelle Freigabe

Erwartungsgemäß wurden alle Belege angepasst, was Sie dem NACHRICHTENPROTOKOLL, siehe Abbildung 4.98, entnehmen können.

Listausgabe Agenturbelege

Auswählen Sichern Dokumentation Beleg

Nachrichtenprotokoll

Beleg	Nachrichtenklasse	N	N	Nachrichtentext
2000000533	WS	S	042	WKZ-Abrechnung G 2000000533 wurde geändert
2000000534	WS	S	042	WKZ-Abrechnung G 2000000534 wurde geändert
2000000535	WS	S	042	WKZ-Abrechnung G 2000000535 wurde geändert
2000000539	WS	S	042	WKZ-Abrechnung G 2000000539 wurde geändert
2000000540	WS	S	042	WKZ-Abrechnung G 2000000540 wurde geändert
2000000543	WS	S	042	WKZ-Abrechnung G 2000000543 wurde geändert
2000000544	WS	S	042	WKZ-Abrechnung G 2000000544 wurde geändert
2000000545	WS	S	042	WKZ-Abrechnung G 2000000545 wurde geändert

Abbildung 4.98: Nachrichtenprotokoll

Stellvertretend für alle Belege betrachten wir den ersten im Detail und sehen, dass der Buchungsstatus nun »gebucht« lautet (siehe Abbildung 4.99).

Abbildung 4.99: Einzelbeleg nach Freigabe

Wir erhalten die Meldung, dass kein Rechnungswesen-Beleg erzeugt wurde:

Der Beleg ist nicht für die Buchhaltung relevant

– was korrekt ist, da es sich wie eingangs erwähnt um eine Proforma-Faktura handelt, und nur Rückstellungen und WKZ im Rechnungswesen gebucht werden dürfen. Die Buchung der Rückstellung für Periode 1 ist nun der nächste Schritt im Beispielszenario.

4.3.3 Erstellung der Vergütungslisten für die Rückstellungsbildung in Periode 1

Nachfolgend werde ich die Vergütungslisten für die Rückstellungsbildung für Periode 1 per 31.01.2014 erzeugen. Gemäß den im Beispiel zugrunde liegenden Daten, erwarte ich folgende Rückstellungsbeträge, siehe Abbildung 4.100:

Debitor	Name	Faktura	von Datum	Netto [EUR]	Rückstellung 1% [EUR]
D8000	Lampenland Isabella	800100	31.01.2014	10.000,00	100,00
		800258	31.01.2014	10.000,00	100,00
		800213	31.01.2014	20.000,00	200,00
				40.000,00	**400,00**
D8001	Lichtkonzept GmbH	800255	31.01.2014	5.000,00	50,00
		800123	31.01.2014	25.000,00	250,00
				30.000,00	**300,00**
D8002	Licht & Bad GmbH	800159	31.01.2014	10.000,00	100,00
		800339	31.01.2014	15.000,00	150,00
		800450	31.01.2014	5.000,00	50,00
				30.000,00	**300,00**
		Rückstellungen gesamt:			**1.000,00**

Abbildung 4.100: Erwartete Rückstellungsbeträge je Vertriebspartner

Zur Erstellung der Vergütungslisten folge ich dem Menüpfad LOGISTIK • AGENTURGESCHÄFT • ERWEITERTE VERGÜTUNGSLISTE • ALLGEMEIN oder wähle direkt die Transaktion WLF_RRLE_CREATE. Hier selektiere ich, wie in Abbildung 4.101 dargestellt,

- KUNDE als *Vergütungslistenpartner*,
- die *Konditionsartengruppe* ZS22,
- das *Vergütungslistendatum* 31.01.2014.

Erweiterte Vergütungslisten anlegen

Verarbeitungsparameter

Vergütungslistenpartner	1 Kunde
Konditionsartengruppe	ZS22

Vergütungslistendaten

Vergütungslistenempfänger		bis	
Vergütungslistendatum	31.01.2014	bis	

Agenturbelege | FI-Belege | SD-Fakturen

☑ Agenturbelege verarbeiten

Selektion der Belege

Belegtyp: * Generisch für alle Belegtypen

Belegdaten

Beleg		bis	
Buchungsdatum		bis	
Belegdatum		bis	
Rechnungssteller		bis	
Rechnungsempfänger		bis	
Regulierer		bis	
Regulierungsart		bis	
Fakturaart		bis	

Organisationsdaten

Eink.Organisation		bis	
Verkaufsorganisation		bis	
Buchungskreis		bis	

Vorgabedaten

Buchungsdatum	
Fakturaart	
Währung	

Verarbeitungssteuerung

Anz.PartnerPaket	1
Belege sperren	Einzelbelegsperre

☑ Detail-Protokoll
☑ Abbruch bei Fatal-Error
☐ nur Prüflauf

Art der Protokollausgabe	Standard

Abbildung 4.101: Vergütungslistenerstellung

Das NACHRICHTENPROTOKOLL zeigt an, dass drei Vergütungslisten erzeugt wurden, siehe Abbildung 4.102:

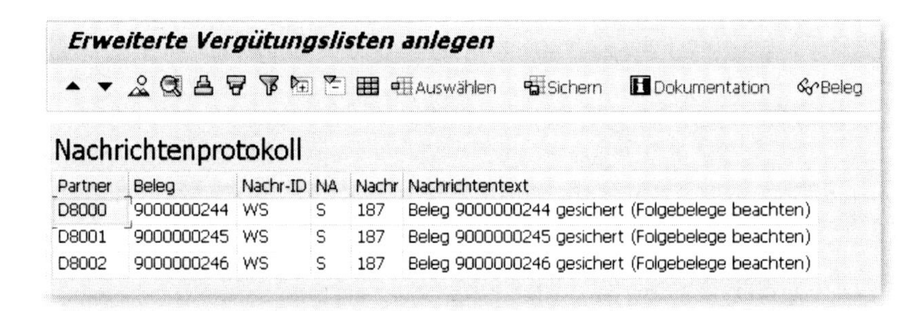

Erweiterte Vergütungslisten anlegen

Nachrichtenprotokoll

Partner	Beleg	Nachr-ID	NA	Nachr	Nachrichtentext
D8000	9000000244	WS	S	187	Beleg 9000000244 gesichert (Folgebelege beachten)
D8001	9000000245	WS	S	187	Beleg 9000000245 gesichert (Folgebelege beachten)
D8002	9000000246	WS	S	187	Beleg 9000000246 gesichert (Folgebelege beachten)

Abbildung 4.102: Nachrichtenprotokoll

Abbildung 4.103 stellt eine der Vergütungslisten im Detail dar; der Buchungsstatus zeigt an, dass der Status »gebucht« ist, dementsprechend gibt es einen Rechnungswesen-Beleg hierzu siehe Abbildung 4.104.

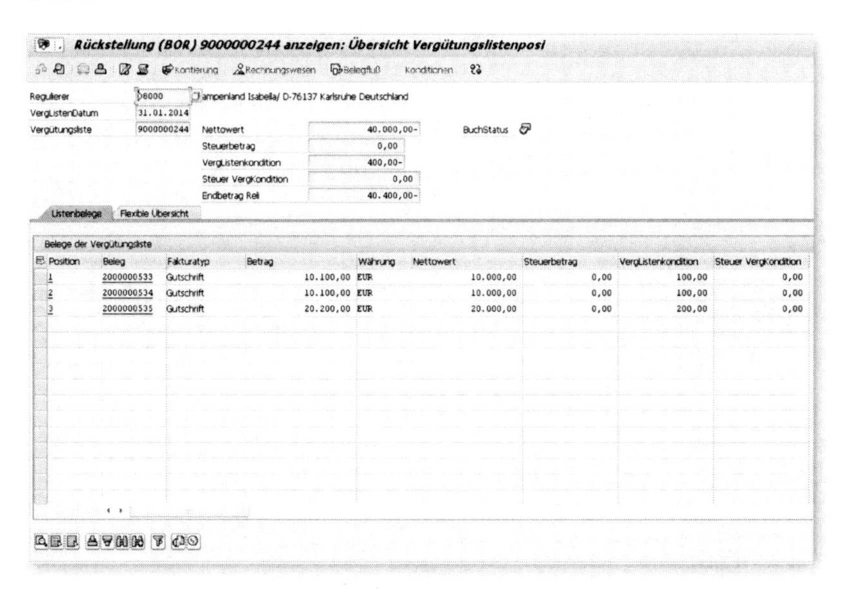

Position	Beleg	Fakturatyp	Betrag	Währung	Nettowert	Steuerbetrag	VergListenkondition	Steuer VergKondition
1	2000000533	Gutschrift	10.100,00	EUR	10.000,00	0,00	100,00	0,00
2	2000000534	Gutschrift	10.100,00	EUR	10.000,00	0,00	100,00	0,00
3	2000000535	Gutschrift	20.200,00	EUR	20.000,00	0,00	200,00	0,00

Abbildung 4.103: Vergütungsliste, Rückstellungen

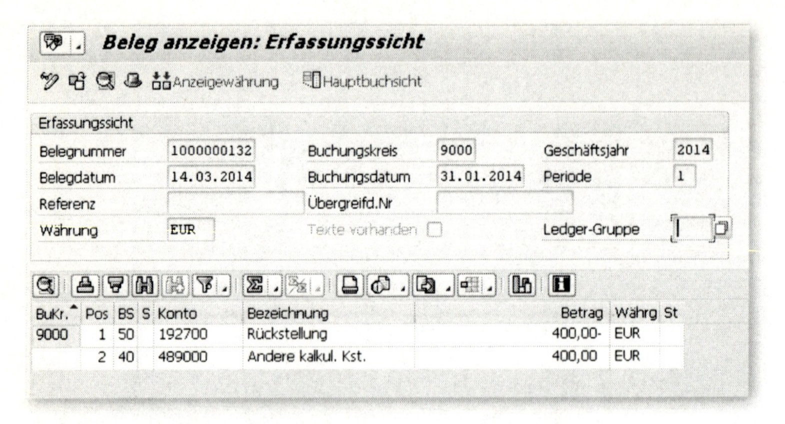

Abbildung 4.104: Rechnungswesen-Beleg für die Rückstellungsbildung in Periode 1

Aufgrund entsprechender Einstellungen im Customizing erfolgt hier eine reine Sachkontenbuchung, das Debitorenkonto des Vertriebspartners wird nicht angesprochen. Die anderen beiden Vergütungslisten haben analoge Rückstellungsbuchungen ausgelöst. In den Folgemonaten werden die Rückstellungen analog erzeugt.

Rollierende Rückstellungsbildung

Rückstellungen können wie im gezeigten Beispiel periodisch oder auch periodisch rollierend gebildet werden. Letzteres bedeutet, dass die Rückstellungen aus Periode n bereits in Periode n + 1 aufgelöst werden, in Periode n + 1 werden sie kumuliert für die Perioden n und n + 1 ermittelt und in der Finanzbuchhaltung gebucht usw. bis Periode n = 12. In Periode 12 werden die kumulierten Rückstellungen aufgelöst. Diese Art der Rückstellungsbildung sollten Sie wählen, wenn Sie *Staffelkonditionen* gewähren. Auf diese Weise wird die Kondition auf den kumulierten Basisbetrag angewendet, sodass bereits unterjährig eine höhere Staffelstufe für die WKZ erreicht werden kann und die Rückstellungsermittlung dies korrekt berücksichtigt. Abbildung 4.105 zeigt ein konkretes Zahlenbeispiel für eine rollierende Rückstellungsbildung.

Periode	01	02	03	04	05	06	07	08	09	10	11	12	kum.
Rückstellung Periode kumuliert	1.500	2.800	3.500	4.000	4.500	5.000	6.000	6.500	7.000	8.000	9.000	10.000	67.800
Auflösung Rückstellung aus Vorperiode		-1.500	-2.800	-3.500	-4.000	-4.500	-5.000	-6.000	-6.500	-7.000	-8.000	-9.000	-57.300
Auflösung Periode 12												-10.000	-10.000
Saldo Rückstellungskonto	**1.500**	**1.300**	**700**	**500**	**500**	**500**	**1.000**	**500**	**500**	**1.000**	**1.000**	-9.000	**0**

Abbildung 4.105: Buchungsverlauf bei rollierender Rückstellungsbildung, Beispiel

Datenbestand am Jahresende vor WKZ-Abrechnung und Auflösung der Rückstellungen

In den Folgeperioden wiederholen sich die am Beginn von Kapitel 4.3 beschriebenen Prozessschritte 1 bis 3. Der Datenbestand in Periode 12 stellt sich in unserem einfachen Beispielszenario folgendermaßen dar (siehe Abbildung 4.106):

Debitor	Name	Faktura	von Datum	Periode	Netto [EUR]
D8000	Lampenland Isabella	800100	31.01.2014	1	10.000,00
		800258	31.01.2014	1	10.000,00
		800213	31.01.2014	1	20.000,00
		800487	28.02.2014	2	10.000,00
		800552	30.04.2014	4	5.000,00
		800993	30.09.2014	9	15.000,00
					70.000,00
D8001	Lichtkonzept GmbH	800255	31.01.2014	1	5.000,00
		800123	31.01.2014	1	25.000,00
		800635	31.05.2014	5	10.000,00
		800998	31.10.2014	10	10.000,00
					50.000,00
D8002	Licht & Bad GmbH	800159	31.01.2014	1	10.000,00
		800339	31.01.2014	1	15.000,00
		800450	31.01.2014	1	5.000,00
		800555	31.05.2014	5	20.000,00
		800701	31.08.2014	8	20.000,00
		800999	30.11.2014	11	10.000,00
					80.000,00
		Summe Umsatz			**200.000,00**

Abbildung 4.106: Datenbasis kumuliert in Periode 12

Dementsprechend habe ich die in Abbildung 4.107 gezeigten Regulierungsanforderungen erfasst. (Die Anzeige erfolgt mittels Transaktion WLI2 oder über den Menüpfad LOGISTIK • AGENTURGESCHÄFT • UMFELD • LISTAUSGABE AGENTURBELEGE).

Listausgabe Agenturbelege

Auswählen Sichern Beleg Rechnungswesen

RegulierBeleg	FArt	Rechn.Empf	Name 1	BuchDat.	Bukr.	Referenz	Währg	NettoBetrag	Steuer	Bttobetrag	RFSt	Text
2000000533	Z026	D8000	Lampenland Isabella	31.01.2014	9000	800100	EUR	10.000,00	0,00	10.000,00	D	Beleg ist nicht buchhaltungsre
2000000534	Z026		Lampenland Isabella	31.01.2014	9000	800258	EUR	10.000,00	0,00	10.000,00	D	Beleg ist nicht buchhaltungsre
2000000535	Z026		Lampenland Isabella	31.01.2014	9000	800213	EUR	20.000,00	0,00	20.000,00	D	Beleg ist nicht buchhaltungsre
2000000536	Z026		Lampenland Isabella	28.02.2014	9000	800487	EUR	10.000,00	0,00	10.000,00	D	Beleg ist nicht buchhaltungsre
2000000537	Z026		Lampenland Isabella	30.04.2014	9000	800552	EUR	5.000,00	0,00	5.000,00	D	Beleg ist nicht buchhaltungsre
2000000538	Z026		Lampenland Isabella	30.09.2014	9000	800993	EUR	15.000,00	0,00	15.000,00	D	Beleg ist nicht buchhaltungsre
		D8000					**EUR**	• **70.000,00**	• **0,00**	• **70.000,00**		
2000000539	Z026	D8001	Lichtkonzept GmbH	31.01.2014	9000	800255	EUR	5.000,00	0,00	5.000,00	D	Beleg ist nicht buchhaltungsre
2000000540	Z026		Lichtkonzept GmbH	31.01.2014	9000	800123	EUR	25.000,00	0,00	25.000,00	D	Beleg ist nicht buchhaltungsre
2000000541	Z026		Lichtkonzept GmbH	31.05.2014	9000	800635	EUR	10.000,00	0,00	10.000,00	D	Beleg ist nicht buchhaltungsre
2000000542	Z026		Lichtkonzept GmbH	31.10.2014	9000	800998	EUR	10.000,00	0,00	10.000,00	D	Beleg ist nicht buchhaltungsre
		D8001					**EUR**	• **50.000,00**	• **0,00**	• **50.000,00**		
2000000543	Z026	D8002	Licht & Bad GmbH	31.01.2014	9000	800159	EUR	10.000,00	0,00	10.000,00	D	Beleg ist nicht buchhaltungsre
2000000544	Z026		Licht & Bad GmbH	31.01.2014	9000	800339	EUR	15.000,00	0,00	15.000,00	D	Beleg ist nicht buchhaltungsre
2000000545	Z026		Licht & Bad GmbH	31.01.2014	9000	800450	EUR	5.000,00	0,00	5.000,00	D	Beleg ist nicht buchhaltungsre
2000000546	Z026		Licht & Bad GmbH	31.05.2014	9000	800555	EUR	20.000,00	0,00	20.000,00	D	Beleg ist nicht buchhaltungsre
2000000547	Z026		Licht & Bad GmbH	31.08.2014	9000	800701	EUR	20.000,00	0,00	20.000,00	D	Beleg ist nicht buchhaltungsre
2000000548	Z026		Licht & Bad GmbH	30.11.2014	9000	800999	EUR	10.000,00	0,00	10.000,00	D	Beleg ist nicht buchhaltungsre
		D8002					**EUR**	• **80.000,00**	• **0,00**	• **80.000,00**		
							EUR	•• **200.000,00**	•• **0,00**	•• **200.000,00**		

Abbildung 4.107: Regulierungsanforderungen WKZ Perioden 1 bis 12

Auch die Rückstellungen habe ich für die Perioden 1 bis 12 analog der in den vorangegangenen Kapiteln beschriebenen Vorgehensweise erzeugt. Auf dem Rückstellungskonto sehen Sie, dass sich in den Buchungsperioden 1 bis 12 Rückstellungen in Höhe von 2.000,00 EUR angesammelt haben (siehe Abbildung 4.108). Hierzu wähle ich den Menüpfad RECHNUNGSWESEN • FINANZWESEN • HAUPTBUCH • KONTO • POSTEN ANZEIGEN/ÄNDERN oder Transaktion FBL3N:

Sachkonten Einzelpostenliste

Selektionen Klärungsfall

Sachkonto 192700 Rückstellung
Buchungskreis 9000

St	Belegnr	Belegart	Buch.dat.	BS	Betr. in HW	HWähr	Text
✔	1000000132	AB	31.01.2014	50	400,00-	EUR	Rückstellung
✔	1000000133	AB	31.01.2014	50	300,00-	EUR	Rückstellung
✔	1000000134	AB	31.01.2014	50	300,00-	EUR	Rückstellung
✔	1000000135	AB	28.02.2014	50	100,00-	EUR	Rückstellung
✔	1000000136	AB	30.04.2014	50	50,00-	EUR	Rückstellung
✔	1000000137	AB	30.09.2014	50	150,00-	EUR	Rückstellung
✔	1000000138	AB	31.05.2014	50	100,00-	EUR	Rückstellung
✔	1000000139	AB	31.10.2014	50	100,00-	EUR	Rückstellung
✔	1000000140	AB	31.05.2014	50	200,00-	EUR	Rückstellung
✔	1000000141	AB	31.08.2014	50	200,00-	EUR	Rückstellung
✔	1000000142	AB	30.11.2014	50	100,00-	EUR	Rückstellung
* ✔					2.000,00-	EUR	
** Konto 192700					2.000,00-	EUR	

Abbildung 4.108: Rückstellungskonto in Periode 12 vor Rückstellungsauflösung

4.3.4 Erstellung der Vergütungslisten für die Auflösung der Rückstellungen am Jahresende

Da in Periode 12 die tatsächliche WKZ-Abrechnung erfolgt, löse ich im nächsten Schritt die gebildeten Rückstellungen in Periode 12 wieder auf. Auch dies erfolgt mithilfe einer Vergütungsliste (Transaktion WLF_RRLE_CREATE oder im Menü über LOGISTIK • AGENTURGESCHÄFT • ERWEITERTE VERGÜTUNGSLISTE • ALLGEMEIN), in der ich »Kunde« als *Vergütungslistenpartner*, die *Konditionsartengruppe* `ZS23` und das *Vergütungslistendatum* `31.12.2014` selektiere (siehe Abbildung 4.109):

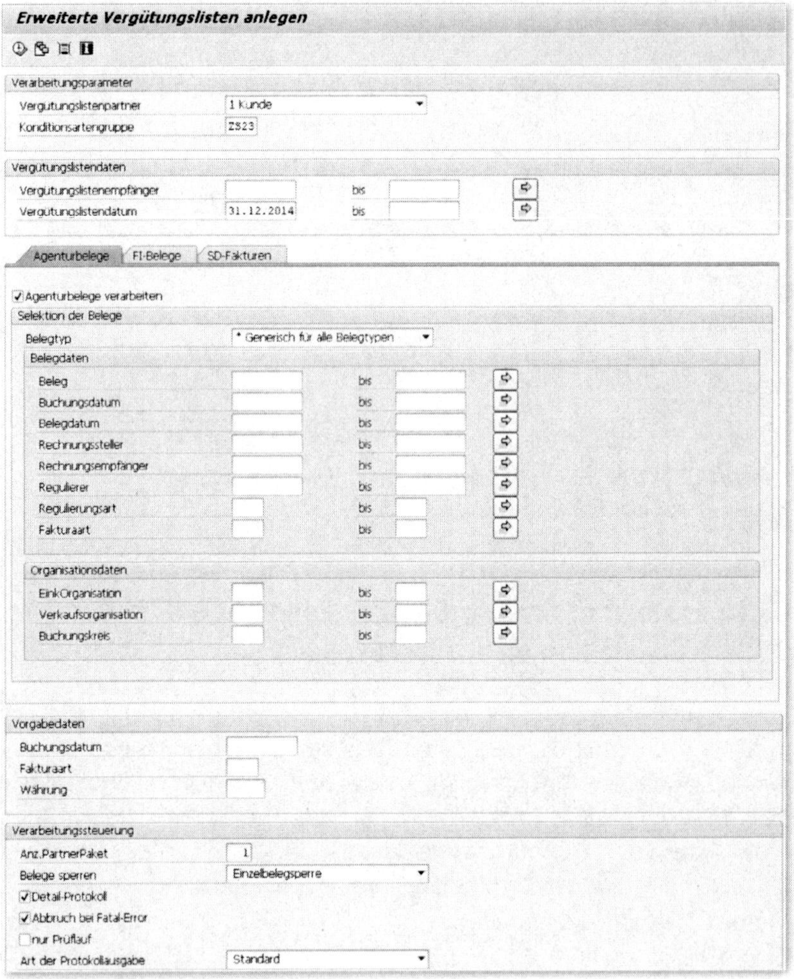

Erweiterte Vergütungslisten anlegen

Verarbeitungsparameter

Vergütungslistenpartner: 1 Kunde
Konditionsartengruppe: Z523

Vergütungslistendaten

Vergütungslistenempfänger bis
Vergütungslistendatum 31.12.2014 bis

Agenturbelege | FI-Belege | SD-Fakturen

☑ Agenturbelege verarbeiten

Selektion der Belege

Belegtyp: * Generisch für alle Belegtypen

Belegdaten

Beleg bis
Buchungsdatum bis
Belegdatum bis
Rechnungssteller bis
Rechnungsempfänger bis
Regulierer bis
Regulierungsart bis
Fakturaart bis

Organisationsdaten

EinkOrganisation bis
Verkaufsorganisation bis
Buchungskreis bis

Vorgabedaten

Buchungsdatum
Fakturaart
Währung

Verarbeitungssteuerung

Anz.PartnerPaket: 1
Belege sperren: Einzelbelegsperre
☑ Detail-Protokoll
☑ Abbruch bei Fatal-Error
☐ nur Prüflauf
Art der Protokollausgabe: Standard

Abbildung 4.109: Selektion Vergütungsliste

Das NACHRICHTENPROTOKOLL in Abbildung 4.110 zeigt drei erzeugte Vergütungslisten:

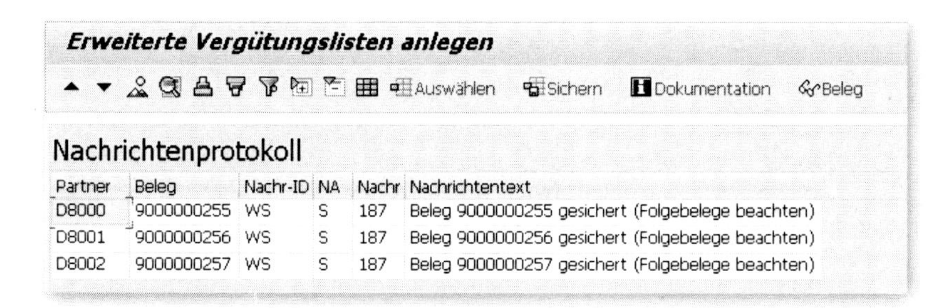

Erweiterte Vergütungslisten anlegen

Auswählen Sichern Dokumentation Beleg

Nachrichtenprotokoll

Partner	Beleg	Nachr-ID	NA	Nachr	Nachrichtentext
D8000	9000000255	WS	S	187	Beleg 9000000255 gesichert (Folgebelege beachten)
D8001	9000000256	WS	S	187	Beleg 9000000256 gesichert (Folgebelege beachten)
D8002	9000000257	WS	S	187	Beleg 9000000257 gesichert (Folgebelege beachten)

Abbildung 4.110: Nachrichtenprotokoll

Die erste Vergütungsliste sehen wir uns stellvertretend für alle drei im Detail an (siehe Abbildung 4.111).

Bonus Rückst. (BOA) 9000000255 anzeigen: Übersicht Vergütungslistenpos

Rechnungswesen Belegfluß Konditionen

Regulierer	D8000	ampenland Isabella/ D-76137 Karlsruhe Deutschland		
VergListenDatum	31.12.2014			
Vergütungsliste	9000000255	Nettowert	70.000,00-	BuchStatus
		Steuerbetrag	0,00	
		VergListenkondition	700,00	
		Steuer VergKondition	0,00	
		Endbetrag Reli	69.300,00-	

Listenbelege | Flexible Übersicht

Belege der Vergütungsliste

Position	Beleg	Fakturatyp	Betrag	Währung	Nettowert	Steuerbetrag	VergListenkondition	Steuer VergKondition
1	2000000533	Gutschrift	9.900,00	EUR	10.000,00	0,00	100,00-	0,00
2	2000000534	Gutschrift	9.900,00	EUR	10.000,00	0,00	100,00-	0,00
3	2000000535	Gutschrift	19.800,00	EUR	20.000,00	0,00	200,00-	0,00
4	2000000536	Gutschrift	9.900,00	EUR	10.000,00	0,00	100,00-	0,00
5	2000000537	Gutschrift	4.950,00	EUR	5.000,00	0,00	50,00-	0,00
6	2000000538	Gutschrift	14.850,00	EUR	15.000,00	0,00	150,00-	0,00

Abbildung 4.111: Vergütungsliste Rückstellungsauflösung

Die Vergütungsliste enthält alle Regulierungsanforderungen, die in den Perioden 1 bis 12 für den jeweiligen Vergütungslistenempfänger erfasst wurden und bucht die Auflösung der aus diesen Belegen resultierenden Rückstellungen im Rechnungswesen (siehe Abbildung 4.112).

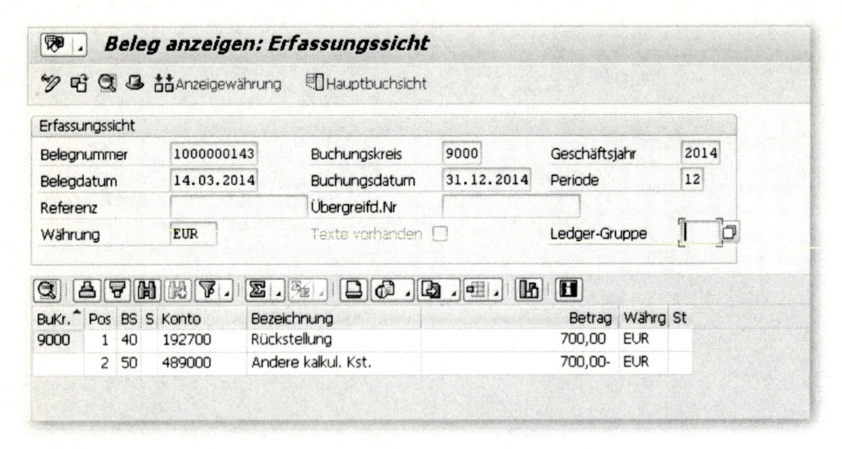

Beleg anzeigen: Erfassungssicht

Anzeigewährung Hauptbuchsicht

Erfassungssicht

Belegnummer	1000000143	Buchungskreis	9000	Geschäftsjahr	2014
Belegdatum	14.03.2014	Buchungsdatum	31.12.2014	Periode	12
Referenz		Übergreifd.Nr			
Währung	EUR	Texte vorhanden		Ledger-Gruppe	

BuKr.	Pos	BS	S	Konto	Bezeichnung		Betrag	Währg	St
9000	1	40		192700	Rückstellung		700,00	EUR	
	2	50		489000	Andere kalkul. Kst.		700,00-	EUR	

Abbildung 4.112: Rechnungswesen-Beleg für die Rückstellungsauflösung in Periode 12

Erwartungsgemäß ist nach der Auflösung aller Rückstellungen der Saldo auf dem Rückstellungskonto = 0,00 EUR (siehe Abbildung 4.113), dies prüfe ich mit der SACHKONTEN EINZELPOSTENLISTE, Transaktion FBL3N oder über das Menü RECHNUNGSWESEN • FINANZWESEN • HAUPTBUCH • KONTO • POSTEN ANZEIGEN/ÄNDERN:

Sachkonten Einzelpostenliste

Selektionen Klärungsfall

Sachkonto 192700 Rückstellung
Buchungskreis 9000

	St	Belegnr	Belegart	Buch.dat.	BS	Betr. in HW	HWähr	Text
	✔	1000000132	AB	31.01.2014	50	400,00-	EUR	Rückstellung
	✔	1000000133	AB	31.01.2014	50	300,00-	EUR	Rückstellung
	✔	1000000134	AB	31.01.2014	50	300,00-	EUR	Rückstellung
	✔	1000000135	AB	28.02.2014	50	100,00-	EUR	Rückstellung
	✔	1000000136	AB	30.04.2014	50	50,00-	EUR	Rückstellung
	✔	1000000137	AB	30.09.2014	50	150,00-	EUR	Rückstellung
	✔	1000000138	AB	31.05.2014	50	100,00-	EUR	Rückstellung
	✔	1000000139	AB	31.10.2014	50	100,00-	EUR	Rückstellung
	✔	1000000140	AB	31.05.2014	50	200,00-	EUR	Rückstellung
	✔	1000000141	AB	31.08.2014	50	200,00-	EUR	Rückstellung
	✔	1000000142	AB	30.11.2014	50	100,00-	EUR	Rückstellung
	✔	1000000143	AB	31.12.2014	40	700,00	EUR	Bonus Rückst.
	✔	1000000144	AB	31.12.2014	40	500,00	EUR	Bonus Rückst.
	✔	1000000145	AB	31.12.2014	40	800,00	EUR	Bonus Rückst.
*	✔					0,00	EUR	
** Konto 192700						0,00	EUR	

Abbildung 4.113: Rückstellungskonto in Periode 12 nach Rückstellungsauflösung

4.3.5 Erstellung der Vergütungslisten für die WKZ-Abrechnung am Jahresende

Als letzten Schritt führe ich nun noch die eigentliche WKZ-Abrechnung durch. Basierend auf den erfassten Regulierungsbelegen erwarte ich WKZ-Abrechnungen in Höhe von 2.000,00 EUR (Abbildung 4.114).

Debitor	Name	Faktura	von Datum	Periode	Netto [EUR]	WKZ 1% [EUR]
D8000	Lampenland Isabella	800100	31.01.2014	1	10.000,00	100,00
		800258	31.01.2014	1	10.000,00	100,00
		800213	31.01.2014	1	20.000,00	200,00
		800487	28.02.2014	2	10.000,00	100,00
		800552	30.04.2014	4	5.000,00	50,00
		800993	30.09.2014	9	15.000,00	150,00
				Summe WKZ		**700,00**
D8001	Lichtkonzept GmbH	800255	31.01.2014	1	5.000,00	50,00
		800123	31.01.2014	1	25.000,00	250,00
		800635	31.05.2014	5	10.000,00	100,00
		800998	31.10.2014	10	10.000,00	100,00
				Summe WKZ		**500,00**
D8002	Licht & Bad GmbH	800159	31.01.2014	1	10.000,00	100,00
		800339	31.01.2014	1	15.000,00	150,00
		800450	31.01.2014	1	5.000,00	50,00
		800555	31.05.2014	5	20.000,00	200,00
		800701	31.08.2014	8	20.000,00	200,00
		800999	30.11.2014	11	10.000,00	100,00
				Summe WKZ		**800,00**
				Summe WKZ gesamt		**2.000,00**

Abbildung 4.114: erwartete WKZ

Wieder greife ich auf die Erstellung von Vergütungslisten (im Menü zu erreichen über LOGISTIK • AGENTURGESCHÄFT • ERWEITERTE VERGÜTUNGSLISTE • ALLGEMEIN oder über Transaktion WLF_RRLE_CREATE) mit folgenden Parametern zurück (siehe Abbildung 4.115):

- *Vergütungslistenpartner »Kunde«*,
- *Konditionsartengruppe* ZS24 und
- *Vergütungslistendatum* 31.12.2014

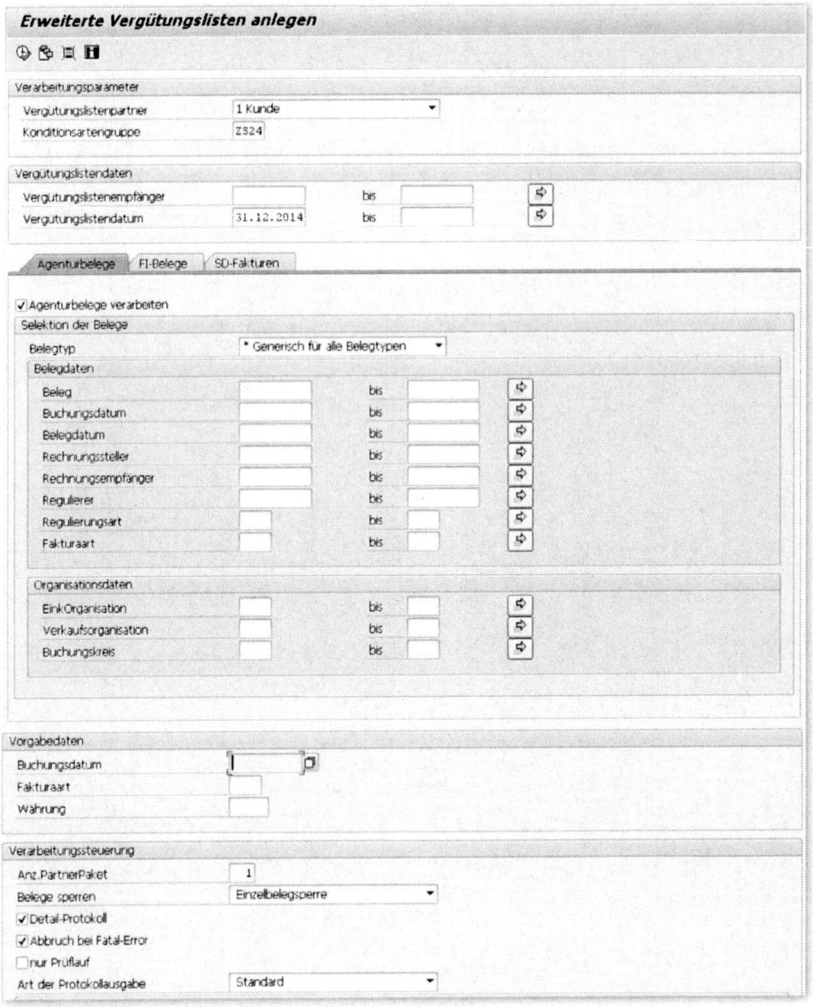

Erweiterte Vergütungslisten anlegen

Verarbeitungsparameter

Vergütungslistenpartner: 1 Kunde
Konditionsartengruppe: ZS24

Vergütungslistendaten

Vergütungslistenempfänger bis
Vergütungslistendatum 31.12.2014 bis

Agenturbelege | FI-Belege | SD-Fakturen

Agenturbelege verarbeiten

Selektion der Belege

Belegtyp: * Generisch für alle Belegtypen

Belegdaten

Beleg bis
Buchungsdatum bis
Belegdatum bis
Rechnungssteller bis
Rechnungsempfänger bis
Regulierer bis
Regulierungsart bis
Fakturaart bis

Organisationsdaten

EinkOrganisation bis
Verkaufsorganisation bis
Buchungskreis bis

Vorgabedaten

Buchungsdatum
Fakturaart
Währung

Verarbeitungssteuerung

Anz.PartnerPaket: 1
Belege sperren: Einzelbelegsperre
Detail-Protokoll
Abbruch bei Fatal-Error
nur Prüflauf
Art der Protokollausgabe: Standard

Abbildung 4.115: Selektion Vergütungsliste

Im NACHRICHTENPROTOKOLL sehen Sie je Vertriebspartner eine Abrechnung (siehe Abbildung 4.116):

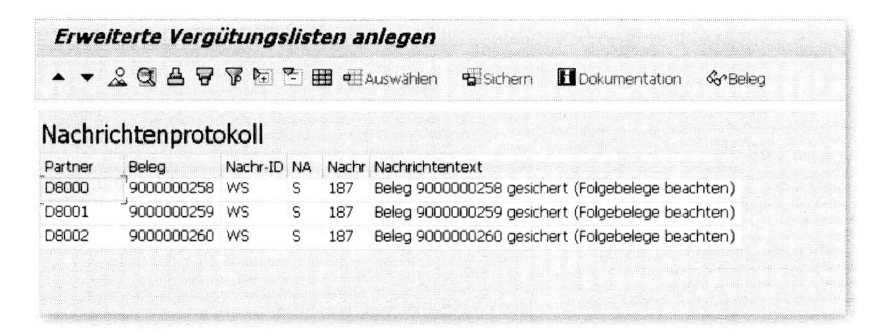

Partner	Beleg	Nachr-ID	NA	Nachr	Nachrichtentext
D8000	9000000258	WS	S	187	Beleg 9000000258 gesichert (Folgebelege beachten)
D8001	9000000259	WS	S	187	Beleg 9000000259 gesichert (Folgebelege beachten)
D8002	9000000260	WS	S	187	Beleg 9000000260 gesichert (Folgebelege beachten)

Abbildung 4.116: Nachrichtenprotokoll

Abbildung 4.117 zeigt den detaillierten Beleg für die erste Abrechnung:

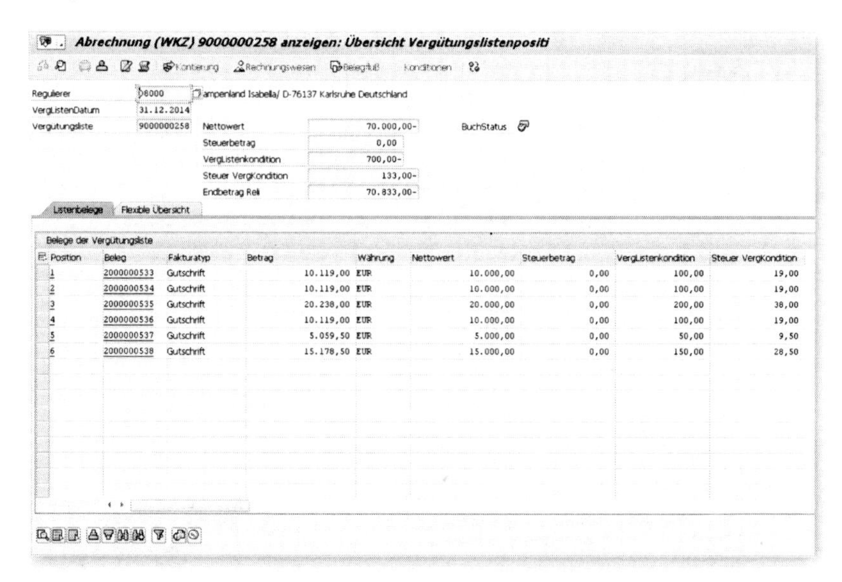

Position	Beleg	Fakturatyp	Betrag	Währung	Nettowert	Steuerbetrag	VergListenkondition	Steuer VergKondition
1	2000000533	Gutschrift	10.119,00	EUR	10.000,00	0,00	100,00	19,00
2	2000000534	Gutschrift	10.119,00	EUR	10.000,00	0,00	100,00	19,00
3	2000000535	Gutschrift	20.238,00	EUR	20.000,00	0,00	200,00	38,00
4	2000000536	Gutschrift	10.119,00	EUR	10.000,00	0,00	100,00	19,00
5	2000000537	Gutschrift	5.059,50	EUR	5.000,00	0,00	50,00	9,50
6	2000000538	Gutschrift	15.178,50	EUR	15.000,00	0,00	150,00	28,50

Abbildung 4.117: Vergütungsliste WKZ-Abrechnung

Wieder ist eine Nachrichtenausgabe möglich, bei der das hinterlegte Formular individuell gestaltet werden kann. Den erzeugten Rechnungswesen-Beleg zur Abrechnung zeigt Abbildung 4.118:

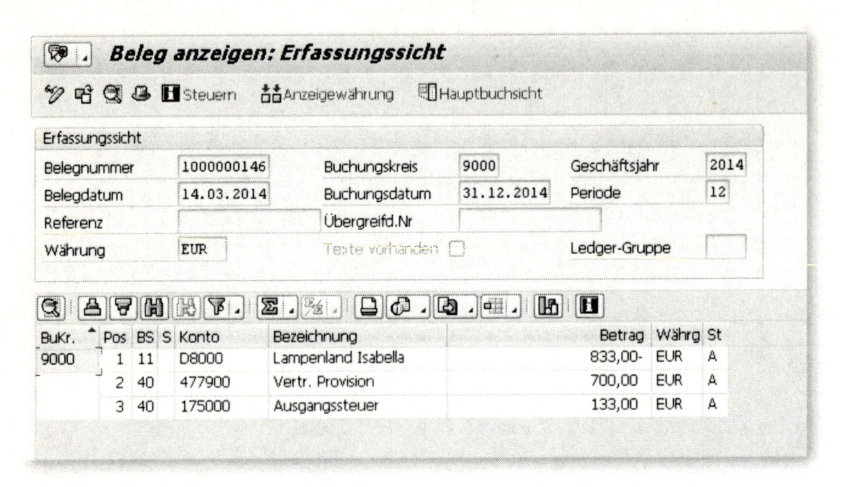

Beleg anzeigen: Erfassungssicht

Steuern Anzeigewährung Hauptbuchsicht

Erfassungssicht

Belegnummer	1000000146	Buchungskreis	9000	Geschäftsjahr	2014
Belegdatum	14.03.2014	Buchungsdatum	31.12.2014	Periode	12
Referenz		Übergreifd.Nr			
Währung	EUR	Texte vorhanden		Ledger-Gruppe	

BuKr.	Pos	BS	S	Konto	Bezeichnung	Betrag	Währg	St
9000	1	11		D8000	Lampenland Isabella	833,00-	EUR	A
	2	40		477900	Vertr. Provision	700,00	EUR	A
	3	40		175000	Ausgangssteuer	133,00	EUR	A

Abbildung 4.118: Rechnungswesen-Beleg WKZ-Abrechnung

In Summe sind auf dem Konto für die WKZ nun die erwarteten 2.000,00 EUR gebucht, was Sie in der Einzelpostenanzeige zum Sachkonto in Abbildung 4.119 erkennen können (hierzu wähle ich im Menü RECHNUNGSWESEN • FINANZWESEN • HAUPTBUCH • KONTO • POSTEN ANZEIGEN/ÄNDERN bzw. Transaktion FBL3N):

Sachkonten Einzelpostenliste

Selektionen Klärungsfall

Sachkonto 477900 Vertiebsprovision (Vermittlung)
Buchungskreis 9000

St	Belegnr	Belegart	Buch.dat.	BS	Betr. in HW	HWähr	Text
✔	1000000146	AB	31.12.2014	40	700,00	EUR	Abrechnung
✔	1000000147	AB	31.12.2014	40	500,00	EUR	Abrechnung
✔	1000000148	AB	31.12.2014	40	800,00	EUR	Abrechnung
* ✔					2.000,00	EUR	
** Konto 477900					2.000,00	EUR	

Abbildung 4.119: Einzelpostenanzeige WKZ-Konto

Auf den Konten der Vertriebspartner sind die jeweiligen WKZ-Beträge zzgl. Steuer gutgeschrieben (siehe Abbildung 4.120) und können nun z. B. mit ausstehenden Forderungen verrechnet werden. Zur Anzeige der Debitorenkonten folge ich dem Menü RECHNUNGSWESEN • FINANZ-

WESEN • DEBITOREN • KONTO • POSTEN ANZEIGEN/ÄNDERN oder wähle direkt Transaktion FBL5N.

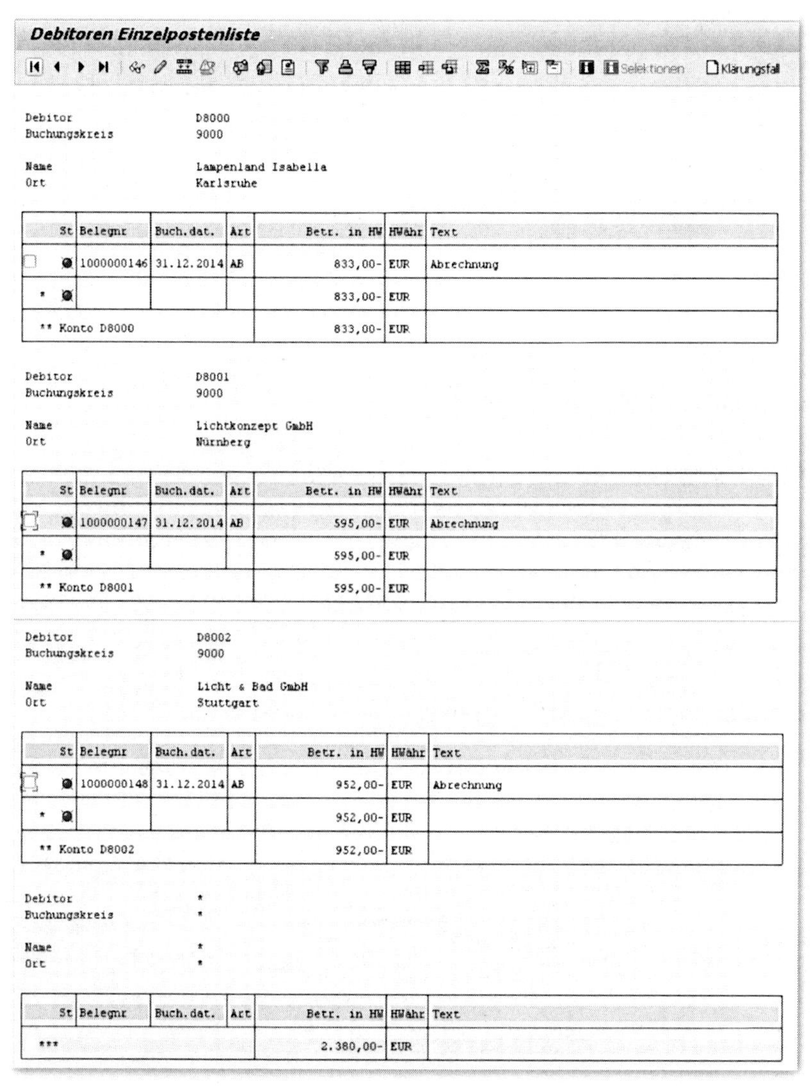

Debitoren Einzelpostenliste

Selektionen Klärungsfall

Debitor D8000
Buchungskreis 9000

Name Lampenland Isabella
Ort Karlsruhe

	St	Belegnr	Buch.dat.	Art	Betr. in HW	HWähr	Text
		1000000146	31.12.2014	AB	833,00-	EUR	Abrechnung
*					833,00-	EUR	
** Konto D8000					833,00-	EUR	

Debitor D8001
Buchungskreis 9000

Name Lichtkonzept GmbH
Ort Nürnberg

	St	Belegnr	Buch.dat.	Art	Betr. in HW	HWähr	Text
		1000000147	31.12.2014	AB	595,00-	EUR	Abrechnung
*					595,00-	EUR	
** Konto D8001					595,00-	EUR	

Debitor D8002
Buchungskreis 9000

Name Licht & Bad GmbH
Ort Stuttgart

	St	Belegnr	Buch.dat.	Art	Betr. in HW	HWähr	Text
		1000000148	31.12.2014	AB	952,00-	EUR	Abrechnung
*					952,00-	EUR	
** Konto D8002					952,00-	EUR	

Debitor *
Buchungskreis *

Name *
Ort *

	St	Belegnr	Buch.dat.	Art	Betr. in HW	HWähr	Text
***					2.380,00-	EUR	

Abbildung 4.120: WKZ-Gutschriften – Debitorenkonten

Weitere Szenarien im Bereich WKZ

In der Praxis werden WKZ sehr unterschiedlich gehandhabt, die Berechnungs- und Abrechnungsprozesse hierzu sind vielfältig. Beispielsweise erfolgt die Abrechnung der WKZ anhand der eingereichten Werbekostenbelege der Vertriebspartner, oder es werden Werbekostenbudgets anteilig verteilt. Auch diese Konstellationen können mithilfe des Agenturgeschäftes abgebildet werden.

4.4 Gutscheinabwicklung

Viele Handelsunternehmen mit *Filialen* oder *Franchiseunternehmen* bieten in Ihrem Webshop *Gutscheine* zum Kauf an. Die Zahlung erfolgt hier in der Regel vor dem eigentlichen Bezug der Ware und der Einlösung des Gutscheins. Das Gutschein ausgebende Unternehmen weiß dabei nicht, wann und – falls die Einlösung nicht über eine Bestellung im Webshop ausgelöst wird – in welcher Filiale der Gutschein eingelöst werden wird. Stellen Sie sich dazu folgendes Beispielszenario, dargestellt in Abbildung 4.121, vor:

- Die Gutscheine werden von der Unternehmenszentrale ausgegeben.
- Die Einlösung erfolgt zum Zeitpunkt X in einer Filiale des Unternehmens.
- Die Zentrale erhebt bei Einlösung des Gutscheins für die Abwicklung eine *Dienstleistungsgebühr* gegenüber der Filiale.
- Diese Gebühr wird monatlich gesammelt für alle eingereichten Gutscheine abgerechnet.

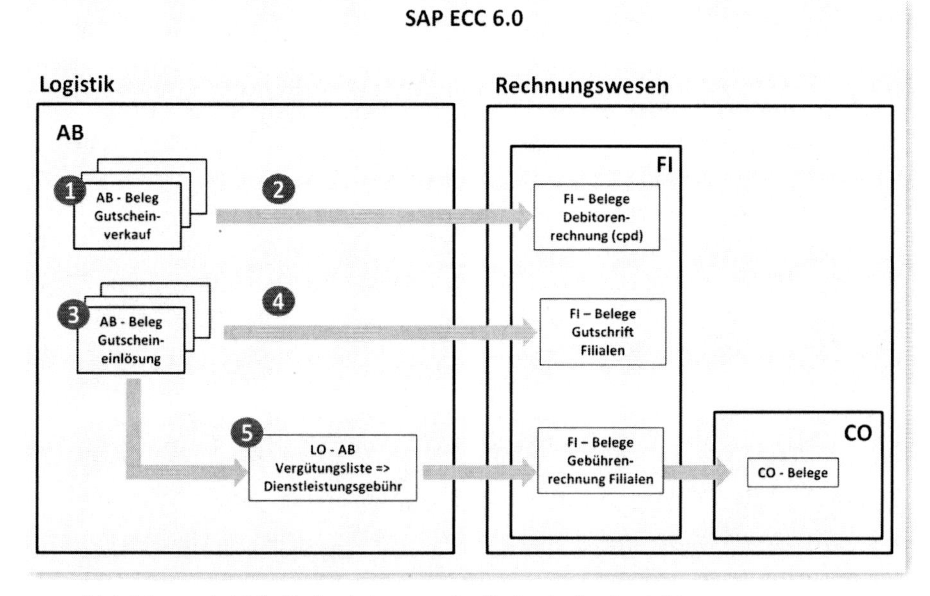

Abbildung 4.121: Beispielszenario Gutscheinabwicklung

Demnach sind folgende Prozessschritte auszuführen:

❶ Erfassung des Gutscheinverkaufs,

❷ Prüfung und Freigabe des Gutscheinverkaufs, Buchung der Forderung aus Gutscheinverkauf auf einem *cpd-Debitor* (conto pro diversae/Einmalkunden),

❸ Erfassung der Gutscheineinlösung,

❹ Prüfung und Freigabe der Gutscheineinlösung, Buchung der Verbindlichkeit gegenüber der Filiale,

❺ Abrechnung der Dienstleistungsgebühr.

4.4.1 Erfassung des Gutscheinverkaufs

Wird vom Endkunden ein Gutschein über den Webshop gekauft, ist es für die weitere Abwicklung in der ausgebenden Unternehmenszentrale unerheblich, ob es sich um einen Gutschein zum Selbstausdrucken oder um einen in Papier-/Kartenform handelt. Dies hat gegebenenfalls Einfluss auf die Art der Belegerfassung (maschinell/manuell), nicht aber auf den Erfassungsbeleg selbst. Auf die Ausstellung des Gutscheins werde ich in meinem Beispiel nicht eingehen, sondern die buchhalterische Sicht des Prozesses darstellen. Abbildung 4.122 zeigt einen als Beleg erfassten Gutscheinverkauf, im Menü zu finden unter LOGISTIK • AGENTURGESCHÄFT • REGULIERUNG • REGULIERUNGSANFORDERUNG • ANZEIGEN, bzw. über Transaktion WZR3.

Abbildung 4.122: Beleg Gutscheinverkauf

Bitte beachten Sie, dass es sich in unserem Beispiel bei den Endkunden, aus Sicht der Gutschein-ausgebenden Stelle, um Einmalkunden handelt. Daher wird der Gutscheinverkauf auf einem cpd-Konto erfasst. Die Adressdaten müssen für den aktuellen Endkunden individuell eingegeben werden, und können auch später in der Belegansicht (siehe Abbildung 4.123) eingeblendet werden.

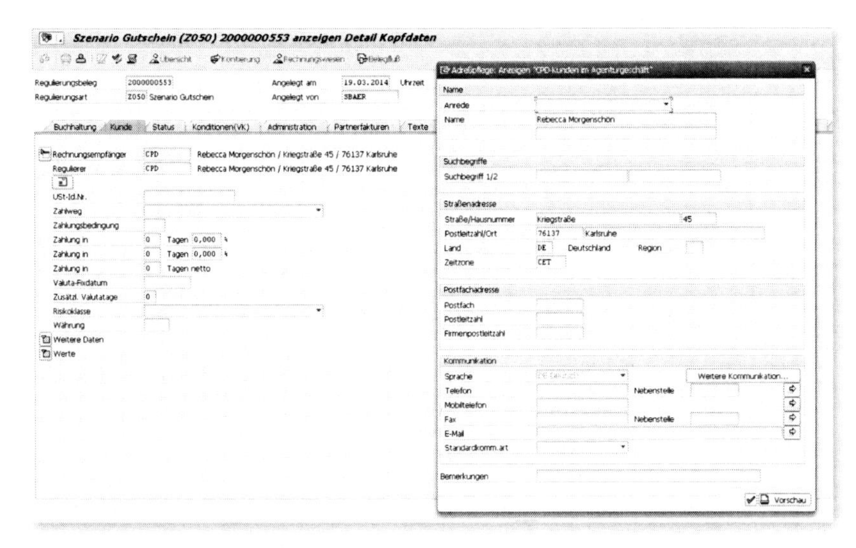

Abbildung 4.123: Adresseingabe zum cpd-Kunden

Auch in diesem Szenario soll der erfasste Beleg nicht sofort ins Rechnungswesen übergeleitet, sondern zuvor geprüft und freigegeben werden. Daher erhält auch er initial den Status »erfasst« (siehe Abbildung 4.124).

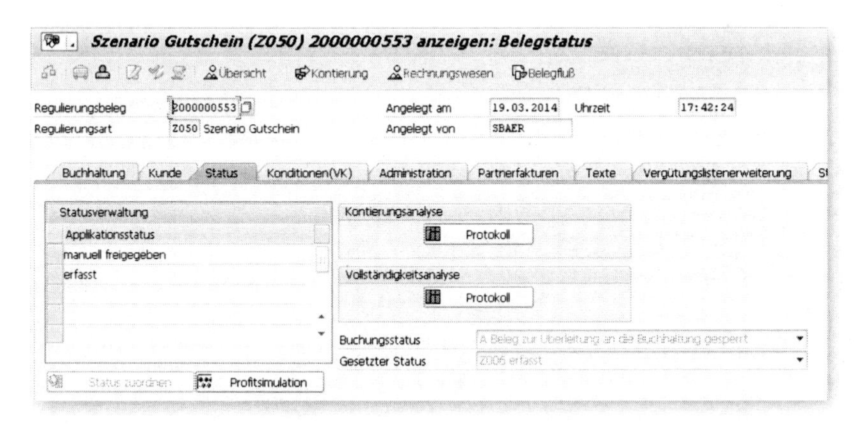

Abbildung 4.124: Applikationsstatus vor Freigabe

4.4.2 Prüfung und Freigabe des Gutscheinverkaufs

Im nächsten Schritt werden die erfassten Gutscheinverkäufe – in Abbildung 4.125 habe ich drei Belege erfasst – geprüft und freigegeben. Diese Prüfung kann beispielsweise täglich mithilfe der Listausgabe, im Menü unter LOGISTIK • AGENTURGESCHÄFT • UMFELD • LISTAUSGABE AGENTURBELEGE oder mit Transaktion WLI2 erreichbar, erfolgen.

Listausgabe Agenturbelege

Auswählen Sichern Beleg Rechnungswesen

RegulierBeleg	FArt	Rechn.Empf	Name	BuchDat.	BuKr.	Referenz	Währg	Σ Netto	Σ Steuer	Σ Bttobetrag	RFSt	Text
2000000553	Z050	CPD	cpd	19.03.2014	9000	GU-1000	EUR	50,00	0,00	50,00	A	Beleg zur Überleitung an die B
2000000554	Z050		cpd	21.03.2014	9000	GU-1010	EUR	30,00	0,00	30,00	A	Beleg zur Überleitung an die B
2000000555	Z050		cpd	28.03.2014	9000	GU-1020	EUR	100,00	0,00	100,00	A	Beleg zur Überleitung an die B
		CPD					EUR	• 180,00	• 0,00	• 180,00		
							EUR	•• 180,00	•• 0,00	•• 180,00		

Abbildung 4.125: Selektion der freizugebenden Belege

Die freizugebenden Belege werden markiert, dann betätige ich den Button APPLIKATIONSSTATUS ÄNDERN, um den Status für alle Belege in einem Arbeitsgang auf »0005 manuell freigegeben« zu ändern (siehe Abbildung 4.126):

Listausgabe Agenturbelege

Auswählen Sichern Beleg Rechnungswesen

RegulierBeleg	FArt	Rechn.Empf	Name	BuchDat.	BuKr.	Referenz	Währg	Σ Netto	Σ Steuer	Σ Bttobetrag	RFSt	Text
2000000553	Z050	CPD	cpd	19.03.2014	9000	GU-1000	EUR	50,00	0,00	50,00	A	Beleg zur Überleitung an die B
2000000554	Z050		cpd	21.03.2014	9000	GU-1010	EUR	30,00	0,00	30,00	A	Beleg zur Überleitung an die B
2000000555	Z050		cpd	28.03.2014	9000	GU-1020	EUR	100,00	0,00	100,00	A	Beleg zur Überleitung an die B
		CPD					EUR	• 180,00	• 0,00	• 180,00		
							EUR	•• 180,00	•• 0,00	•• 180,00		

Wählen Sie den neuen Applikatio...

ApplStatus 0005

Abbildung 4.126: Manuelle Freigabe

Wie Sie dem NACHRICHTENPROTOKOLL in Abbildung 4.127 entnehmen können, wurden alle drei Belege in das Rechnungswesen übergeleitet und haben dort entsprechende Belege erzeugt:

Abbildung 4.127: Nachrichtenprotokoll

Die einzelnen Belege – Abbildung 4.128 zeigt einen davon exemplarisch – haben nun den Status »gebucht«.

Abbildung 4.128: Einzelbeleg nach Freigabe

Jeder Beleg führte zu einer entsprechenden Buchung im Rechnungswesen, Abbildung 4.129 zeigt stellvertretend für alle drei einen dieser Belege:

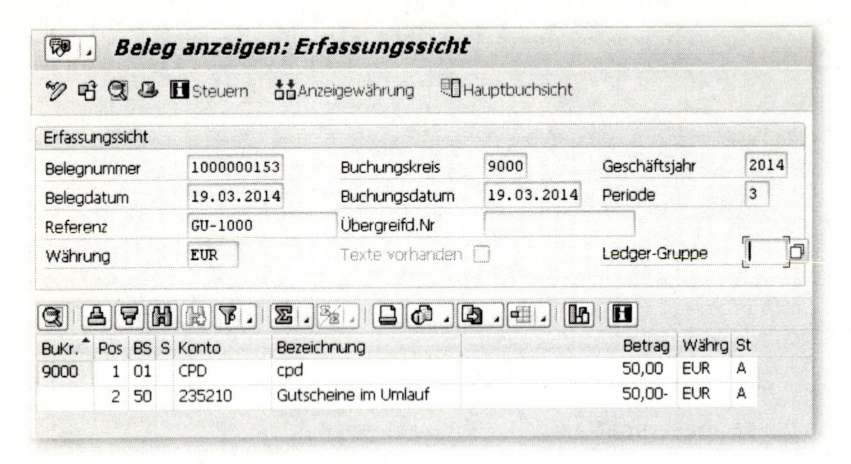

Abbildung 4.129: Rechnungswesen-Beleg für Gutscheinverkauf

4.4.3 Erfassung der Gutscheineinlösung

Während der offene Posten auf dem cpd-Konto durch eine Zahlung des Endkunden ausgeglichen wird, bleibt der Ausgabewert des Gutscheines auf dem Sachkonto »Gutscheine im Umlauf« stehen, sodass auch über einen Jahreswechsel hinweg jederzeit das Volumen der Gutscheine im Umlauf ermittelt werden kann. Wird ein Gutschein dann zu einem späteren Zeitpunkt eingelöst und von der einlösenden Filiale die Einlösung des Gutscheins gemeldet, wird dafür ein Beleg mit der entsprechenden Gutscheinnummer angelegt, dies erfolgt im Menü unter LOGISTIK • AGENTURGESCHÄFT • REGULIERUNG • REGULIERUNGSANFORDERUNG • ANLEGEN bzw. mittels Transaktion WZR1 (siehe Abbildung 4.130).

Im Feld REFERENZ erfasse ich die Nummer des eingelösten Gutscheins, außerdem erhält er automatisch den initialen Applikationsstatus »erfasst«, siehe Abbildung 4.131, sodass auch hier wieder zunächst eine Prüfung und Freigabe erfolgen muss, bevor ein Beleg im Rechnungswesen gebucht werden kann.

Szenario Gutschein (Z050) 2000000557 ändern: Übersicht Regulierungsbel

Kontierung | Rechnungswesen | Belegfluß | Kopfkonditionen (EK) | Kopfkonditionen (VK)

Fakturaart: Z052 Gutscheineinlösung
Rechnungsempfänger: D8001 Lichtkonzept GmbH/ D-90358 Nürnberg Deutschland
Zahlungsbedingung:
Tage/Prozente: % %
Valuta-Fixdatum: 30.04.2014
Zusätzl. Valutatage:

Grunddaten | Positionsübersicht | Zusatzdaten | Vorgangsgrund | Flexible Übersicht

Buchhaltungsdaten
Buchungsdatum: 08.04.2014 Belegdatum: 08.04.2014 Buchungsstatus
Referenz: GU-1000 Zuordnung: ZahlReferenz:

Gutschriftsbruttobetrag: 40,00 EUR ☑ Steuern rechnen
Gutschriftsnettobetrag: 40,00
Differenz: 0,00

Rechnungspositionen

Pos	Nettobetrag	AuSt	Steuerbetrag	Bruttobetrag	Material	Fakturierte Menge	ME
1	40,00	A0	0,00	40,00			
0		A0					
0		A0					
0		A0					

Verkauf | VK-Steuern

Abbildung 4.130: Beleg Gutscheineinlösung

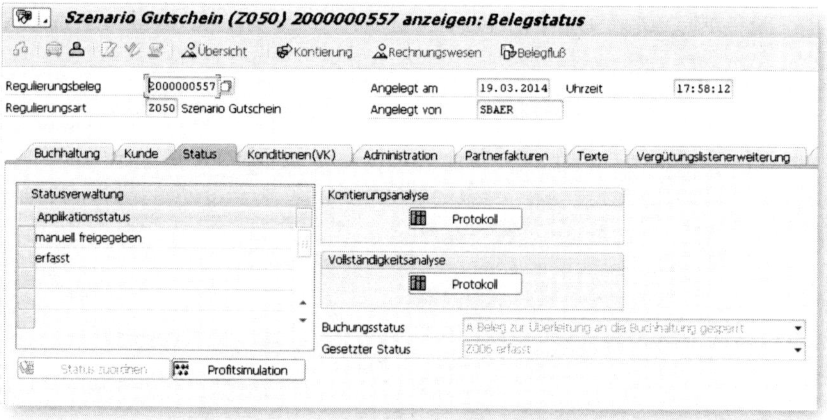

Szenario Gutschein (Z050) 2000000557 anzeigen: Belegstatus

Übersicht | Kontierung | Rechnungswesen | Belegfluß

Regulierungsbeleg: 2000000557 Angelegt am: 19.03.2014 Uhrzeit: 17:58:12
Regulierungsart: Z050 Szenario Gutschein Angelegt von: SBAER

Buchhaltung | Kunde | Status | Konditionen(VK) | Administration | Partnerfakturen | Texte | Vergütungslistenerweiterung

Statusverwaltung
Applikationsstatus
manuell freigegeben
erfasst

Kontierungsanalyse: Protokoll
Vollständigkeitsanalyse: Protokoll

Buchungsstatus: A Beleg zur Überleitung an die Buchhaltung gesperrt
Gesetzter Status: Z006 erfasst

Status zuordnen | Profitsimulation

Abbildung 4.131: Applikationsstatus vor Freigabe

Da die Filialen für die Abwicklung der Gutscheine eine Dienstleistungsgebühr an die Zentrale erstatten müssen, wird diese bereits im Beleg zur Gutscheineinlösung berechnet, dies sehen Sie in Abbildung 4.132.

Abbildung 4.132: Berechnung der Dienstleistungsgebühr

Die Dienstleistungsgebühr soll in meinem Beispielszenario monatlich gesammelt gegenüber den einzelnen Filialen abgerechnet werden. Daher wird dieser Betrag automatisch für die Abrechnung mittels Vergütungsliste per Ultimo des Monats der Einlösung vorgemerkt (siehe Abbildung 4.133).

Abbildung 4.133: Vergütungslistenvormerkung

4.4.4 Prüfung und Freigabe der Gutscheineinlösung

Wie bereits in den vorhergehenden Szenarien dargestellt, selektiere ich auch hier die zu prüfenden und freizugebenden Belege – z. B. täglich (siehe Abbildung 4.134) – über Menüpfad LOGISTIK • AGENTURGESCHÄFT • UMFELD • LISTAUSGABE AGENTURBELEGE bzw. Transaktion WLI2.

Listausgabe Agenturbelege

Auswählen · Sichern · Beleg · Rechnungswesen

RegulierBeleg	FArt	Rechn.Empf	Name 1	BuchDat.	BuKr.	Referenz	Währg	Σ Netto	Σ Steuer	Σ Bttobetrag	RFSt	Text
2000000557	Z052	D8001	Lichtkonzept GmbH	08.04.2014	9000	GU-1000	EUR	40,00-	0,00	40,00-	A	Beleg zur Überleitung an die B
2000000556	Z052	D8002	Licht & Bad GmbH	17.04.2014	9000	GU-1020	EUR	100,00-	0,00	100,00-	A	Beleg zur Überleitung an die B
							EUR	**140,00-**	**0,00**	**140,00-**		

Abbildung 4.134: Selektion der freizugebenden Belege

Ich markiere die freizugebenden Belege und betätige den Button APPLIKATIONSSTATUS ÄNDERN, um den Status für alle Belege in einem Arbeitsgang auf »0005 manuell freigegeben« zu ändern (siehe Abbildung 4.135).

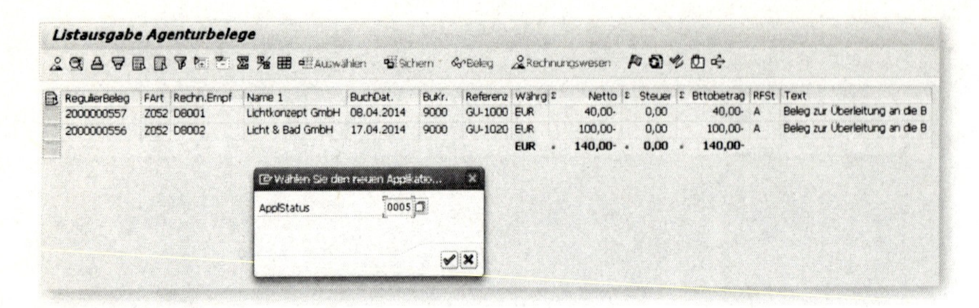

Abbildung 4.135: Manuelle Freigabe

Das NACHRICHTENPROTOKOLL (siehe Abbildung 4.136) bestätigt, dass durch die Freigabe zwei Belege ins Rechnungswesen übergeleitet werden konnten:

Listausgabe Agenturbelege

Auswählen Sichern Dokumentation Beleg

Nachrichtenprotokoll

Beleg	Nachrichtenklasse	N	N	Nachrichtentext
20000005...	WS	S	093	Beleg 2000000556 gesichert (Buchhaltungsbeleg erstellt)
20000005...	WS	S	093	Beleg 2000000557 gesichert (Buchhaltungsbeleg erstellt)

Abbildung 4.136: Nachrichtenprotokoll

Die Regulierungsbelege für die Gutscheineinlösung haben nun den Status gebucht, wie Sie in Abbildung 4.137 stellvertretend für alle Belege sehen können.

Der zugehörige Rechnungswesen-Beleg bucht zum einen den Einlösungsbetrag als Verbindlichkeit gegenüber der Filiale und gleichzeitig wieder auf das Sachkonto »Gutscheine im Umlauf«, siehe Abbildung 4.138. So ist gewährleistet, dass das Konto »Gutscheine im Umlauf« zu jedem Zeitpunkt den tatsächlich noch offen stehenden Wert aller ausgegebenen Gutscheine, auch bei Teileinlösungen, ausweist.

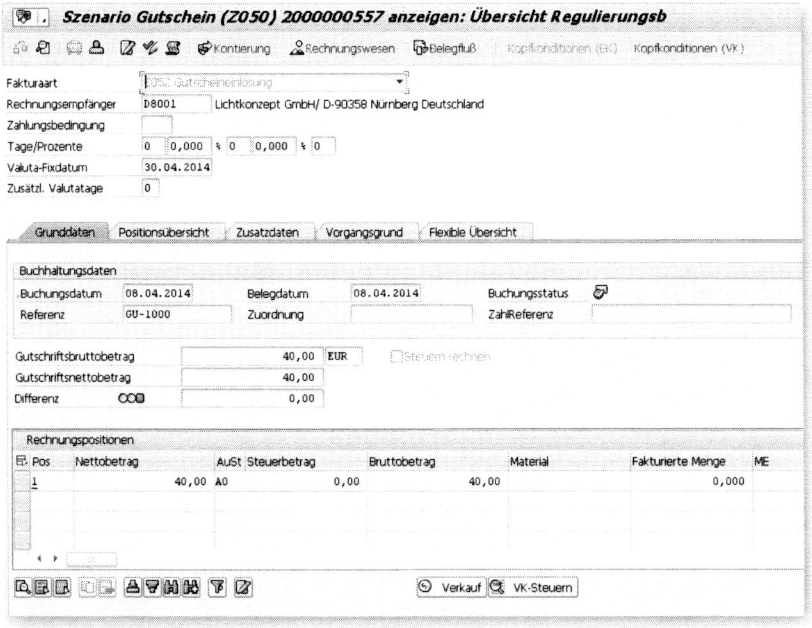

Szenario Gutschein (Z050) 2000000557 anzeigen: Übersicht Regulierungsb

Kontierung | Rechnungswesen | Belegfluß | Kopfkonditionen (EK) | Kopfkonditionen (VK)

Fakturaart	Z052 Gutscheineinlösung	
Rechnungsempfänger	D8001	Lichtkonzept GmbH/ D-90358 Nürnberg Deutschland
Zahlungsbedingung		
Tage/Prozente	0 0,000 % 0 0,000 % 0	
Valuta-Fixdatum	30.04.2014	
Zusätzl. Valutatage	0	

Grunddaten | Positionsübersicht | Zusatzdaten | Vorgangsgrund | Flexible Übersicht

Buchhaltungsdaten

Buchungsdatum	08.04.2014	Belegdatum	08.04.2014	Buchungsstatus	
Referenz	GU-1000	Zuordnung		ZahlReferenz	

Gutschriftsbruttobetrag	40,00	EUR
Gutschriftsnettobetrag	40,00	
Differenz	0,00	

Steuern rechnen

Rechnungspositionen

Pos	Nettobetrag	AuSt	Steuerbetrag	Bruttobetrag	Material	Fakturierte Menge	ME
1	40,00	A0	0,00	40,00		0,000	

Verkauf | VK-Steuern

Abbildung 4.137: Einzelbeleg nach Freigabe

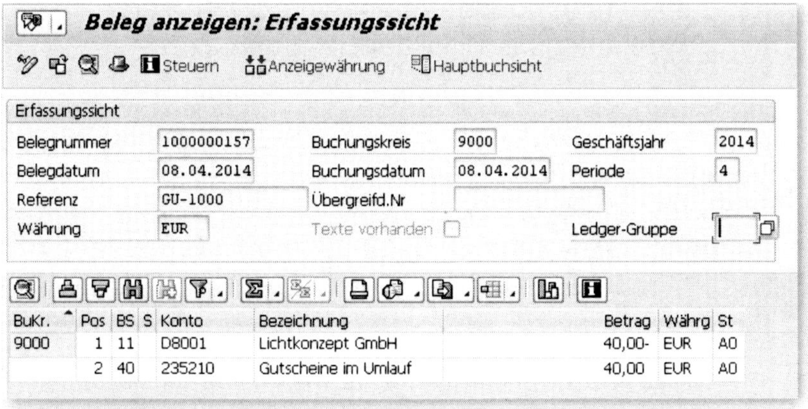

Beleg anzeigen: Erfassungssicht

Steuern | Anzeigewährung | Hauptbuchsicht

Erfassungssicht

Belegnummer	1000000157	Buchungskreis	9000	Geschäftsjahr	2014
Belegdatum	08.04.2014	Buchungsdatum	08.04.2014	Periode	4
Referenz	GU-1000	Übergreifd.Nr			
Währung	EUR	Texte vorhanden		Ledger-Gruppe	

BuKr.	Pos	BS	S	Konto	Bezeichnung	Betrag	Währg	St
9000	1	11		D8001	Lichtkonzept GmbH	40,00-	EUR	A0
	2	40		235210	Gutscheine im Umlauf	40,00	EUR	A0

Abbildung 4.138: Rechnungswesen-Beleg, Gutscheineinlösung

An dieser Stelle werfen wir noch einen Blick auf den Report LISTAUSGABE AGENTURBELEGE (Transaktion WLI2). In dieser Auswertung sehen Sie zu allen ausgegebenen Gutscheinen (Referenznummern) jederzeit den aktuellen Stand der Einlösungen und Teileinlösungen. In Abbildung 4.139 können Sie so für mein Beispiel auf Anhieb erkennen, dass Gutschein GU-1000 teileingelöst wurde, zu Gutschein GU-1010 noch keine Einlösung stattgefunden hat und Gutschein GU-1020 komplett eingelöst wurde.

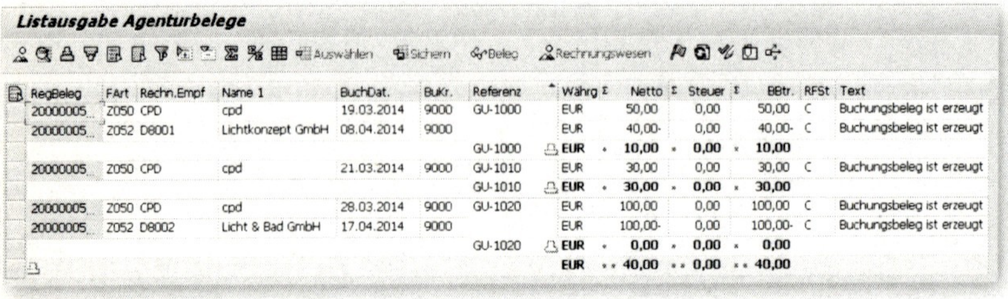

Listausgabe Agenturbelege

Auswählen Sichern Beleg Rechnungswesen

RegBeleg	FArt	Rechn.Empf	Name 1	BuchDat.	BuKr.	Referenz	Währg	Netto	Steuer	BBtr.	RFSt	Text
20000005...	Z050	CPD	cpd	19.03.2014	9000	GU-1000	EUR	50,00	0,00	50,00	C	Buchungsbeleg ist erzeugt
20000005...	Z052	D8001	Lichtkonzept GmbH	08.04.2014	9000		EUR	40,00-	0,00	40,00-	C	Buchungsbeleg ist erzeugt
						GU-1000	**EUR**	• **10,00**	• **0,00**	• **10,00**		
20000005...	Z050	CPD	cpd	21.03.2014	9000	GU-1010	EUR	30,00	0,00	30,00	C	Buchungsbeleg ist erzeugt
						GU-1010	**EUR**	• **30,00**	• **0,00**	• **30,00**		
20000005...	Z050	CPD	cpd	28.03.2014	9000	GU-1020	EUR	100,00	0,00	100,00	C	Buchungsbeleg ist erzeugt
20000005...	Z052	D8002	Licht & Bad GmbH	17.04.2014	9000		EUR	100,00-	0,00	100,00-	C	Buchungsbeleg ist erzeugt
						GU-1020	**EUR**	• **0,00**	• **0,00**	• **0,00**		
							EUR	•• **40,00**	•• **0,00**	•• **40,00**		

Abbildung 4.139: Übersicht ausgegebener/eingelöster Gutscheine

Diese Information steht Ihnen bereits vor der Freigabe und Überleitung der Belege ins Rechnungswesen zur Verfügung.

4.4.5 Abrechnung der Dienstleistungsgebühr

Zum Schluss rechne ich nun noch die Dienstleistungsgebühr gegenüber den Filialen ab. Dies erfolgt monatlich gesammelt für alle im Abrechnungsmonat (teil)eingelösten Gutscheine. In meinem Beispiel wurden zwei Gutscheine in zwei unterschiedlichen Filialen eingelöst, daher erwarte ich zwei Abrechnungen. Technisch erfolgt die Abrechnung über die Erzeugung einer Vergütungsliste, Transaktion WLF_RRLE_CREATE oder im Menü unter LOGISTIK • AGENTURGESCHÄFT • ERWEITERTE VERGÜTUNGSLISTE • ALLGEMEIN. Ich selektiere hierzu KUNDE als *Vergütungslistenpartner*, die *Konditionsartengruppe* ZS50 und das *Vergütungslistendatum* 30.04.2014 (siehe Abbildung 4.140):

Erweiterte Vergütungslisten anlegen

Verarbeitungsparameter

Vergütungslistenpartner: 1 Kunde
Konditionsartengruppe: ZS50

Vergütungslistendaten

Vergütungslistenempfänger bis
Vergütungslistendatum 30.04.2014 bis

Agenturbelege | FI-Belege | SD-Fakturen

☑ Agenturbelege verarbeiten

Selektion der Belege

Belegtyp: * Generisch für alle Belegtypen

Belegdaten

Beleg bis
Buchungsdatum bis
Belegdatum bis
Rechnungssteller bis
Rechnungsempfänger bis
Regulierer bis
Regulierungsart bis
Fakturaart bis

Organisationsdaten

EinkOrganisation bis
Verkaufsorganisation bis
Buchungskreis bis

Vorgabedaten

Buchungsdatum
Fakturaart
Währung

Verarbeitungssteuerung

Anz.PartnerPaket: 1
Belege sperren: Einzelbelegsperre
☑ Detail-Protokoll
☑ Abbruch bei Fatal-Error
☑ nur Prüflauf
Art der Protokollausgabe: Standard

Abbildung 4.140: Selektion Vergütungsliste

Erwartungsgemäß zeigt das NACHRICHTENPROTOKOLL an, dass zwei Abrechnungen erzeugt wurden (siehe Abbildung 4.141):

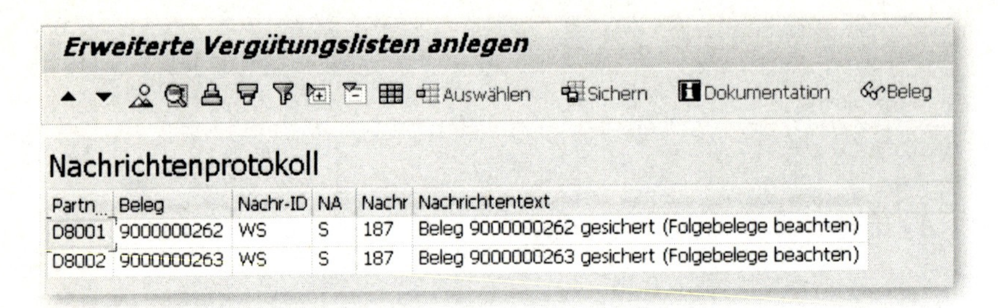
Erweiterte Vergütungslisten anlegen

Nachrichtenprotokoll

Partn...	Beleg	Nachr-ID	NA	Nachr	Nachrichtentext
D8001	9000000262	WS	S	187	Beleg 9000000262 gesichert (Folgebelege beachten)
D8002	9000000263	WS	S	187	Beleg 9000000263 gesichert (Folgebelege beachten)

Abbildung 4.141: Nachrichtenprotokoll

Die erste Abrechnung ermittelt einen Betrag von 0,95 EUR für Filiale 1 (siehe Abbildung 4.142):

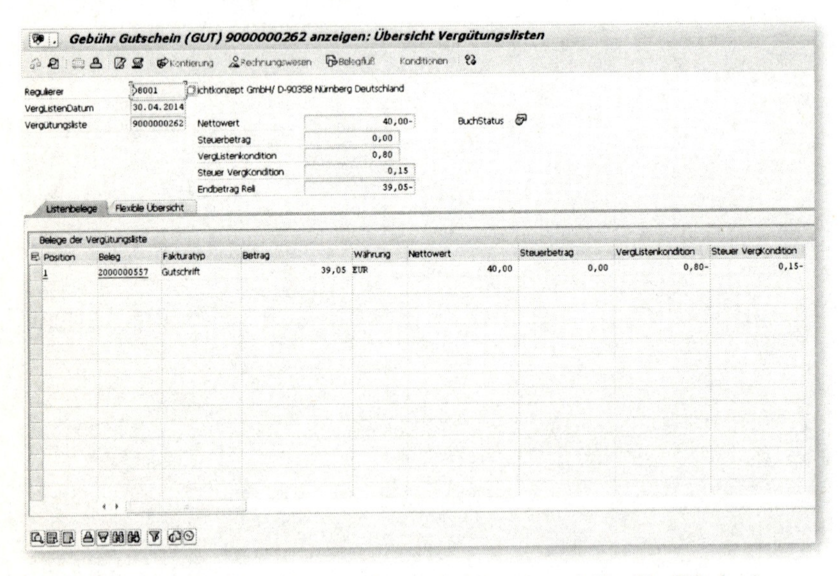

Abbildung 4.142: Abrechnung Dienstleistungsgebühr für Filiale 1

Der Betrag wird auch automatisch sofort im Rechnungswesen gebucht (siehe Abbildung 4.143):

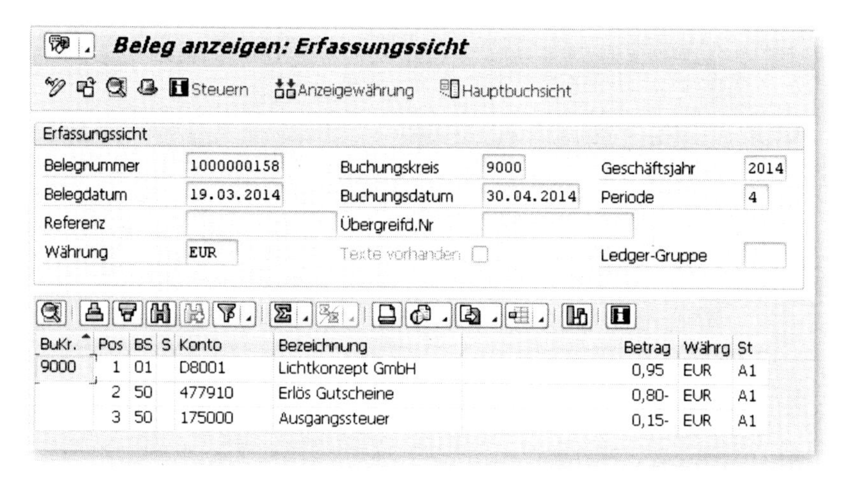

Abbildung 4.143: Rechnungswesen-Beleg Dienstleistungsgebühr für Filiale 1

Die zweite Abrechnung ermittelt einen Betrag von 2,38 EUR für Filiale 2 (siehe Abbildung 4.144):

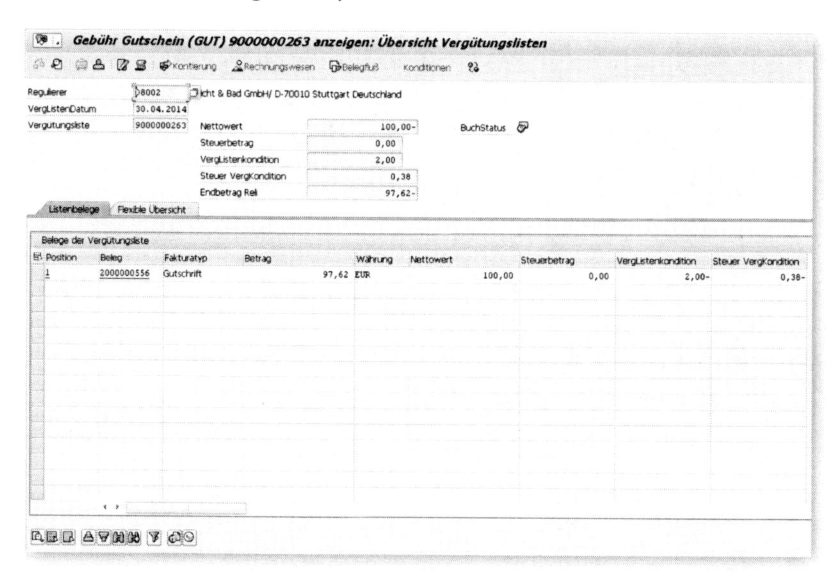

Abbildung 4.144: Abrechnung Dienstleistungsgebühr für Filiale 2

Und auch hier zeigt uns Abbildung 4.145 die automatische und sofortige Buchung im Rechnungswesen.

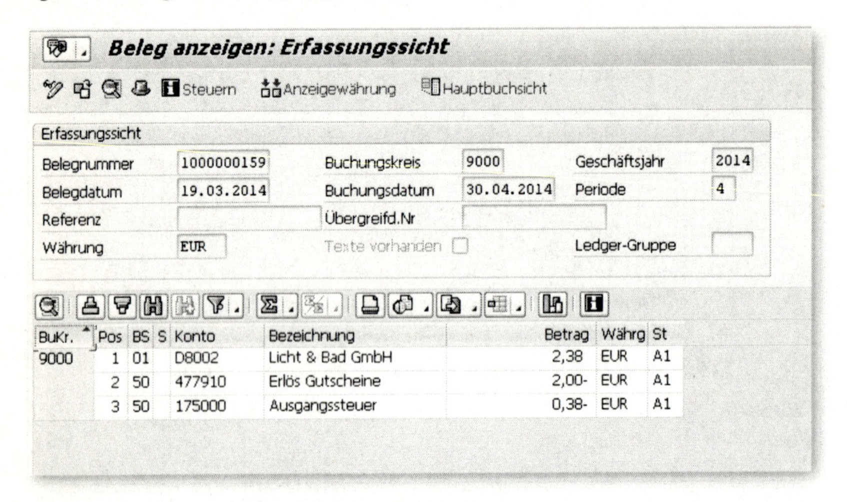

Abbildung 4.145: Rechnungswesen-Beleg Dienstleistungsgebühr für Filiale 2

Auf den Debitorenkonten der Filialen sind die Gutscheineinlösungen und die abgerechnete Gebühr ebenso transparent dargestellt, siehe Abbildung 4.146. Zur Kontenanzeige wähle ich im Menü RECHNUNGSWESEN • FINANZWESEN • DEBITOREN • KONTO • POSTEN ANZEIGEN/ÄNDERN oder Transaktion FBL5N.

Neben den hier gezeigten Buchungen kann an die Vergütungslisten zur Abrechnung der Dienstleistungsgebühren auch noch eine Nachricht angehängt werden, z. B. eine Einzelaufstellung der eingelösten Gutscheine und der daraus resultierenden Gebühren für die Filialen. Das Formular hierzu können Sie individuell gestalten.

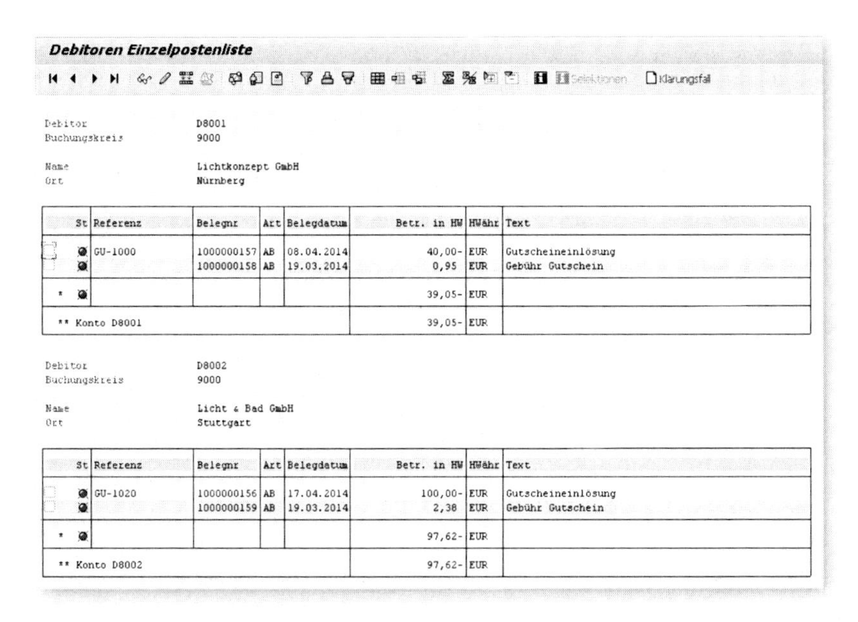
Debitoren Einzelpostenliste

Klärungsfall

Debitor D8001
Buchungskreis 9000

Name Lichtkonzept GmbH
Ort Nürnberg

St	Referenz	Belegnr	Art	Belegdatum	Betr. in HW	HWähr	Text
	GU-1000	1000000157	AB	08.04.2014	40,00-	EUR	Gutscheineinlösung
		1000000158	AB	19.03.2014	0,95	EUR	Gebühr Gutschein
*					39,05-	EUR	
** Konto D8001					39,05-	EUR	

Debitor D8002
Buchungskreis 9000

Name Licht & Bad GmbH
Ort Stuttgart

St	Referenz	Belegnr	Art	Belegdatum	Betr. in HW	HWähr	Text
	GU-1020	1000000156	AB	17.04.2014	100,00-	EUR	Gutscheineinlösung
		1000000159	AB	19.03.2014	2,38	EUR	Gebühr Gutschein
*					97,62-	EUR	
** Konto D8002					97,62-	EUR	

Abbildung 4.146: Debitorenkonten der Filialen

4.5 Rechnungsschreibung

Alternativ zur *Rechnungsschreibung* über die SAP-Komponente SD (Sales & Distribution) können Rechnungen auch mittels des SAP Agenturgeschäfts erfasst und gebucht werden. Dies ist insbesondere für Anwender interessant, die bisher kein SD im Einsatz haben und das Agenturgeschäft vielleicht schon für andere Prozesse nutzen. Außerdem kann im Agenturgeschäft die Rechnung/Gutschrift direkt erfasst werden, ohne dass ein vorgelagerter Beleg, z. B. ein Kundenauftrag, existiert.

Ich stelle Ihnen die Funktionalität anhand eines einfachen Beispiels vor. In meinem Szenario werden Teilnahmegebühren für Seminare fakturiert. Auch hierfür erfasse ich wieder eine Regulierungsanforderung (siehe Abbildung 4.147). Je nachdem, ob Sie Materialstämme nutzen oder nicht, kann die Erfassung mit oder ohne Angabe eines Materials erfolgen. Zur Erfassung der Rechnung gehe ich im Menü über LOGISTIK • AGENTURGESCHÄFT • REGULIERUNG • REGULIERUNGSANFORDERUNG • ANLEGEN bzw. Transaktion WZR1:

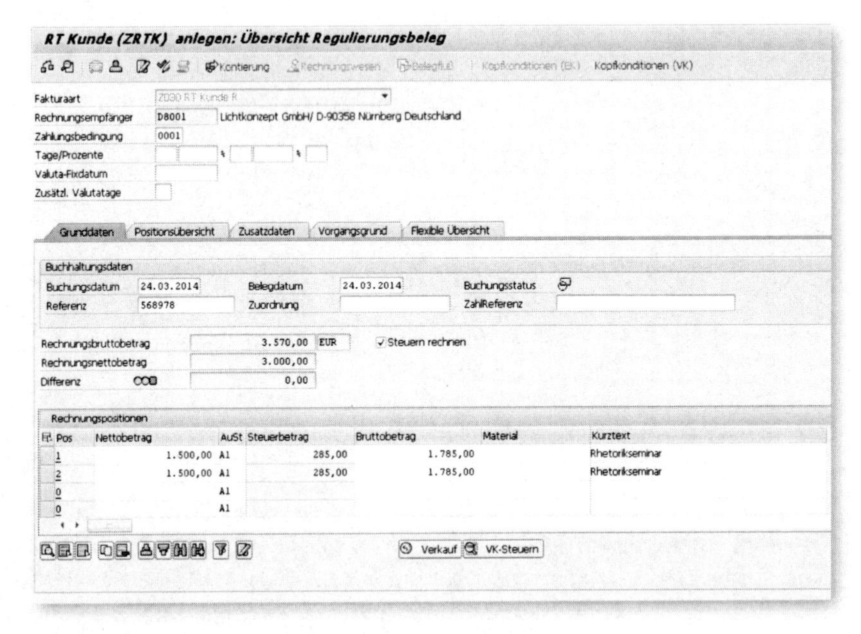

Abbildung 4.147: Erfassung der Seminarrechnung

Im obigen Beispiel gebe ich auf Positionsebene das zu kontierende Controlling-Objekt, die KOSTENSTELLE 9000, an, siehe Abbildung 4.148.

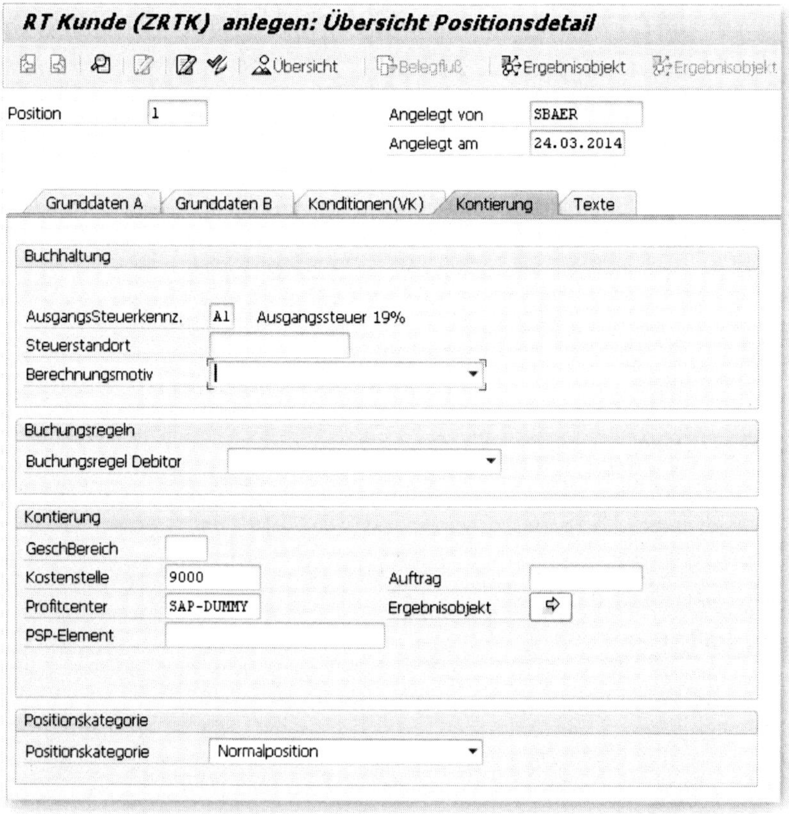

RT Kunde (ZRTK) anlegen: Übersicht Positionsdetail

Übersicht Belegfluß Ergebnisobjekt Ergebnisobjekt

Position 1
Angelegt von SBAER
Angelegt am 24.03.2014

Grunddaten A | Grunddaten B | Konditionen(VK) | Kontierung | Texte

Buchhaltung
AusgangsSteuerkennz. A1 Ausgangssteuer 19%
Steuerstandort
Berechnungsmotiv

Buchungsregeln
Buchungsregel Debitor

Kontierung
GeschBereich
Kostenstelle 9000
Auftrag
Profitcenter SAP-DUMMY
Ergebnisobjekt
PSP-Element

Positionskategorie
Positionskategorie Normalposition

Abbildung 4.148: Kontierung

Außerdem kann auf Kopf- und/oder Positionsebene ein erläuternder Text erfasst werden. Sie sehen für das Beispiel in Abbildung 4.149 und Abbildung 4.150 Positionstexte für zwei unterschiedliche Teilnehmer.

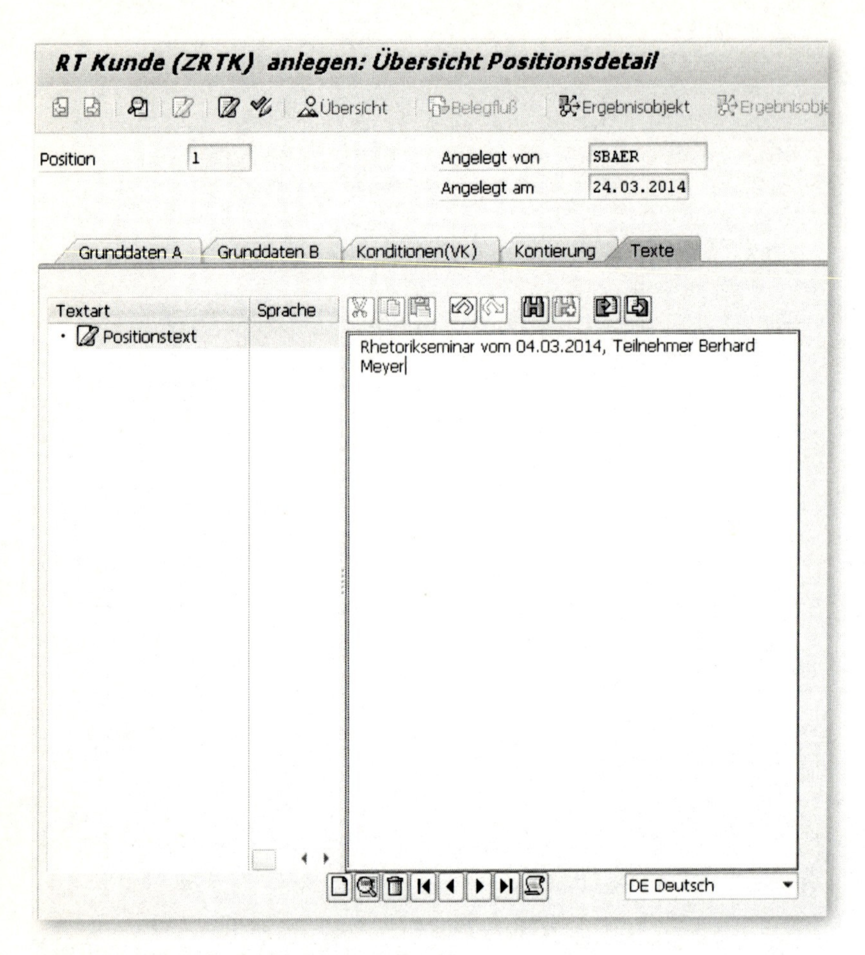

Abbildung 4.149: Positionstext, Position 1

Beim Sichern der Eingaben wird in diesem Szenario sofort ein Beleg im Rechnungswesen gebucht (siehe Abbildung 4.151), d. h., hier habe ich kein Statusschema zugeordnet, und der Regulierungsbeleg kann sofort ins Rechnungswesen übergeleitet werden. Ich zeige Ihnen später ein Beispiel, wie man trotz fehlendem Statusschema eine

eine sofortige Buchung ins Rechnungswesen unterbinden und die Überleitung manuell anstoßen kann. Dies hat sich in der Praxis als sinnvoll erwiesen, da man so noch die Chance hat, einen Fehler zu beheben, der dem Erfasser just nach dem Sichern des Belegs auffällt, ohne den Regulierungsbeleg stornieren zu müssen.

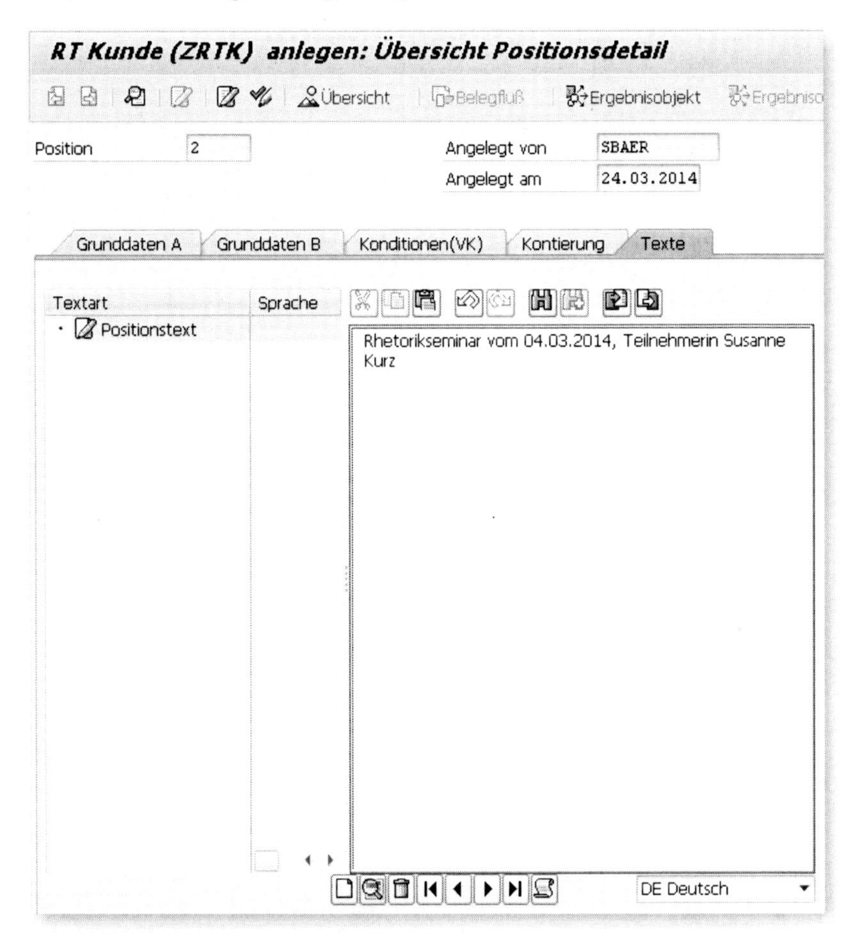

Abbildung 4.150: Positionstext, Position 2

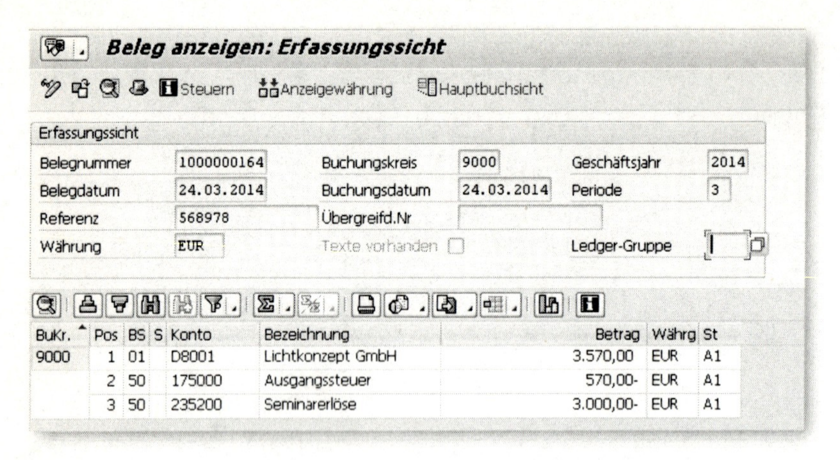

Abbildung 4.151: Rechnungswesenbeleg zur Rechnung

In den Regulierungsbeleg wurde außerdem automatisch eine Nachricht eingestellt (siehe Abbildung 4.152).

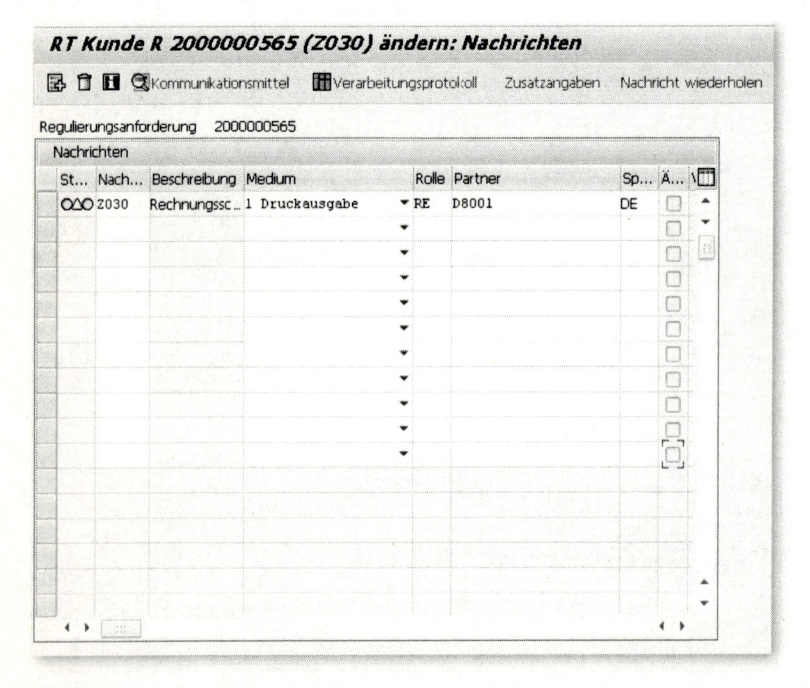

Abbildung 4.152: Nachricht

Die Nachricht enthält die Rechnung, die entweder ausgedruckt und versandt oder als E-Mail/Fax/Datei elektronisch verschickt werden kann. Selbstverständlich ist auch hier eine individuelle Gestaltung der Rechnung für Ihr Unternehmen möglich.

Rechnungen/Gutschriften für Lieferanten

Besonders hervorzuheben ist, dass Sie im Agenturgeschäft auch Rechnungen und Gutschriften für Lieferanten (Kreditoren) erfassen können. Eine zusätzliche Anlage des Lieferanten als Debitor ist nicht nötig.

Ein Beispiel für eine Gutschrift an einen Lieferanten sehen Sie in Abbildung 4.153 (über Menüpfad LOGISTIK • AGENTURGESCHÄFT • REGULIERUNG • REGULIERUNGSANFORDERUNG • ANLEGEN oder Transaktion WZR1).

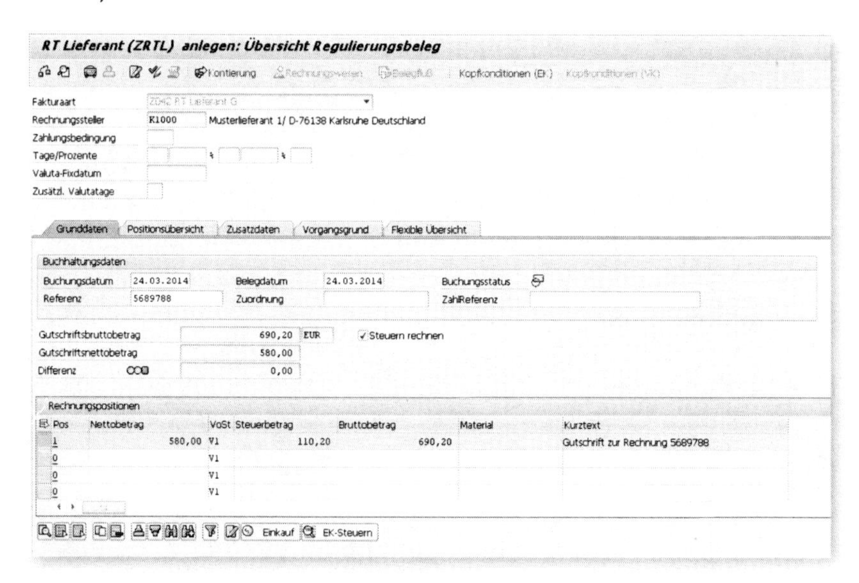

Abbildung 4.153: Gutschriftsbeleg

Auf Positionsebene erfasse ich das CO-Kontierungsobjekt, im Beispiel wieder die Kostenstelle 9000, sofern die CO-Kontierung nicht automatisch abgeleitet werden kann (siehe Abbildung 4.154).

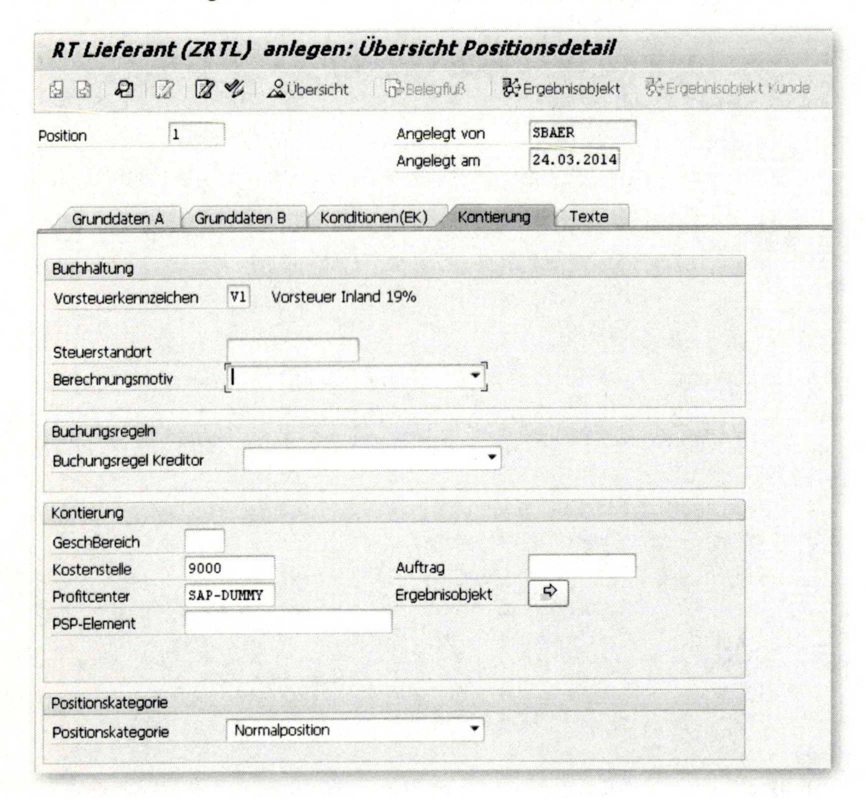

Abbildung 4.154: Kontierung

Auf Kopf- und/oder Positionsebene (Abbildung 4.155 zeigt die Positionsebene) kann wiederum ein erläuternder Text erfasst werden, etwa ein rein interner Vermerk oder aber auch ein Hinweis für die Ausgabe auf dem Gutschriftsformular.

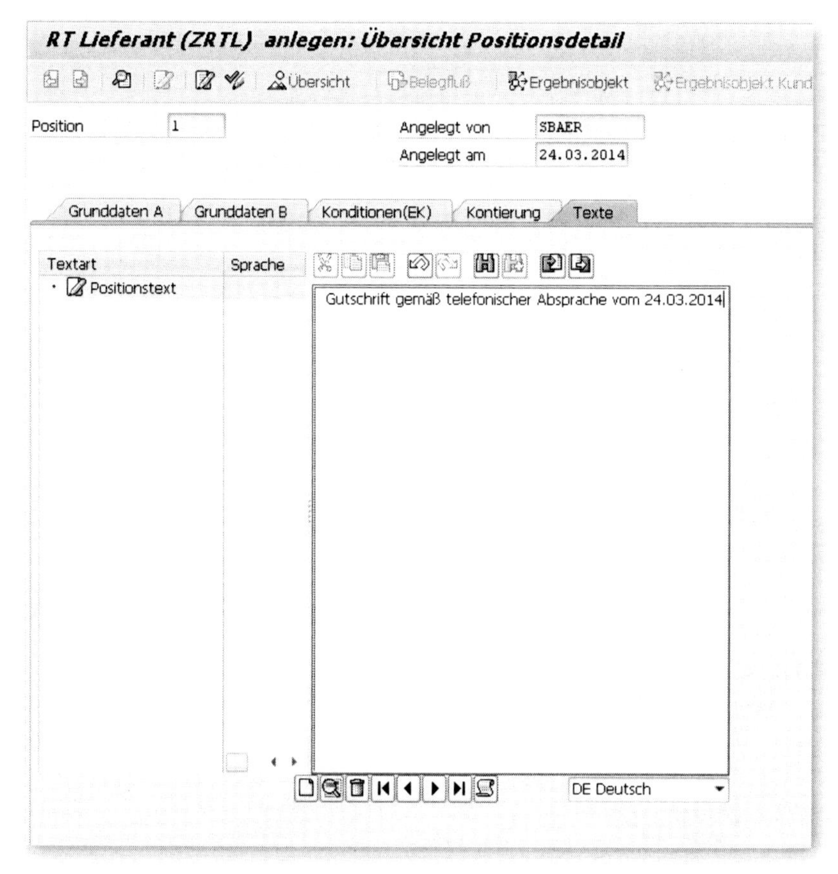

Abbildung 4.155: Positionstext

Beim Sichern der Regulierungsanforderung wird in diesem Beispiel KEIN Rechnungswesen-Beleg automatisch erzeugt,

Beleg 2000000566 gesichert (Buchhaltungsbeleg nicht erstellt)

,

der Buchungsstatus des Belegs ist »offen«, wie Sie in Abbildung 4.156 sehen können.

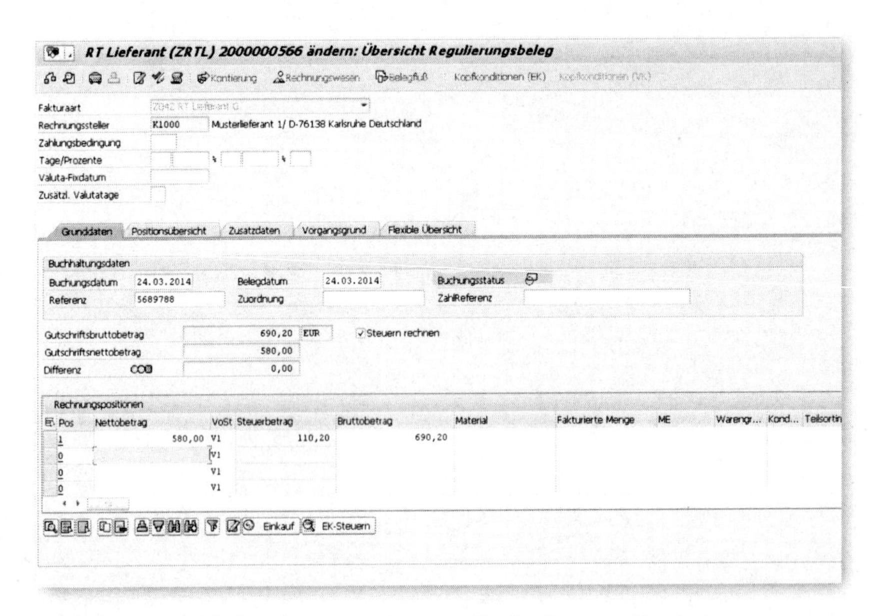

Abbildung 4.156: Buchungsstatus vor Freigabe ans Rechnungswesen

Dies geschieht, obwohl im Beleg kein Statusschema hinterlegt ist und der Beleg somit eigentlich einen Applikationsstatus besitzt, der eine automatische Überleitung ins Rechnungswesen erlauben würde. Allerdings wurde im Customizing für diese Vorgänge eine *BUCHUNGSSPERRE* gesetzt, sodass die Überleitung ins Rechnungswesen manuell angestoßen werden muss. Dies kann ich individuell für einen Einzelbeleg (Abbildung 4.157) durch Betätigen des Buttons Buchhaltung anstoßen, oder – wie in Kapitel 2.3 beschrieben – gesammelt für mehrere Belege.

Nach der erfolgreichen Überleitung erscheint eine entsprechende Rückmeldung:

Beleg 2000000566 gesichert (Buchhaltungsbeleg erstellt)

Die Rechnungswesen-Belege (Finanzbuchhaltungs- und Kostenrechnungsbelege) sind nun erzeugt. Werfen wir einen Blick auf den Finanzbuchhaltungsbeleg in Abbildung 4.158.

Abbildung 4.157: Belegfreigabe

Abbildung 4.158: Rechnungswesen-Beleg

Auch in diese Regulierungsanforderung wurde automatisch eine Nachricht eingestellt (siehe Abbildung 4.159), die individualisiert und postalisch oder elektronisch verschickt werden kann.

Abbildung 4.159: Nachricht

Kontenfindung

Sicher ist Ihnen aufgefallen, dass ich in obigen Beispielszenarien nirgendwo ein Sachkonto eingegeben habe, auf das im Rechnungswesen zu buchen ist. Das Sachkonto wurde automatisch über die Kontenfindung ermittelt, die in den Beispielen recht »einfach« gehalten ist. In der Praxis wird das Sachkonto entweder vom Artikel oder anhand sonstiger eindeutiger Kriterien abgeleitet, die allerdings im Beleg vorhanden sein müssen. Außerdem besteht die Möglichkeit, die Kontierung – unabhängig von einem Artikel oder sonstigen Kriterien – mithilfe eines kundeneigenen Feldes zur Eingabe eines Sachkontos auf Positionsebene maximal flexibel zu gestalten.

Intercompany-Rechnungen

Auch buchungskreisübergreifende Rechnungen im Rahmen einer Intercompany-Rechnungsstellung sind über das Agenturgeschäft abbildbar.

4.6 Fazit

Sie haben nun einige Praxisbeispiele kennengelernt und konnten sich ein Bild von den flexibel kombinierbaren »Bausteinen« der Komponente SAP Agenturgeschäft machen. Lassen Sie mich an dieser Stelle noch einige Vorteile zusammenfassen, die Ihnen der Einsatz dieser Komponente neben den rein funktionalen Aspekten bietet:

- Durch die Nutzung der SAP-Standardkomponente Agenturgeschäft entfallen Systembrüche. Die Berechnungen der Abzüge, Boni, Provisionen etc. erfolgen innerhalb und nicht in Tools außerhalb des SAP-Systems.
- Die Berechnungen und Buchungen sind transparent und nachvollziehbar.
- Dank Integration der einzelnen SAP-Komponenten greifen Sie auf vorhandene Organisations- und Stammdaten zu.
- Änderungen werden im System fortgeschrieben (Änderungshistorie), dies bietet Ihnen Revisionssicherheit.
- Auf Ihre Anforderungen zugeschnittene individuelle Prozessdetails können mithilfe von BAdIs (Business-Add-ins, vgl. Kapitel 6.4) modifikationsfrei hinzugefügt werden.
- Auch das SAP Agenturgeschäft unterliegt dem Berechtigungskonzept innerhalb des SAP-Standards.
- Sie profitieren von der kontinuierlichen Weiterentwicklung im SAP Agenturgeschäft im Rahmen der Auslieferung neuer Enhancement Packages oder Releases.

5 Einsatz weiterer SAP-Komponenten

Abschließend möchte ich Ihnen kurz weitere SAP-Komponenten vorstellen, deren Einsatz sich im Zusammenspiel mit dem SAP Agenturgeschäft in der Praxis bewährt hat: den *SAP Geschäftspartner* und die *kontraktbezogene Vergütungsabrechnung*.

5.1 Geschäftspartner

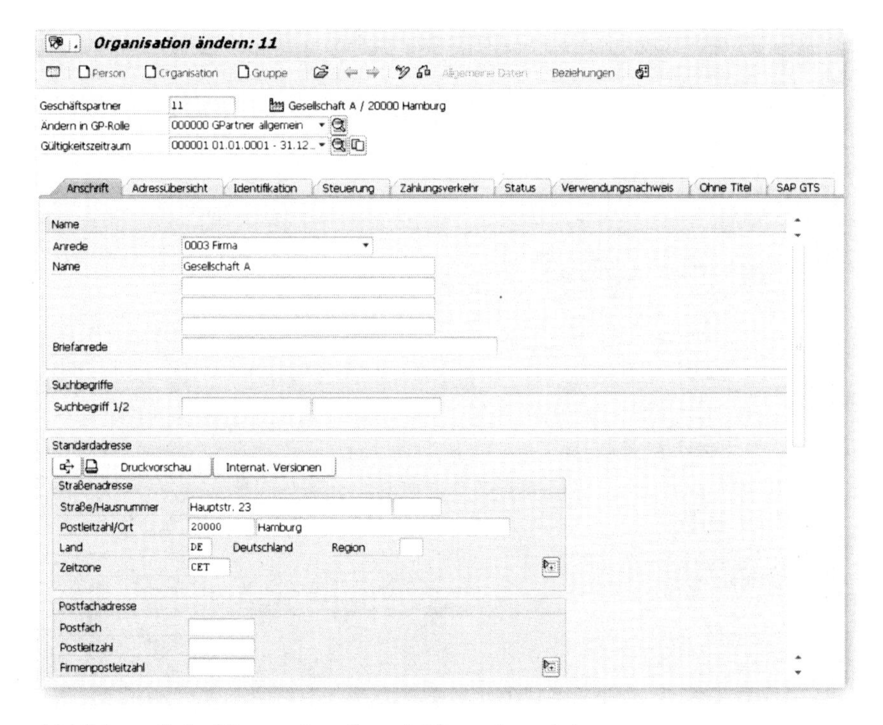

Abbildung 5.1: Allgemeine Geschäftspartnerdaten

Bei dem SAP Geschäftspartner handelt es sich um ein Tool zur Verwaltung von Geschäftspartnerdaten. Dabei unterscheidet man verschiedene Typen von Geschäftspartnern:

- Person,
- *Organisation* oder
- *Gruppe*.

Der betriebswirtschaftliche Hintergrund spiegelt sich in unterschiedlichen *Rollen* wider, die ein Geschäftspartner einnehmen kann. So kann z. B. ein Geschäftspartner eine oder auch mehrere der Rollen Lieferant, Kunde, Kontoinhaber, Konzerngesellschaft, Geschäftsführer etc. einnehmen. Der Bildaufbau im Geschäftspartnerstamm kann individuell gestaltet werden, je nach Rolle und den an sie gestellten spezifischen Anforderungen. Außerdem können zusätzliche Informationen, die standardmäßig nicht vorhanden sind, als kundenindividuelle *Z-Felder* modifikationsfrei eingebunden werden.

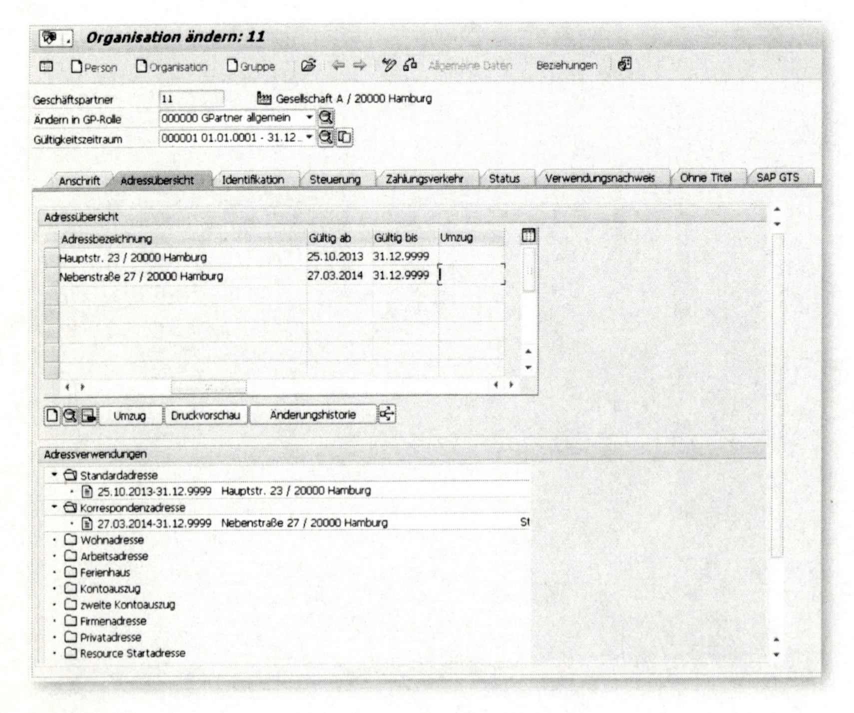

Abbildung 5.2: Adressverwendungen

Neben der Adressangabe in den allgemeinen Geschäftspartnerdaten (siehe Abbildung 5.1) können diverse Adressen mit zeitabhängigen Adressverwendungsarten hinterlegt werden; ein Beispiel hierzu sehen Sie in Abbildung 5.2.

Auf dem Reiter STATUS können Sie beispielsweise Bearbeitungssperren setzen (siehe Abbildung 5.3).

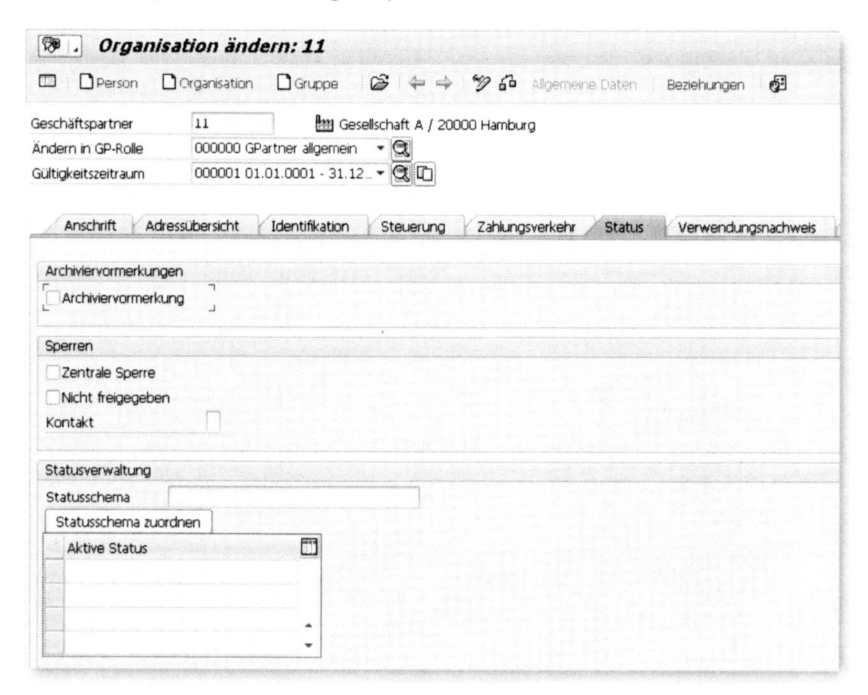

Abbildung 5.3: Status

Bankverbindungen des Geschäftspartners hinterlegen Sie auf dem Reiter ZAHLUNGSVERKEHR (siehe Abbildung 5.4).

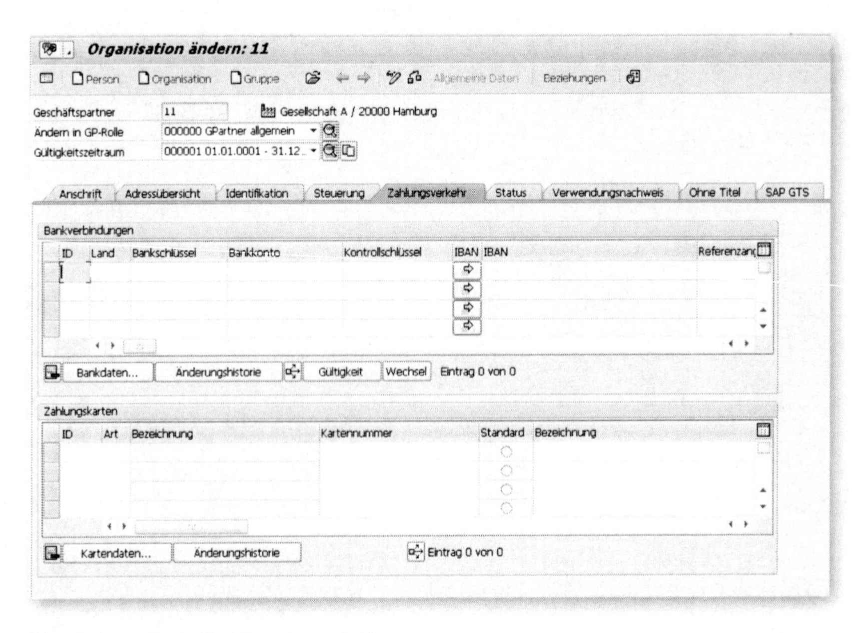

Abbildung 5.4: Zahlungsverkehr

Sicher haben Sie bemerkt, dass diese Angaben in einigen Punkten identisch mit denen sind, die man in den Debitoren-/Kreditorenstammdaten im Rahmen des SAP-Rechnungswesens pflegen kann. Tatsächlich können die Geschäftspartnerstammdaten mit eben diesen Daten verknüpft werden. Über die sogenannte *Customer-Vendor-Integration* erfolgt eine automatische Synchronisation zwischen den Stammdaten, sodass bei der Pflege an der einen Stelle zwangsläufig auch die verknüpften Stammdaten fortgeschrieben werden. So ist es möglich, dass Sie zentral an einer Stelle alle Informationen zu einem Geschäftspartner pflegen und einsehen können, inklusive aller kundenindividuellen Z-Informationen, die ohne den Einsatz der Komponente Geschäftspartner in der Regel in diversen eigenentwickelten Tabellen zu pflegen sind. Des Weiteren können Sie im Geschäftspartner *Beziehungen* abbilden, beispielsweise kann Geschäftspartner A (vom Typ Person, mit Rolle Geschäftsführer) als Gesellschafter dem Geschäftspartner B (vom Typ Organisation, Rolle Konzerngesellschaft) zugewiesen sein, so zu sehen in Abbildung 5.5:

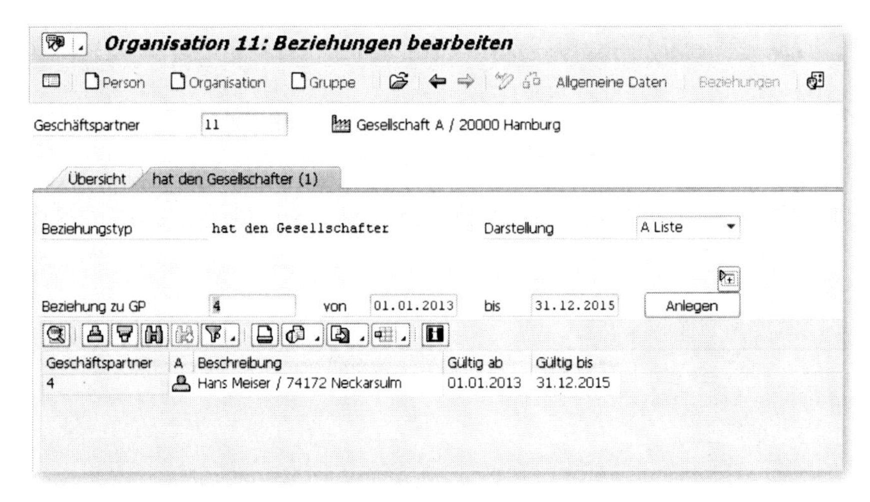

Abbildung 5.5: Beziehungen

Im Agenturgeschäftsprozess kann auf die Geschäftspartnerdaten zugegriffen werden, um beispielsweise

- zusätzliche Informationen in einen Regulierungsbeleg einzustellen, die steuernden Einfluss haben (z. B. auf die Preisfindung, Kontenfindung, Ermittlung eines Vergütungslistendatums etc.),
- zusätzliche Informationen in einen Regulierungsbeleg einzustellen, die informativen Charakter haben und somit in Berichten auf Belegebene ausgewertet werden können,
- Beziehungen zu erkennen und hieraus z. B. einen abweichenden Vergütungslistenempfänger zu ermitteln,
- Adressen für Formulare zu ermitteln und
- Partnerbank-Angaben in den Regulierungsbeleg einzustellen.

Die zentrale Transaktion zur Pflege der Geschäftspartnerdaten lautet »BP«.

5.2 Kontraktbezogene Vergütungsabrechnung

Prinzipiell können Sie Vergütungsabrechnungen analog zu den in Kapitel 4 dargestellten Möglichkeiten abbilden. Die *kontraktbezogene Vergütungsabrechnung* ermöglicht darüber hinaus komplexere Abrechnungsmodelle innerhalb des SAP-Standards. In Abbildung 5.6 sehen Sie den möglichen Ablauf einer Bonusermittlung und Abrechnung – vereinfacht dargestellt, ohne periodische Rückstellungsbildung, die aber auch hier möglich ist.

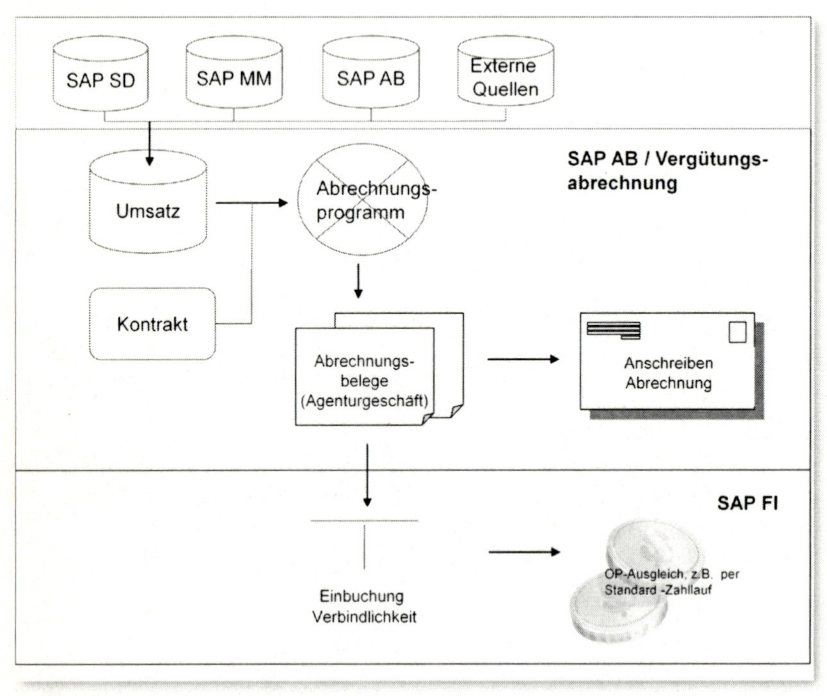

Abbildung 5.6: Kontraktbezogene Vergütungsabrechnung, vereinfachte Darstellung

Im Gegensatz zu »reinen« Agenturgeschäftsszenarien zur Abbildung des Bonus werden Bonusabsprachen und Konditionen bei der kontraktbezogenen Vergütungsabrechnung in einem KONDITIONSKONTRAKT hinterlegt. Abbildung 5.7 zeigt Ihnen ein einfaches Beispiel eines solchen Kontrakts, erreichbar im Menü über LOGISTIK • VERGÜ-

TUNGSMANAGEMENT • KONDITIONSKONTRAKT • BEARBEITEN oder die Transaktion WCOCO:

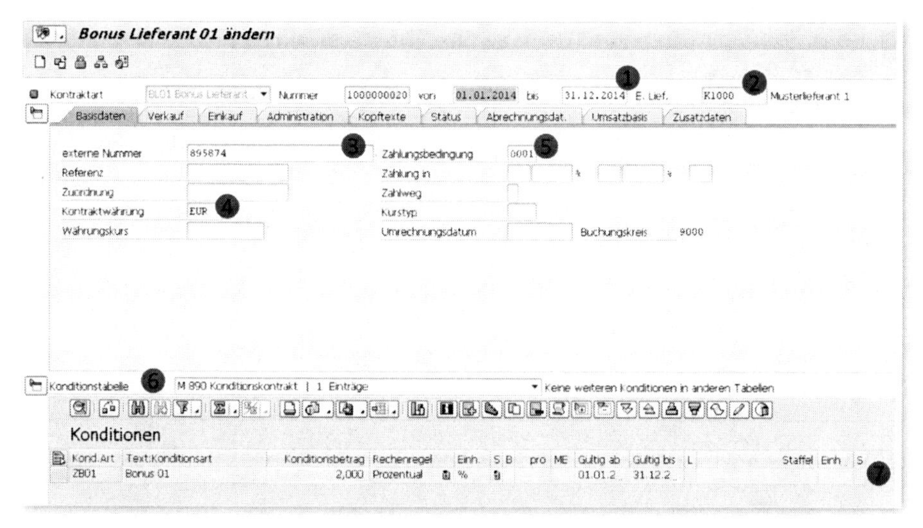

Abbildung 5.7: Konditionskontrakt, Stammdaten

Die in der Abbildung markierten Parameter haben folgende Bedeutung:

❶ Der Kontrakt wird in einem Gültigkeitsintervall angelegt.

❷ Konditionskontrakte können für Lieferanten (Kreditoren) und Kunden (Debitoren) angelegt werden.

❸ Die EXTERNE NUMMER dient möglichen Informationszwecken.

❹ Der Kontrakt wird in einer Währung geführt.

❺ Hier legen Sie eine ZAHLUNGSBEDINGUNG für den Kontrakt fest.

❻ Die Konditionen können auf unterschiedlichen Pflegeebenen hinterlegt werden.

❼ Es können auch mehrere Konditionsarten und Staffelkonditionen hinterlegt werden.

Die der Bonusabrechnung zugrunde liegenden Basisdaten (z. B. Umsätze, Auftragsvolumen, Anzahl verkaufter Artikel) müssen in einer Umsatztabelle fortgeschrieben werden. Die Daten können hierbei aus SAP selbst oder auch aus Fremdsystemen stammen. Im Konditionskontrakt können über das Feld INKL/EXKL neben den Bonus-Konditionen auch Ein- und Ausschlüsse standardmäßig hinterlegt werden (siehe Abbildung 5.8). So lassen sich beispielsweise bestimmte *Warengruppen* vom Bonus ausschließen.

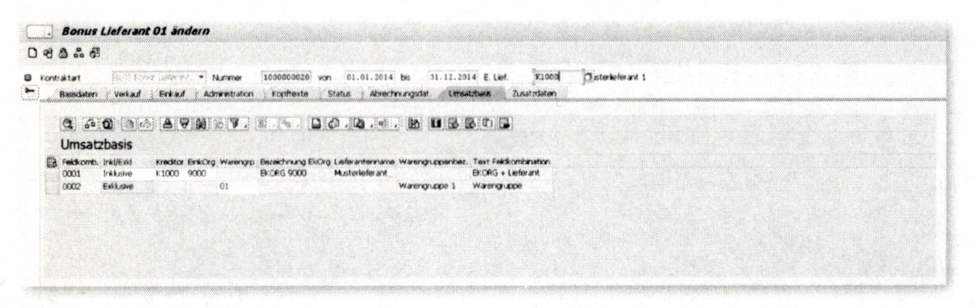

Abbildung 5.8: Umsatzbasis

Außerdem werden in den Vorgaben zur Abrechnung (siehe Abbildung 5.9) weitere Regeln hinterlegt:

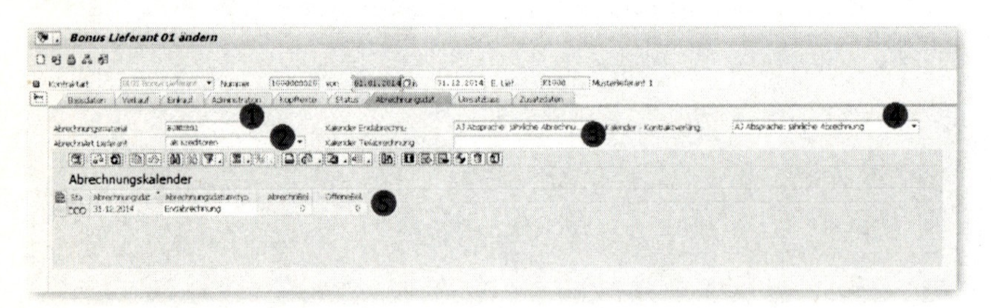

Abbildung 5.9: Abrechnungsdaten

❶ In den Abrechnungsbelegen wird ein Artikel benötigt, der unter ABRECHNUNGSMATERIAL vorgegeben wird.

❷ Die Kontraktabrechnung für einen Lieferanten kann über den Lieferanten selbst (Kreditor) oder über einen in seinem Stammsatz hinterlegten Kunden (Debitor) erfolgen.

❸ In den Abrechnungskalendern können mögliche Abrechnungstermine festgelegt werden.

❹ Kontrakte können verlängert werden – z. B. jährlich. Bei der Verlängerung wird anhand des hier hinterlegten Kalenders das nächste Gültigkeitsintervall automatisch ermittelt.

❺ Mithilfe eines ABRECHNUNGSKALENDERS können die Termine für Teil- und Endabrechnungen festgelegt werden.

Auch für Konditionskontrakte können kundenspezifische Zusatzfelder modifikationsfrei eingebunden werden (siehe Abbildung 5.10), die entweder rein informatorischen oder auch steuernden Charakter haben können.

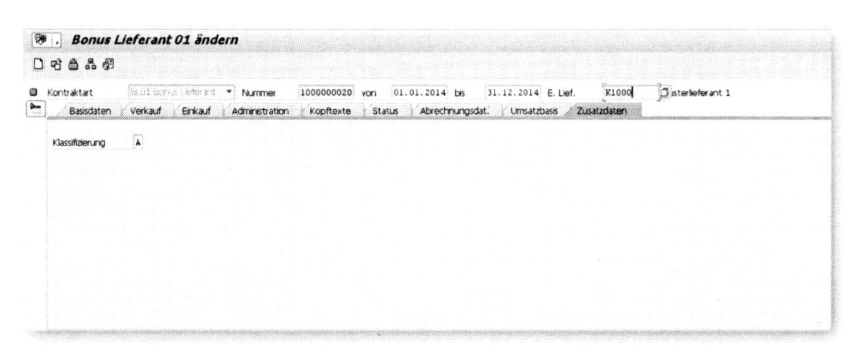

Abbildung 5.10: Zusatzdaten

Ein Abrechnungsprogramm ermittelt zu den vorgegebenen Abrechnungsterminen die Bonusbasis aus der Umsatztabelle und erzeugt Regulierungsanforderungen (»Abrechnungsbelege«) im SAP Agenturgeschäft, die nach Überleitung ins Rechnungswesen den Bonus in der Finanzbuchhaltung und im Controlling buchen.

6 Entwicklungsumfeld

Prinzipiell wird man wohl in keinem Agenturgeschäftsszenario ohne Eigenentwicklungen auskommen. Dies ergibt sich zwangsläufig aus den vielfältigen Einsatzmöglichkeiten und der hohen Flexibilität, die das Agenturgeschäft im Rahmen der BAdI-Implementierungen bietet. Bitte bedenken Sie daher, dass Agenturgeschäftsprojekte auch immer Entwicklungsprojekte sind. Nachfolgend nenne ich Ihnen einige Bereiche, in denen regelmäßig Eigenentwicklungen im Rahmen der Agenturgeschäftsszenarien erforderlich sind.

6.1 Eingangsschnittstelle

Eine ausschließlich manuelle Erfassung der Regulierungsanforderungen kommt in der Praxis fast nicht vor. Stattdessen gibt es in der Regel eine Eingangsschnittstelle, um Daten aus Fremdsystemen oder Dateien einzulesen. Zur Erzeugung der Regulierungsanforderungen steht ein Standard-*IDoc*-Format zur Verfügung.

6.2 Nachrichten

Üblicherweise werden im Rahmen der Agenturgeschäftsprozesse Nachrichten erzeugt. Diese müssen nicht zwangsläufig Formulare ausgeben, sondern können auch Sonderfunktionen, z. B. eine automatisierte Anlage zusätzlicher Belege, Stornos etc., auslösen oder Daten in Form von Ausgangs-IDocs, Mails etc. ausgeben. Diese Sonderfunktionen müssen kundenindividuell entwickelt werden.

6.3 Formulare

Sollen Formulare erzeugt werden, sind diese entsprechend Ihrer individuellen Anforderungen zu entwickeln. In der Regel werden hierfür *Smartforms* verwendet.

6.4 BAdIs

BAdIs (Business-Add-ins, »user exits«) ermöglichen es, an nahezu allen Stellen im Prozess *modifikationsfrei* eigene Anforderungen in den Prozess zu implementieren. Z. B. kann mittels BAdIs die individuelle Ermittlung eines Provisionsempfängers aus den Geschäftspartnerdaten eines Kunden erfolgen und dieser Provisionsempfänger als Vergütungslistenempfänger eingestellt werden.

6.5 Workflow

Innerhalb des Agenturgeschäfts können *Workflows* eingebunden werden, wie etwa zur Abbildung eines Freigabeszenarios mit Betragslimits und Vertretungsregelung.

6.6 Formeln und Bedingungen

In der Preisfindung finden häufig komplexe Berechnungen statt, die durch individuelle *Formeln* abgebildet werden. Eigenentwickelte *Bedingungen* werden insbesondere in der Preisfindung und der Steuerung von Nachrichten eingesetzt.

6.7 Individuelle Reports

Jede Firma hat ihre eigenen Anforderungen an ein Berichtswesen. Daher ist es in der Regel notwendig, selbst Reports zu entwickeln oder aber die relevanten Daten zu ermitteln und mithilfe einer Ausgangsschnittstelle an ein externes Reporting-Tool weiterzuleiten.

7 Schlusswort

Neugierig geworden? In den vorangehenden Kapiteln habe ich Ihnen einen grundsätzlichen Überblick über die wichtigsten Funktionen und flexiblen Einsatzmöglichkeiten des SAP Agenturgeschäfts vermittelt. Vermutlich haben Sie sich beim Lesen dieses Buches häufiger gefragt, ob das SAP Agenturgeschäft nicht noch für viele weitere Themen zur Anwendung kommen könnte. Das möchte ich ausdrücklich bestätigen!

Die in diesem Buch anhand der Praxisbeispiele gezeigten einzelnen Bausteine lassen sich nahezu beliebig zu den unterschiedlichsten Prozessen neu kombinieren. Vielleicht haben Sie auch im einen oder anderen Beispiel Parallelen zu Ihren eigenen betriebswirtschaftlichen Prozessen erkannt und wissen nun, dass es eine Komponente innerhalb des SAP-Standards gibt, mit der Sie diese Prozesse integriert abbilden können.

Sie haben das Buch gelesen und sind mit unserem Werk zufrieden? Bitte schreiben Sie uns eine Rezension für dieses Buch!

Unser Newsletter

Wir informieren Sie über Neuerscheinungen und exklusive Gratisdownloads in unserem Newsletter.

Melden Sie sich noch heute an unter
http://newsletter.espresso-tutorials.com

A Die Autorin

Simone Bär ist Dipl.-Betriebswirtin (BA) und berät seit 1997 Unternehmen im Rahmen von SAP-Einführungsprojekten und beim Redesign ihrer betriebswirtschaftlichen Prozesse. Zuvor arbeitete sie in der Abteilung Unternehmensorganisation eines Kreditinstituts und in der Controlling-Abteilung der *Frankfurter Allgemeinen Zeitung*.

Sie erreichen Simone Bär über *www.xing.com*.

B Index

A

B

C

D

E

F

P

R

S

T

U

V

C Disclaimer

Die in diesem Werk wiedergegebenen Gebrauchsnamen, Handelsnamen, Warenbezeichnungen usw. können auch ohne besondere Kennzeichnung Marken sein und als solche den gesetzlichen Bestimmungen unterliegen. Sämtliche in diesem Werk abgedruckten Bildschirmabzüge unterliegen dem Urheberrecht der SAP SE, Dietmar-Hopp-Allee 16, 69190 Walldorf.

In dieser Publikation wird auf Produkte der SAP SE Bezug genommen. SAP, R/3, SAP NetWeaver, Duet, PartnerEdge, ByDesign, SAP BusinessObjects Explorer, StreamWork und weitere im Text erwähnte SAP-Produkte und Dienstleistungen sowie die entsprechenden Logos sind Marken oder eingetragene Marken der SAP SE in Deutschland und anderen Ländern. Business Objects und das Business-Objects-Logo, BusinessObjects, Crystal Reports, Crystal Decisions, Web Intelligence, Xcelsius und andere im Text erwähnte Business-Objects-Produkte und Dienstleistungen sowie die entsprechenden Logos sind Marken oder eingetragene Marken der Business Objects Software Ltd. Business Objects ist ein Unternehmen der SAP SE. Sybase und Adaptive Server, iAnywhere, Sybase 365, SQL Anywhere und weitere im Text erwähnte Sybase-Produkte und -Dienstleistungen sowie die entsprechenden Logos sind Marken oder eingetragene Marken der Sybase Inc. Sybase ist ein Unternehmen der SAP SE. Alle anderen Namen von Produkten und Dienstleistungen sind Marken der jeweiligen Firmen. Die Angaben im Text sind unverbindlich und dienen lediglich zu Informationszwecken. Produkte können länderspezifische Unterschiede aufweisen.

Der SAP-Konzern übernimmt keinerlei Haftung oder Garantie für Fehler oder Unvollständigkeiten in dieser Publikation. Der SAP-Konzern steht lediglich für Produkte und Dienstleistungen nach der Maßgabe ein, die in der Vereinbarung über die jeweiligen Produkte und Dienstleistungen ausdrücklich geregelt ist. Aus den in dieser Publikation enthaltenen Informationen ergibt sich keine weiterführende Haftung.

Weitere Bücher von Espresso Tutorials

Claudia Jost:

Schnelleinstieg in die SAP®-Einkaufsprozesse (MM)

- Stammdaten, Bestellanforderung und Wareneingang im Kontext
- Durchgängiges, nachvollziehbares Beispiel mit vielen Screenshots
- SAP-MM-Hauptprozess verständlich erklärt

http://5004.espresso-tutorials.com

Ingo Licha:

Rechnungsprüfung mit SAP ERP (MM)

- Logistische Rechnungsprüfung im Kontext von SAP ERP
- Rechnungssperren, Freigaben und Vorabzahlungen
- Methoden der SAP-Rechnungsprüfung (Transaktion MIRO)

http://5026.espresso-tutorials.com

Björn Weber:

Schnelleinstieg in die SAP®-Produktionsprozesse (PP)

- Stammdaten, Mengenbedarfsplanung und Fertigungsaufträge im Kontext
- Durchgängiges, nachvollziehbares Beispiel mit vielen Screenshots
- SAP-MM-Hauptprozess verständlich erklärt

http://5005.espresso-tutorials.com

Daniel Niemeyer:

Schnelleinstieg in SAP® SRM – Supplier Relationship Management

- Operativer Bestellprozess
- Technische Architektur von SRM
- Kontraktverwaltung und -verteilung

http://5032.espresso-tutorials.com

Stephan Eichenberg, Karl-Heinz Sahm:

Anwenderhandbuch FI-CAx (SAP®-Debitorenbuchhaltung)

- Vertragskontokorrent (FI-CA) versus klassische Debitorenbuchhaltung (FI-AR)
- Verwaltung der offenen Forderungen
- Integration mit Hauptbuch, Vertrieb und CRM
- Zahlungsverwaltung

http://4034.espresso-tutorials.com